听

胡适

讲·讲·讲

人生 哲学 国学

胡 适 著

中华工商联合出版社

图书在版编目（CIP）数据

听胡适讲国学讲哲学讲人生 / 胡适著. -- 北京：中华工商联合出版社，2018.2（2021.6 重印）

ISBN 978-7-5158-2193-1

Ⅰ. ①听… Ⅱ. ①胡… Ⅲ. ①国学－通俗读物②人生哲学－通俗读物 Ⅳ. ① Z126-49 ② B821-49

中国版本图书馆 CIP 数据核字（2018）第 012623 号

听胡适讲国学讲哲学讲人生

作　　者：胡　适
责任编辑：林　立
装帧设计：北京东方视点数据技术有限公司
责任审读：魏鸿鸣
责任印制：迈致红
出版发行：中华工商联合出版社有限责任公司
印　　刷：唐山富达印务有限公司
版　　次：2018 年 8 月第 1 版
印　　次：2021 年 6 月第 2 次印刷
开　　本：710mm × 1020mm　1/16
字　　数：210 千字
印　　张：18
书　　号：ISBN 978-7-5158-2193-1
定　　价：78.00 元

服务热线：010-58301130
销售热线：010-58302813
地址邮编：北京市西城区西环广场 A 座
19-20 层，100044
http: //www.chgslcbs.cn
E-mail: cicap1202@sina.com（营销中心）
E-mail: gslzbs@sina.com（总编室）

凡本社图书出现印装质量问题，请与印务部联系。
联系电话：010-58302915

前言

胡适（1891～1962），现代著名学者、诗人、历史学家、文学家、哲学家，因提倡文学改良而成为新文化运动的领袖之一。胡适是第一位提倡白话文、新诗的学者，致力于推翻两千多年的文言文，与陈独秀同为五四运动的核心人物，对中国近代史产生了较为深远的影响。胡适著有《中国古代哲学史》、《白话文学史》、《胡适文存》、《尝试集》、《中国哲学史大纲》等书，在文学、哲学、史学、考据学、教育学、伦理学、红学等诸多领域都有深入的研究，1939 年还获得诺贝尔文学奖的提名。

胡适对国学的研究从根本上说是一次对旧有标准的反叛和革命。1919 年 12 月，胡适在文学革命的领军刊物《新青年》上发表《新思潮的意义》，提出“研究问题、输入学理、整理国故、再造文明”的口号，正式呼吁从理性出发，对当时的制度风俗、圣贤遗训和社会公认的行为及信仰这三方面进行重新评估。胡适将自己怀疑的精神和吸收的外国新思想融入其深厚的国学基础之中，正如他自己所说的“旧瓶装新酒”一般给予国学新的生命和活力。今天的人们或许对这些佶屈聱牙的考据感到厌烦，也对许多国学经典知之甚少，但是在这些看似干枯的文章里流淌着实证主义的思想、“格物”的精神等历久弥新的血液，我们要学习的，或许并非只是比别人多懂一点儿的国学“死”的知识，而是怎样看待古人给我们遗留下来的宝贵财富，取其精华，去其糟粕。本书“胡适讲国学”部分辑录了胡适大量“整理国故”的研究文章，其内容涉及中国古代诸子百家的学说，以及文学、政治、历史等方面的研究，目的就在于让读者了解胡适“整理国故”的成果，在增加对国学的学习兴味和研究热情的同时，也培养其独立的判断和敏锐思考的能力。所选文章，有些结论虽然仍然有待商榷，但是在当时各种思想禁锢尚未完全破除的时代，能够有此种大胆对传统进行反叛的“于不疑处存疑的实证精神”，仍然是可敬的。

胡适的哲学理论作为新旧文化碰撞交替的时代下的产物，便同样具有了“中西合璧”的开放视角和思想维度。胡适晚年自述道：“中国古代哲学的基本著作，及比较近代的宋明诸儒的论述，我在幼年时，差不多都已读过。”这一点可以在《四十自述》中所述的九年家乡教育中得到印证。可见，胡适对于哲学的了解与研究，始于幼年所读的“文史不分”的典籍之中。而当他作为庚子赔款背景下留美的学生，在1910年入学康奈尔大学时，曾由农学转入文理学院，主修哲学，吸收了许多外国哲学新思潮和方法论的新鲜养料，并由此反观中国古代的哲学问题，写出了《中国哲学史大纲》等一些不俗的作品。胡适对于哲学的研究并未形成一个相对完善的可以自圆其说的独立系统，这也使得他的哲学研究始终保留着西方哲学的思想和研究方法的规范，由此生发出的哲学观点便以不同的背景和证据呈现出某种游移的倾向，但也因为这种“游移”，没有牢不可破的固定观点，使得他的哲学研究如“源头活水”而呈现出开放的观点和怀疑的精神，这种为学的思维方式和包容的胸怀是我们需要借鉴的。本书“胡适讲哲学”部分辑录了胡适《中国哲学史大纲》和有关哲学论述的文章中较有代表性的篇目，希望能引起读者对胡适哲学研究的兴趣，进而对自己的思维方法有所反思和提升。这些文章既可以当作哲学入门的阅读材料，也可以作为了解胡适如何研究中国古代哲学和如何接受外国哲学思想影响的资料。

胡适的一生，正如他自己所说的，正是“一个像样子的梦”。他的一生受他的母亲影响最大，母亲用她包容的爱和做人的刚气给他的个性留下了不可磨灭的影响。家学和旧私塾的扎实功底、新学堂和留学生活的新鲜空气都让胡适对事物多了一丝怀疑和考察证实的“考据”精神，多了一丝包容而不至偏激。如果按照一些人的说法，只有偏执狂才能成功，胡适显然是个例外。他写自己人生经历的文字通俗易懂、明白晓畅，或许带了一丝笨拙，却朴实真挚。他讲述自己家的往事，爱憎分明，不加雕琢，全然没有护短之嫌和粉饰之意。他讲述人生的选择和感悟，经常是讲给学生或是青年人，没有说教的刻板和做作，那一番热情的话语让人鼓起奋斗的勇气又不失深度的思考。他的人生观可以说是较为纯粹的“个人主义”，这几乎是统领他大多数有关人生文章的中心。他注重自身的价值和自我实现，但并非偏狭的自私，而是相信只有将自己铸造成器，维护好自己的尊严和权益，才能更好地给社会以推动力。胡适的一生正如梦一般的跌宕起伏，颇富有戏剧性和争议性，他自己也在努力做出一个像样子的梦，他做到了。本书“胡适讲人生”部分辑录了胡适带有自传性质的《四十自述》和一些其他有关人生的感悟和选择方面的文章，希望尽可能多地展现胡适的人生和胡适眼中的人生。一些对胡适知之甚少的人会因他身上所着的政治色彩对之大加贬斥。然而，当你耐心品味他字里行间流露的真情实感时，你就会发现和你印象中不太一样的胡适，由此，你或许会对人生多了一丝感悟，或许会在他的人生经历和对人生的感悟中印证和反省自身的存在，或许会引发了内心的火焰而成就一番事业。

目录

胡适讲国学

胡适讲哲学

胡适讲人生

第四章　肩上扛起生活，双脚丈量人生

胡适讲国学

第一章

浅谈诸子百家

说儒

一

二十多年前，章太炎先生作《国故论衡》，有《原儒》一篇，说“儒”有广狭不同的三种说法：

儒有三科，关“达”、“类”、“私”之名：(《墨子·经上篇》说名有三种：达，类，私。如“物”是达名，“马”是类名，“舜”是私名。)……

达名为儒。儒者，术士也(《说文》)。太史公《儒林列传》曰，“秦之季世坑术士”，而世谓之坑儒。司马相如言“列仙之儒居山泽间，形容甚臞”(《汉书·司马相如传》语。《史记》儒作传，误)。……王充《儒增》、《道虚》、《谈天》、《说日》、《是应》，举“儒书”，所称者有鲁般刻鸢；由基中杨；李广射寝石，矢没羽……黄帝骑龙；淮南王犬吠天上，鸡鸣云中，日中有三足乌；月中有兔蟾蜍。是诸名籍道、墨、刑法、阴阳、神仙之伦，旁有杂家所记，列传所录，一谓之儒，明其皆公族。“儒”之名盖出于“需”，需者云上于天，而儒亦知天文，识旱潦。何以明之？鸟知天将雨者曰鹬（《说文》），舞旱暵者以为衣冠。鹬冠者，亦曰术氏冠（《汉·五行志》注引《礼图》），又曰圜冠。庄周言儒者冠圜冠者知天时，履句屦者知地形，缓佩玦者事至而断。（《田子方》篇文。《五行志》注引《逸周书》文同《庄子》。圜字作鹬。《续汉书·舆服志》云：“戴冠前圜。”）明灵星舞子吁嗟以求雨者谓之儒。……古之儒知天文占候，谓其多技，故号遍施于九能，诸有术者，悉晐之矣。

类名为儒。儒者知礼乐射御书数。《天官》曰：“儒以道得民。”说曰，“儒，诸侯保氏有六艺以教民者。”《地官》曰：“联师儒。”说曰：“师儒，乡里教以道艺者。”此则躬备德行为师，效其材艺为儒。……

私名为儒。《七略》曰，“儒家者流，盖出于司徒之官，助人君顺阴阳明教化者也。游文于六经之中，留意于仁义之际，祖述尧、舜，宪章文、武，宗师仲尼，以重其言，于道为最高。”周之衰，保氏失其守，史籀之书，商高之算，蜂门之射，范氏之御，皆不自儒者传。故孔子……自诡鄙事，言君子不多能，为当世名士显人隐讳。及《儒行》称十五儒，《七略》疏《晏子》以下五十二家，皆粗明德行政教之趣而已，未及六艺也。其科于《周官》为师，儒绝而师假摄其名。……

今独以传经为儒，以私名则异，以达名类名则偏。要之题号由古今异，儒犹道矣。儒之名于古通为术士，于今专为师氏之守。道之名于古通为德行道艺，于今专为老聃之徒。……

太炎先生这篇文章在当时真有开山之功，因为他是第一个人提出“题号由古今异”的一个历史见解，使我们明白古人用这个名词有广狭不同的三种说法。

太炎先生的大贡献在于使我们知道“儒”字的意义经过了一种历史的变化，从一个广义的，包括一切方术之士的“儒”，后来竟缩小到了“祖述尧、舜，宪章文、武，宗师仲尼”的狭义的“儒”。这虽是太炎先生的创说，在大体上是完全可以成立的。《论语》记孔子对他的弟子说：

女为君子儒，毋为小人儒。

这可见当孔子的时候，“儒”的流品是很杂的，有君子的儒，也有小人的儒。向来的人多蔽于成见，不能推想这句话的含义。若依章太炎的说法，当孔子以前已有那些广义的儒，这句话就很明白了。

但太炎先生的说法，现在看来，也还有可以修正补充之处。他的最大弱点在于那“类名”的儒（其实那术士通称的“儒”才是类名）。他在那最广义的儒之下，另立一类“六艺之人”的儒。此说的根据只有《周礼》的两条郑玄注。无论《周礼》是否可信，《周礼》本文只是一句“儒以道得民”和一句“联师儒”，这里并没有儒字的定义。郑玄注里说儒是“有六艺以教民者”，这只是一个东汉晚年的学者的说法，我们不能因此就相信古代（周初）真有那专习六艺的儒。何况《周礼》本身就很可疑呢？

太炎先生说“儒之名于古通为术士”，此说自无可疑。但他所引证都是秦、汉的材料，还不曾说明这个广义的儒究竟起于什么时代，他们的来历是什么，他们的生活是怎样的，他们同那狭义的孔门的儒有何历史的关系，他们同春秋战国之间的许多思想潮流又有何历史的关系。在这些问题上，我们不免都感觉不满足。

若如太炎先生的说法，广义的儒变到狭义的儒，只是因为“周之衰，保氏失其守”，故书算射御都不从儒者传授出来，而孔子也只好“自诡鄙事，言君子不多能，为当世名士显人隐讳”。这种说法，很难使我们满意。如果《周礼》本不可信，如果“保氏”之官本来就是一种乌托邦的制度，这种历史的解释就完全站不住了。

太炎先生又有《原道》三篇，其上篇之末有注语云：

儒家、法家皆出于道，道则非出于儒也。

若依此说，儒家不过是道家的一个分派，那么，“儒”还够不上一个“类名”，更够不上“达名”了。若说这里的“儒”只是那狭义的私名的儒，那么，那个做儒、法的共同源头的“道”和那最广义的“儒”可有什么历史关系没有呢？太炎先生说，“儒、法者流，削小老氏以为省”，《原道上》，他的证据只有一句话：

孔父受业于征藏史，韩非传其书。（《原道上》）

姑且假定这个渊源可信，我们也还要问：那位征藏史（老聃）同那广义的“儒”又有什么历史关系没有呢？

为要补充引申章先生的说法，我现今提出这篇尝试的研究。

二

“儒”的名称，最初见于《论语》孔子说的：

女为君子儒，毋为小人儒。

我在上文已说过，这句话使我们明白当孔子时已有很多的儒，有君子，有小人，流品已很杂了。我们要研究这些儒是什么样的人。

我们先看看“儒”字的古义。《说文》：

儒，柔也，术士之称。从人，需声。

术士是有方术的人；但为什么“儒”字有“柔”的意义呢？“需”字古与“耎”相通；《广雅·释治》：“耎，弱也。”耎即是今“輭”字，也写作“软”字。“需”字也有柔软之意；《考工记》：“革，欲其荼白而疾澣之，则坚；欲其柔滑而腥脂之，则需。”郑注云：“故书，需作䙴。郑司农云，䙴读为柔需之需，谓厚脂之韦革柔需。”’《考工记》又云：“厚其帤则木坚，薄其帤则需。”此两处，“需”皆与“坚”对举，需即是柔耎之耎。柔软之需，引伸又有迟缓濡滞之意。……“儒”字从需而训柔，似非无故。《墨子·公孟篇》说：

公孟子戴章甫，搢忽，儒服而以见于墨子。

又说：

公孟子曰，君子必古言服，然后仁。

又《非儒篇》说：

儒者曰，君子必古言服，然后仁。

又《荀子·儒效篇》说：

逢衣浅带（《韩诗外传》作“博带”），解果其冠，……是俗儒者也。

大概最古的儒，有特别的衣冠，其制度出于古代（说详下），而其形式——逢衣，博带，高冠，搢笏——表出一种文弱迂缓的神气，故有“儒”之名。

所以“儒”的第一义是一种穿戴古衣冠，外貌表示文弱迂缓的人。

从古书所记的儒的衣冠上，我们又可以推测到儒的历史的来历。《墨子》书中说当时的“儒”自称他们的衣冠为“古服”。周时所谓“古”，当然是指那被征服的殷朝了。试以“章甫之冠”证之。《士冠礼记》云：

章甫，殷道也。

《礼记·儒行篇》记孔子对鲁哀公说：

丘少居鲁，衣逢掖之衣；长居宋，冠章甫之冠。丘闻之也：君子之学也博，其服也乡。丘不知儒服。

孔子的祖先是宋人，是殷王室的后裔，所以他临死时还自称为“殷人”（见《檀弓》）。他生在鲁国，生于殷人的家庭，长大时还回到他的故国去住过一个时期（《史记·孔子世家》不记他早年居宋的事。但《儒行篇》所说无作伪之动机，似可信。）他是有历史眼光的人，他懂得当时所谓“儒服”其实不过是他的民族和他的故国的服制。儒服只是殷服，所以他只承认那是他的“乡”服，而不是什么特别的儒服。

从儒服是殷服的线索上，我们可以大胆的推想：最初的儒都是殷人，都是殷的遗民，他们穿戴殷的古衣冠，习行殷的古礼。这是儒的第二个古义。

……

从周初到春秋时代，都是殷文化与周文化对峙而没有完全同化的时代。……

……

所以在周初几百年之间，东部中国的社会形势是一个周民族成了统治阶级，镇压着一个下层被征服被统治的殷民族。傅斯年先生说“鲁之统治者是周人，而鲁之国民是殷人”。(引见下文）这个论断可以适用于东土全部。以文化论，那新起的周民族自然比不上那东方文化久远的殷民族，所以周室的领袖在那开国的时候也不能不尊重那殷商文化。

……

但统治者终是统治者，他们自有他们的文化习惯，不屑模仿那被征服的民族的文化。况且新兴的民族看见那老民族的灭亡往往由于文化上有某种不适于生存的坏习惯，所以他们往往看不起征服民族的风俗。

……

这就是说：我们不要学那亡国民族的坏榜样！但是可注意的是《酒诰》的末段对于周的官吏，有犯酒禁的，须用严刑……在这处罚的歧异里，我们可以窥见那统治民族一面轻视又一面放任那被征服民族的心理。

但殷民族在东土有了好几百年的历史，人数是很多的；虽没有政治势力，他们的文化的潜势力是不可侮视的。孔子说过：

周因于殷礼，所损益可知也。

这是几百年后一个有历史眼光的人的估计，可见周朝的统治者虽有“所损益”，大体上也还是因袭了殷商的制度文物。这就是说，“殪戎殷”之后，几百年之中，殷商民族文化终久逐渐征服了那人数较少的西土民族。

殷、周两民族的逐渐同化，其中自然有自觉的方式，也有不自觉的方式。不自觉的同化是两种民族文化长期接触的自然结果，一切民族都难逃免，我们不用说他。那自觉的同化，依我们看来，与“儒”的一个阶级或职业很有重大的关系。

在那个天翻地覆的亡国大变之后，昔日的统治阶级沦落做了俘虏，做了奴隶，做了受治的平民。

……

但我们知道，希腊的知识分子做了罗马战胜者的奴隶，往往从奴隶里爬出来做他们的主人的书记或家庭教师。北欧的野蛮民族打倒了罗马帝国之后，终于被罗马天主教的长袍教士征服了，倒过来做了他们的徒弟。殷商的知识分子——王朝的贞人、太祝、太史以及贵族的多士，在那新得政的西周民族之下，过的生活虽然是惨痛的奴虏生活，然而有一件事是殷民族的团结力的中心，也就是他们后来终于征服了战胜者的武器——殷人的宗教。

我们看殷墟（安阳）出土的遗物与文字，可以明白殷人的文化是一种宗教的文化。这个宗教根本上是一种祖先教。祖先的祭祀在他们的宗教里占一个很重要的地位。丧礼也是一个重要部分。此外，他们似乎极端相信占卜：大事小事都用卜来决定。如果《鸿范》是一部可信的书，那么，占卜之法到了殷商的末期已起了大改变，用龟卜和用兽骨卜之法之外，还有用蓍草的筮法，与卜并用。

这种宗教需用一批有特别训练的人。卜筮需用“卜筮人”；祭祀需用祝官；丧礼需用相礼的专家。在殷商盛时，祝宗卜史自有专家。亡国之后，这些有专门知识的人往往沦为奴虏，或散在民间。因为他们是有专门的知识技能的，故往往能靠他们的专长换得衣食之资。他们在殷人社会里，仍旧受人民的崇敬；而统治的阶级，为了要安定民众，也许还为了他们自己也需要这种有知识技能的人，所以只须那些“多士攸服奔走臣我多逊”，也就不去过分摧残他们。这一些人和他们的子孙，就在那几百年之中，自成了一个特殊阶级。他们不是那新朝的“士”；“士”是一种能执干戈以卫社稷的武士阶级，是新朝统治阶级的下层。他们只是“儒”。他们负背着保存故国文化的遗风，故在那几百年社会骤变，民族混合同化的形势之中，他们独能继续保存殷商的古衣冠——也许还继续保存了殷商的古文字言语（上文引的《墨子·公孟篇》与《非儒篇》，都有“古言服”的话。我们现在还不明白殷、周民族在语言文字上有多大的区别）。在他们自己民族的眼里，他们是“殷礼”（殷的宗教文化）的保存者与宣教师。在西周民族的眼里，他们是社会上多才艺的人，是贵族阶级的有用的清客顾问，是多数民众的安慰者。他们虽然不是新朝的“士”，但在那周、宋、卫、齐、鲁、诸国的绝大多数的民众之中，他们要算是最高等的一个阶级了。所以他们和“士”阶级最接近，西周统治阶级也就往往用“士”的名称来泛称他们。

……

大概周士是统治阶级的最下层，而殷士是受治遗民的最上层。一般普通殷民，自然仍旧过他们的农工商的生活，如《多方》说的“宅尔宅，畋尔田”。《左传》昭十六年郑国子产说，“昔我先君桓公与商人皆出自周，庸次比偶，以艾杀此地，斩之蓬蒿藜藋，而共处之。世有盟誓，以相信也，曰：‘尔无我叛，我无强贾，毋或匄夺；水有利市宝贿，我勿与知。’恃此质誓，故能相保，以至于今。”

徐中舒先生曾根据此段文字，说：“此‘商人’即殷人之后而为商贾者。”又说，“商贾之名，疑即由殷人而起”。（《国学论丛》一卷一号，页一一一。）此说似甚有理。“商”之名起于殷贾，正如“儒”之名起于殷士。此种遗民的士，古服古言，自成一个特殊阶级；他们那种长袍大帽的酸样子，又都是彬彬知礼的亡国遗民，习惯了“犯而不校”的不抵抗主义，所以得着了“儒”的浑名。……

柔逊为殷人在亡国状态下养成一种遗风，与基督教不抵抗的训条出于亡国的犹太民族的哲人耶稣，似有同样的历史原因。《左传》昭公七年所记孔子的远祖正考父的鼎铭，虽然是宋国的三朝佐命大臣的话，已是很可惊异的柔道的人生观了。正考父曾“佐戴、武、宣”三朝；据《史记·十二诸侯年表》，宋戴公元年当周宣王二十九年（前799年），武公元年当平王六年（前765年），宣公元年当平王二十四年（前747年）。他是西历前八世纪前半的人，离周初已有三百多年了。他的鼎铭说：

> 一命而偻，再命而伛，三命而俯，循墙而走，亦莫余敢侮。饘于是，鬻于是，以糊余口。

这是殷民族的一个伟大领袖的教训。儒之古训为柔，岂是偶然的吗？

不但柔道的人生观是殷的遗风，儒的宗教也全是“殷礼”。

……

三

我们现在要看看“儒”的生活是怎样的。

孔子以前，儒的生活是怎样的，我们无从知道了。但我疑心《周易》的“需”卦，似乎可以给我们一点线索。儒字从需，我疑心最初只有一个“需”字，后来始有从人的“儒”字。需卦之象为云上于天，为密云不雨之象，故有“需待”之意。（《彖传》：需，须也。）《象传》说此卦象为“君子以饮食宴乐”。《序卦传》说：“需者，饮食之道也。”

《象传》说：

需，须也，险在前也。刚健而不陷，其义不困穷矣。

程颐《易传》说此节云：

以险在于前，未可遽进，故需待而行也。以乾之刚健，而能需待不轻动，故不陷于险，其义不至于困穷也。

这个卦好像是说一个受压迫的人，不能前进，只能待时而动，以免陷于危险；当他需待之时，别的事不能做，最好是自糊其口，故需为饮食之道。这就很像殷商民族亡国后的“儒”了。

……

这里的“需”，都可作一种人解；此种人的地位是很困难的，是有“险在前”的，是必须“刚健而不陷”的。儒在郊，完全是在野的失势之人，必须忍耐自守，可以无咎。儒在沙，是自己站不稳的，所以说“衍（愆）在中也”。儒在泥，是陷在危险困难里了，有了外侮，只有敬慎，可以不败。儒在血，是冲突之象，他无力和人争，只好柔顺的出穴让人，故《象传》说为“顺以听也。”儒在酒食，是有饭吃了，是他最适宜的地位。他回到穴里去，也还有麻烦，他还得用敬慎的态度去应付。——“需”是“须待”之象，他必须能忍耐待时；时候到了，人家“须待”他了，彼此相“需”了，他就有饭吃了。

……

所谓“周易”，原来是殷民族的卜筮书的一种。经过了一个不短的时期，方才成为一部比较最通用的筮书。《易》的六十四卦，每卦取自然界或人事界的一个现象为题，其中无甚深奥的哲理，而有一些生活常识的观察。“需”卦所说似是指一个受压迫的知识阶级，处在忧患险难的环境，待时而动，谋一个饮食之道。这就是“儒”。（“蒙”卦的初爻说：“发蒙，利用刑人，用说（脱）桎梏以往，吝。”这里说的也很像希腊的俘虏在罗马贵族家里替他的主人教儿子的情形。）

孔子的时候，有“君子儒”，也有“小人儒”。我们先说“小人儒”的生活是怎样的。

《墨子·非儒篇》有一段描写当时的儒：

夫（夫即彼）繁饰礼乐以淫人，久丧伪哀以谩亲；立命缓贫而高浩居（毕沅据《孔子世家》。解浩居为傲倨），倍本弃事而安怠傲。贪于饮食，惰于作务，陷于饥寒，危于冻馁，无以违（避）之……君子笑之，怒曰，“散人焉知良儒！”……

这虽然是一个反儒的宗派说的话，却也有儒家自己的旁证。《荀子·儒效》篇说：

逢衣浅（《韩诗外传》作博）带，蟹螺其冠（杨倞注引《说苑》淳于髡述“邻圃之祠田，祝曰，蟹螺者宜禾，汙邪者百车。”“蟹螺盖高地也，今冠盖亦比之。”），略法先王而足乱世术；缪学杂举，不知法后王而壹制度，不知隆礼义而杀诗书。……呼先王以欺愚者，而求衣食焉。得委积足以掩其口，则扬扬如也。随其长子，事其便辟，举（王念孙云：举读为相与之与）其上客，億然若终身之虏而不敢有他志。——是俗儒者也。

用战国晚期荀卿的话来比较墨子的话，我们可以相信，在春秋时期与战国时期之间，已有这种俗儒，大概就是孔子说的“小人儒”。

从这种描写上，我们可以看出他们的生活有几个要点：

第一，他们是很贫穷的，往往“陷于饥寒，危于冻馁”；这是因为他们不务农，不作务，是一种不耕而食的寄生阶级。

第二，他们颇受人轻视与嘲笑，因为他们的衣食须靠别人供给；然而他们自己倒还有一种倨傲的遗风，“立命，缓贫，而高浩居”，虽然贫穷，还不肯抛弃他们的寄食——甚至于乞食——的生活。

第三，他们也有他们的职业，那是一种宗教的职业：他们熟悉礼乐，人家有丧祭大事，都得请教他们。因为人们必须请他们治丧相礼，所以他们虽然贫穷，却有相当崇高的社会地位。骂他们的可以说他们“因人之野以为尊”；他们自己却可以说是靠他们的知识做“衣食之端”。

第四，他们自己是实行“久丧”之制的，而他们最重要的谋生技能是替人家“治丧”。他们正是那殷民族的祖先教的教士，这是儒的本业。

从这种“小人儒”的生活里，我们更可以明白“儒”的古义：儒是殷民族的教士，靠他们的宗教知识为衣食之端。

其实一切儒，无论君子儒与小人儒，品格尽管有高低，生活的路子是一样的。他们都靠他们的礼教的知识为“衣食之端”，他们都是殷民族的祖先教的教士，行的是殷礼，穿的是殷衣冠。在那殷、周民族杂居已六七百年，文化的隔离已渐渐泯灭的时期，他们不仅仅是殷民族的教士，竟渐渐成了殷、周民族共同需要的教师了。

《左传》昭公七年记孟僖子自恨不能相礼，“乃讲学之。苟能礼者，从之”。《左传》又说，孟僖子将死时，遗命要他的两个儿子何忌与说去跟着孔子“学礼焉以定其位”。孔子的职业是一个教师，他说：

> 自行束脩以上，吾未尝无诲焉。

束脩是十脡脯，是一种最薄的礼物。《檀弓》有“古之大夫，束脩之问不出竟”的话，可证束脩是赠礼。孔子有“博学”、“知礼”的名誉，又有“学而不厌，诲人不倦”的精神，故相传他的弟子有三千之多。这就是他的职业了。

孔子也很注重丧祭之礼，他作中都宰时，曾定制用四寸之棺，五寸之椁（见《檀弓》有若的话）。他承认三年之丧为“天下之通丧”，又建立三年之丧的理论，说这是因为“子生三年然后免于父母之怀”（《论语》十七）。这都可表示他是殷民族的宗教的辩护者，正是“儒”的本色。

他和他的大弟子的生活，都是靠授徒与相礼两种职业。大概当时的礼俗，凡有丧事，必须请相礼的专家。

……

最可玩味的是《檀弓》记的这一件故事：

孔子在卫（也是一个殷文化的中心），有送葬者，而夫子观之，曰："善哉！足以为法矣。……其往也如慕，其反也如疑。"子贡曰："岂若速反而虞乎?"（既葬，"迎精而反，日中祭之于殡宫，以安之"为虞祭。）子曰，"小子识之，我未之能行也。"

孔子叹赏那人的态度，而他的弟子只能计较仪节的形式。所以他那些大弟子，都是"习于礼者"，只能在那些达官富人的丧事里，指手画脚地评量礼节，较量袭裘与裼裘的得失，辩论小敛之奠应在东方或在西方。《檀弓》所记，已够使人厌倦，使人失望，使人感觉孔子的门风真是及身而绝了！

我们读了这种记载，可以想象那些儒者的背景。孔子和这班大弟子本来都是殷儒商祝，孔子只是那个职业里出来的一个有远见的领袖，而他的弟子仍多是那个治丧相礼的职业中人，他们是不能完全跳出那种"因人之野以为尊"的风气之外的。孔子尽管教训他们："女为君子儒，毋为小人儒。"但"君子"、"小人"的界限是很难划分的。他们既须靠治丧相礼为"衣食之端"，就往往不能讲气节了。

……

季孙为当时鲁国的最有权力的人，他的母丧真可说是"大丧"了。这两位大儒巴巴的赶来，不料因国君在内，阍人不让他们进去，他们就进季孙的马厩里去修容；子贡修饰好了，还瞒不过阍人，不得进去；曾子装饰得更好，阍人不敢拦他，居然混进去了。里面的国君与大夫，看见此时有吊客进来，料想必是尊客，都起来致敬，国君还降一等揖客。谁想这不过是两位改装的儒者赶来帮主人治丧相礼的呵！我们看了这种圣门的记载，再回想《墨子·非儒》篇描写的“五谷既收，大丧是随，子姓皆从，得厌饮食”，“富人有丧，乃大说喜”的情形，我们真不能不感觉到“君子儒”与“小人儒”的区别是很微细的了！……

以上记“儒”的生活，我们只用那些我们认为最可信的史料。有意毁谤儒者，而描写不近情理的材料，《庄子》记“大儒以诗礼发冢”的文字，我们不愿意引用。如果还有人觉得我在上文描写“儒”的生活有点近于有心毁谤孔门圣贤，那么，我只好请他平心静气想想孔子自己说他的生活：

出则事公卿，入则事父兄；丧事不敢不勉，不为酒困，何有于我哉？（《论语》九）

在这里，我们可以看见一个“儒”的生活的概略。纵酒是殷民族的恶习惯。《论语》里写孔子“不为酒困”、“唯酒无量，不及乱”，还可见酗酒在当时还是一个社会问题。“丧事不敢不勉”，是“儒”的职业生活。“出则事公卿”，也是那个不学稼圃的寄生阶级的一方面。

四

在前三章里，我们说明了“儒”的来历。儒是殷民族的礼教的教士，他们在很困难的政治状态之下，继续保存着殷人的宗教典礼，继续穿戴着殷人的衣冠。他们是殷人的教士，在六七百年中渐渐变成了绝大多数人民的教师。他们的职业还是治丧、相礼、教学；但他们的礼教已渐渐行到统治阶级里了，他们的来学弟子，已有周、鲁公族的子弟了（如孟孙、何忌、南宫适）；向他们问礼的，不但有各国的权臣，还有齐、鲁、卫的国君了。

这才是那个广义的“儒”。儒是一个古宗教的教师，治丧相礼之外，他们还要做其他的宗教职务。

……

儒的职业需要博学多能，故广义的“儒”为术士的通称。但这个广义的，来源甚古的“儒”，怎样变成了孔门学者的私名呢？这固然是孔子个人的伟大成绩，其中也有很重要的历史的原因。孔子是儒的中兴领袖，而不是儒教的创始者。儒教的伸展是殷亡以后五六百年的一个伟大的历史趋势；孔子只是这个历史趋势的最伟大的代表者，他的成绩也只是这个五六百年的历史运动的一个庄严灿烂的成功。

这个历史运动是殷遗民的民族运动。殷商亡国之后，在那几百年中，人数是众多的，潜势力是很广大的，文化是继续存在的。但政治的势力全都在战胜的民族的手里，殷民族的政治中心只有一个包围在“诸姬”的重围里的宋国。宋国的处境是很困难的；我们看那前八世纪宋国一位三朝佐命的正考父的鼎铭：“一命而偻，再命而伛，三命而俯，循墙而走”，这是何等的柔逊谦卑！宋国所以能久存，也许是靠这种相传的柔道。

周室东迁以后，东方多事，宋国渐渐抬头。到了前七世纪的中叶，齐桓公死后，齐国大乱，宋襄公邀诸侯的兵伐齐，纳齐孝公。这一件事成功（前642年）之后，宋襄公就有了政治的大欲望，他想继承齐桓公之后做中国的盟主。……三百年后，宋君偃自立为宋王，东败齐，南败楚，西败魏，也是这点亡国遗憾的死灰复燃，也是一个民族复兴的运动。但不久也失败了。殷商民族的政治的复兴，终于无望了。

但在那殷商民族亡国后的几百年中，他们好像始终保存着民族复兴的梦想，渐渐养成了一个“救世圣人”的预言，这种预言是亡国民族里常有的，最有名的一个例子就是希伯来（犹太）民族的“弥赛亚”（Messiah）降生救世的悬记，后来引起了耶稣领导的大运动。这种悬记（佛书中所谓“悬记”，即预言）本来只是悬想一个未来的民族英雄起来领导那久受亡国苦痛的民众，做到那复兴民族的大事业。但年代久了，政治复兴的梦想终没有影子，于是这种预言渐渐变换了内容，政治复兴的色彩渐渐变淡了，宗教或文化复兴的意味渐渐加浓了。

犹太民族的“弥赛亚”原来是一个复兴英雄，后来却变成了一个救世的教主，这是一变；一个狭义的，民族的中兴领袖，后来却变成了一个救度全人类的大圣人，这一变更远大了。我们现在观察殷民族亡国后的历史，似乎他们也曾有过一个民族英雄复兴殷商的悬记，也曾有过一个圣人复起的预言。

……

孔子生于鲁襄公二十二年（前551年），上距殷武庚的灭亡，已有五百多年。大概这个“五百年必有王者兴”的预言由来已久，所以宋襄公（泓之战在前638年）正当殷亡后的第五世纪，他那复兴殷商的野心也正是那个预言之下的产儿。到了孔子出世的时代，那预言的五百年之期已过了几十年，殷民族的渴望正在最高度。这时期，忽然殷宋公孙的一个嫡系里出来了一个聪明睿智的少年，起于贫贱的环境里，而贫贱压不住他；生于“野合”的父母，甚至于他少年时还不知道其父的坟墓，然而他的多才多艺，使他居然战胜了一个当然很不好受的少年处境，使人们居然忘了他的出身，使他的乡人异口同声的赞叹他：

大哉孔子！博学而无所成名！

这样一个人，正因为他的出身特别微贱，所以人们特别惊异他的天才与学力之高，特别追想到他的先世遗泽的长久而伟大。所以当他少年时代，他已是民间众望所归了；民间已隐隐的，纷纷的传说：“五百年必有圣者兴，今其将在孔丘乎！”甚至于鲁国的贵族权臣也在背后议论道：“圣人之后，必有达者，今其将在孔丘乎！”

我们可以说，孔子壮年时，已被一般人认作那个应运而生的圣人了。这个假设可以解决《论语》里许多费解的谈话。如云：

子曰：天生德于予，桓魋其如予何？

如云：

子畏于匡，曰：文王既没，文不在兹乎？天之将丧斯文也，后死者不得与于斯文也。天之未丧斯文也，匡人其如予何？

如云：

子曰：凤鸟不至，河不出图，吾已矣夫！

这三段说话，我们平时都感觉难懂。但若如上文所说，孔子壮年以后在一般民众心目中已成了一个五百年应运而兴的圣人，这些话就都不难懂了。因为古来久有那个五百年必有圣者兴的悬记，因为孔子生当殷亡之后五百余年，因为他出于一个殷宋正考父的嫡系，因为他那出类拔萃的天才与学力早年就得民众的崇敬，就被人期许为那将兴的达者——因为这些缘故，孔子自己也就不能避免一种自许自任的心理。

……

《论语》里记着两件事，曾引起最多的误解。一件是公山弗扰召孔子的事：

公山弗扰以费叛，召，子欲往。子路不说，曰："末之也已，何必公山氏之之也？"子曰："夫召我者，而岂徒哉？如有用我者，吾其为东周乎！"

一件是佛肸召孔子的事：

佛肸召，子欲往。子路曰："昔者由也闻诸夫子曰：'亲于其身为不善者，君子不入也。'佛肸以中牟畔（佛肸是晋国赵简子的中牟邑宰，据中牟以叛），子之往也，如之何？"子曰："然，有是言也。不曰坚乎，磨而不磷？不曰白乎，涅而不缁？吾岂匏瓜也哉？焉能系而不食？"

后世儒者用后世的眼光来评量这两件事，总觉得孔子决不会这样看重两个反叛的家臣，决不会这样热衷。……其实孔子的动机不过是赞成一个也许可以尝试有为的机会。从事业上看，“吾其为东周乎?”这就是说，也许我可以造成一个“东方的周帝国”哩。从个人的感慨上说，“吾岂匏瓜也哉？焉能系而不食?”这就是说，我是想做事的，我不能像那串葫芦，挂在那儿摆样子，可是不中吃的。这都是很近情理的感想，用不着什么解释的。……

他到了晚年，也有时感慨他的壮志的消磨。最动人的是他的自述：

甚矣吾衰也！久矣吾不复梦见周公！

这寥寥两句话里，我们可以听见一个“烈士暮年，壮心未已”的长叹。周公是周帝国的一个最伟大的创始者，东方的征服可说全是周公的大功。孔子想造成的“东周”，不是那平王以后的“东周”（这个“东周”乃是史家所用名称，当时无用此名的)，乃是周公平定四国后造成的东方周帝国。但这个伟大的梦终没有实现的机会，孔子临死时还说：

夫明王不兴，而天下其孰能宗予，予殆将死也?

不做周公而仅仅做一个“素王”，是孔子自己不能认为满意的，但“五百年必有王者兴”的悬记终于这样不满意的应在他的身上了。

犹太民族亡国后的预言，也曾期望一个民族英雄出来，“做万民的君王和司令”(《以赛亚书》五五章，四节)，“使雅各众复兴，使以色列之中得保全的人民能归回”……但到了后来，大卫的子孙里出了一个耶稣，他的聪明仁爱得到了民众的推戴，民众认他是古代先知预言的“弥赛亚”，称他为“犹太人的王”。

后来他被拘捕了，罗马帝国的兵“给他脱了衣服，穿上一件朱红色袍子，用荆棘编作冠冕，戴在地头上，拿一根苇子放在他右手里；他们跪在他面前，戏弄他说：“恭喜犹太人的王啊!”戏弄过了，他们带他出去，把他钉死在十字架上，犹太人的王“使雅各众复兴，使以色列归回”的梦想，就这样吹散了。但那个钉死在十字架上的殉道者，死了又“复活”了，“好像一粒芥菜子，这原是种子里最小的，等到长起来，却比各样菜都大，且成了一株树，天上的飞鸟来宿在他的枝上”，他真成了“外邦人的光，直到地的尽头”。

孔子的故事也很像这样的。……后来这个希望渐渐形成了一个“五百年必有王者兴”的悬记，引起了宋襄公复兴殷商的野心。这一次民族复兴的运动失败之后，那个伟大的民族仍旧把他们的希望继续寄托在一个将兴的圣王身上。

果然，亡国后的第六世纪里，起来了一个伟大的“学而不厌，诲人不倦”的圣人。这一个伟大的人不久就得着了许多人的崇敬，他们认他是他们所期待的圣人；就是和他不同族的鲁国统治阶级里，也有人承认那个圣人将兴的预言要应在这个人身上。和他接近的人，仰望他如同仰望日月一样；相信他若得着机会，他一定能“立之斯立，道之斯行，绥之斯来，动之斯和”。他自己也明白人们对他的期望，也以泰山梁木自待，自信“天生德于予”，自许要作文王周公的功业。到他临死时，他还做梦“坐奠于两楹之间”。他抱着“天下其孰能宗予”的遗憾死了，但他死了也“复活”了：“人能弘道，非道弘人”，他打破了殷周文化的藩篱，……重新建立在六百年殷周民族共同生活的新基础之上：他做了那中兴的“儒”的不祧的宗主；他也成了“外邦人的光”，“声名洋溢乎中国，施及蛮貊，舟车所至，人力所通……凡有血气者莫不尊亲”。

五

孔子所以能中兴那五六百年来受人轻视的“儒”，是因为他认清了那六百年殷周民族杂居，文化逐渐混合的趋势，也知道那个富有部落性的殷遗民的“儒”是无法能拒绝那六百年来统治中国的周文化的了，所以他大胆的冲破那民族的界限，大胆的宣言：“吾从周！”他说：

夏礼，吾能言之，杞不足征也。殷礼，吾能言之，宋不足征也。文献不足故也。足，则吾能征之矣。

这就是说，夏殷两个故国的文化虽然都还有部分的保存，——例如《全丧礼》里的夏祝商祝，——然而民族杂居太长久了，后起的统治势力的文化渐渐湮没了亡国民族的老文化，甚至于连那两个老文化的政治中心，杞与宋，都不能继续保存他们的文献了。杞国的史料现在已无可考。就拿宋国来看，宋国在那姬周诸国包围之中，早就显出被周文化同化的倾向来了。

……

这都是最自然的现象。我们今日看北方的出殡，其中有披麻戴孝的孝子，有和尚，有道士，有喇嘛，有军乐队，有纸扎的汽车马车，和《檀弓》记的同时有四种葬法，是一样的文化混合。孔子是个有历史眼光的人，他认清了那个所谓“周礼”并不是西周人带来的，乃是几千年的古文化逐渐积聚演变的总成绩，这里面含有绝大的因袭夏殷古文化的成分。他说：

殷因于夏礼，所损益，可知也。周因于殷礼，所损益，可知也。

这是很透辟的“历史的看法”。有了这种历史见解，孔子自然能看破，并且敢放弃那传统的“儒”的保守主义。所以他大胆的说：

周监于二代，郁郁乎文哉！吾从周。

在这句“吾从周”的口号之下，孔子扩大了旧“儒”的范围，把那个做殷民族的祝人的“儒”变做全国人的师儒了。“儒”的中兴，其实是“儒”的放大。

孔子所谓“从周”，我在上文说过，其实是接受那个因袭夏殷文化而演变出来的现代文化。所以孔子的“从周”不是绝对的，只是选择的，只是“择其善者而从之，其不善者而改之”。……《檀弓》又记：

孔子之丧，公西赤为志焉：饰棺墙，置翣，设披，周也。设崇，殷也。绸练设旐，夏也。

子张之丧，公明仪为志焉；褚幕丹质，蚁结于四隅，殷士也。

这两家的送葬的礼式不同，更可以使我们明了孔子和殷儒的关系。子张是“殷士”，所以他的送葬完全沿用殷礼。孔子虽然也是殷人，但他的教养早已超过那保守的殷儒的遗风了，早已明白宣示他的“从周”的态度了，早已表示他的选择三代礼文的立场了，所以他的送葬也含有这个调和三代文化的象征意义。

孔子的伟大贡献正在这种博大的“择善”的新精神。他是没有那狭义的畛域观念的。他说：

君子周而不比。

又说：

君子群而不党。

他的眼光注射在那整个的人群，所以他说：

君子之于天下也，无适也，无莫也，义之与比。

他认定了教育可以打破一切阶级与界限，所以曾有这样最大胆的宣言：

有教无类。

这四个字在今日好像很平常。但在二千五百年前，这样平等的教育观必定是很震动社会的一个革命学说。因为“有教无类”，所以孔子说“自行束脩以上，吾未尝无诲焉”；所以他的门下有鲁国的公孙，有货殖的商人，有极贫的原宪，有在缧绁之中的公治长。因为孔子深信教育可以推破一切阶级的畛域，所以他终身“为之不厌，诲人不倦”。

孔子时时提出一个“仁”字的理想境界。“仁者人也”，这是最妥帖的古训。……仁就是做人。用那理想境界的人做人生的目标，这就是孔子的最博大又最平实的教义。我们看他的大弟子曾参说的话：

士不可以不弘毅：任重而道远。仁以为己任，不亦重乎？死而后已，不亦远乎？

“仁以为己任”，就是把整个人类看作自己的责任。耶稣在山上，看见民众纷纷到来，他很感动，说道：“收成是好的，可惜做工的人太少了。”曾子说的“任重而道远”，正是同样的感慨。

从一个亡国民族的教士阶级，变到调和三代文化的师儒；用“吾从周”的博大精神，担起了“仁以为己任”的绝大使命——这是孔子的新儒教。

“儒”本来是亡国遗民的宗教，所以富有亡国遗民柔顺以取容的人生观，所以“儒”的古训为柔懦。到了孔子，他对自己有绝大信心，对他领导的文化教育运动也有绝大信心，他又认清了那六百年殷周民族同化的历史实在是东部古文化同化了西周新民族的历史——西周民族的新建设也都建立在那“周围于殷礼”的基础之上——所以他自己没有那种亡国遗民的柔逊取容的心理。“士不可以不弘毅：任重而道远”，这是这个新运动的新精神，不是那个“一命而偻，再命而伛，三命而俯”的柔道所能包涵的了。

……

“成人”就是“成仁”，就是“仁”。综合当时社会上的理想人物的各种美德，合成一个理想的人格，这就是“君子儒”，这就是“仁”。但他又让一步，说“今之成人者”的最低标准。这个最低标准正是当时的“武士道”的信条。

……

大概这种谦卑的态度，虚心的气象，柔逊的处世方法，本来是几百年来的儒者遗风，孔子本来不曾抹煞这一套，他不过不承认这一套是最后的境界，也不觉得这是唯一的境界罢了。（曾子的这一段话的下面，即是“可以托六尺之孤”一段；再下面，就是“士不可以不弘毅”一段。这三段话，写出三种境界，最可供我们作比较。）在那个标举“成人”、“成仁”为理想境界的新学风里，柔逊谦卑不过是其一端而已。

……

这里说的话，无论是不是孔子的话，至少可以表示孔门学者认清了当时有两种不同的人生观，又可以表示他们并不菲薄那“宽柔以教，不报无道”（即是“犯而不校”）的柔道。他们看准了这种柔道也正是一种“强”道。当时所谓“南人”，与后世所谓“南人”不同。春秋时代的楚与吴，虽然更南了，但他们在北方人的眼里还都是“南蛮”，够不上那柔道的文化。古代人所谓“南人”似乎都是指大河以南的来国鲁国，其人多是殷商遗民，传染了儒柔的风气，文化高了，世故也深了，所以有这种宽柔的“不报无道”的教义。

这种柔道本来也是一种“强”，正如《周易·彖传》说的“谦尊而光，卑而不可逾”。一个人自信甚坚强，自然可以不计较外来的侮辱；或者他有很强的宗教信心，深信“鬼神害盈而福谦”，他也可以不计较偶然的横暴。谦卑柔逊之中含有一种坚忍的信心，所以可说是一种君子之强。但他也有流弊。过度的柔逊恭顺，就成了懦弱者的百依百顺，没有独立的是非好恶之心了。……但此外十几节，如云：

爱其死以有待也，养其身以有为也。

非时不见，非义不合。

见利不亏其义，见死不更其守。其特立有如此者。

儒有可亲而不可劫也，可近而不可迫也，可杀而不可辱也。其过失可微辨而不可面数也。其刚毅有如此者。

身可危也，而志不可夺也。虽危，起居竟信（伸）其志，犹将不忘百姓之病也。其忧思有如此者。

患难相死也，久相待也，远相致也。

儒有澡身而浴德，陈言而伏。……世治不轻，世乱不沮。同弗与，异弗非也。其特立独行有如此者。

儒有上不臣天子，下不事诸侯，慎静而尚宽，强毅以与人，……砥厉廉隅。虽分国，如锱铢。……其规为有如此者。

这就都是超过那柔顺的儒风，建立那刚毅威严，特立独行的新儒行了。

以上述孔子改造的新儒行：他把那有部落性的殷儒扩大到那“仁以为己任”的新儒；他把那亡国遗民的柔顺取容的殷儒抬高到那弘毅进取的新儒。这真是“振衰而起儒”的大事业。

关于孔子

一、孔子略传

孔丘，字仲尼，鲁国人，生于周灵王二十一年（西历纪元前551年），死于周敬王四十一年（西历纪元前479年）。他一生的行事，大概中国人也都知道，不消一一的叙述了。他曾见过老子，大概此事在孔子34岁之后。

孔子本是一个实行的政治家。他曾做过鲁国的司空，又做过司寇。鲁定公十年，孔子以司寇的资格做定公的傧相，和齐侯会于夹谷，很替鲁国争了些面子。后来因为他的政策不行，所以把官丢了，去周游列国。他在国外游了13年，也不曾遇有行道的机会。到了68岁回到鲁国，专做著述的事业。把古代的官书，删成《尚书》；把古今的诗歌，删存三百多篇；还订定了礼书、乐书。孔子晚年最喜《周易》，那时的《周易》不过是六十四条卦辞和三百八十四条爻辞。孔子把他的心得做成了六十四条卦象传，三百八十四条爻象传，六十四条彖辞。

后人又把他的杂说纂辑成书，便是《系辞传》、《文言》。这两种之中，已有许多话是后人胡乱加入的。如《文言》中论四德的一段。此外还有《杂卦》、《序卦》、《说卦》，更靠不住了。除了删《诗》、《书》，定《礼》、《乐》之外，孔子还作了一部《春秋》。孔子自己说他是“述而不作”的。所以《诗》、《书》、《礼》、《乐》都是他删定的，不是自己著作的。就是《易经》的诸传，也是根据原有的《周易》作的，就是《春秋》也是根据鲁国的史记作的。

此外还有许多书，名为是孔子作的，其实都是后人依托的，例如一部《孝经》，称孔子为“仲尼”，称曾参为“曾子”，又夹许多“诗云”、“子曰”，可见决不是孔子作的。《孝经·钩命诀》说的“吾志在《春秋》，行在《孝经》”的话也是汉人假造的诳语，决不可信。

一部《论语》虽不是孔子作的，却极可靠，极有用。这书大概是孔门弟子的弟子们所记孔子及孔门诸子的谈话议论。研究孔子学说的人须用这书和《易传》、《春秋》两书参考互证，此外便不可全信了。

孔子本有志于政治改良，所以他说：

苟有用我者，期月而已可也。三年有成。

又说：

如有用我者，吾其为东周乎。

后来他见时势不合，没有政治改良的机会，所以专心教育，要想从教育上收效。他深信教育功效最大，所以说“有教无类”，又说“性相近也，习相远也”。《史记》说他的弟子有三千之多。这话虽不知真假，但是他教学几十年，周游几十国，他的弟子必定不少。

孔子的性情德行，是不用细述的了。我且引他自己说自己的话：

饭疏食，饮水，曲肱而枕之，乐亦在其中矣。不义而富且贵，于我如浮云。

这话虽不大像“食不厌精，脍不厌细”、“席不正不坐”、“割不正不食”的人的口气，却很像孔子的为人。他又说他自已道：

其为人也，发愤忘食，乐以忘忧，不知老之将至云尔。

这是何等精神！《论语》说：

子路宿于石门，晨门曰：“奚自？”子路曰：“自孔氏。”曰：“是知其不可而为之者欤？”

“知其不可而为之”七个字写出一个孳孳恳恳终身不倦的志士。

二、孔子的时代

孟子说孔子的时代，是：

邪说暴行有作：臣弑其君者有之，子弑其父者有之。

这个时代，既叫作邪说暴行的时代，且看是些什么样的邪说暴行。

第一，“暴行”就是孟子所说的“臣弑其君，子弑其父”了。《春秋》二百四十年中，共有弑君三十六次。内中有许多是子弑父的，如楚太子商臣之类。此外还有贵族世卿专权祸国，如齐之田氏，晋之六卿，鲁之三家。还有种种丑行，如鲁之文姜，陈之夏姬，卫之南子、弥子瑕，怪不得那时的隐君子要说：

滔滔者，天下皆是也，而谁与易之？

第二，“邪说”一层，孟子却不曾细述。我如今且把那时代的“邪说”略举几条。

（一）老子。老子的学说，在当时真可以算得“大逆不道”的“邪说”了。你看他说“民之饥，以其上食税之多”，又说“圣人不仁”，又说“民不畏死，奈何以死畏之？”又说“绝仁弃义，民复孝慈；绝圣去知，民利百倍”。这都是最激烈的破坏派的理想（详见上篇）。

（二）少正卯。孔子做司寇，七日便杀了一个“乱政大夫少正卯”。有人问他为什么把少正卯杀了。孔子数了他的三大罪：

（1）其居处足以撮徒成党。

（2）其谈说足以饰邪荧众。

（3）其强御足以反是独立。

这三件罪名，译成今文，便是“聚众结社，鼓吹邪说，淆乱是非”。

（三）邓析。孔子同时思想界的革命家，除了老子，便该算邓析。邓析是郑国人，和子产、孔子同时。《左传》鲁定公九年（西历前501年），“郑驷颛杀邓析而用其竹刑”。那时子产已死了二十一年（子产死于昭公二十年，西历前522年），《吕氏春秋》和《列子》都说邓析是子产杀的，这话恐怕不正确。第一因为子产是极不愿意压制言论自由的。《左传》说：

郑人游于乡校以论执政。然明谓子产曰：“毁乡校，如何?”子产曰：“何为？夫人朝夕退而游焉，以议执政之善否。其所善者，吾则行之。其所恶者，吾则改之。是吾师也。若之何毁之?”

可见子产决不是杀邓析的人。第二子产铸刑书，在西历前536年。驷颛用竹刑，在西历前501年。两件事相差三十余年。可见子产铸用的是“金刑”，驷颛用的是“竹刑”，决不是一件事（金刑还是极笨的刑鼎，竹刑是可以传写流通的刑书）。

邓析的书都散失了，如今所传的《邓析子》乃是后人假造的。我看一部《邓析子》，只有开端几句或是邓析的话。那几句是：

天于人无厚也，君于民无厚也。……何以言之？天不能屏悖厉之气，全夭折之人，使为善之民必寿，此于民无厚也。凡民有穿窬为盗者，有诈伪相迷者，此皆生于不足，起于贫穷，而君必欲执法诛之，此于民无厚也。

这话和老子“天地不仁”的话相同，也含有激烈的政治思想。

《列子》书说："邓析操两可之说，设无穷之辞。"《吕氏春秋》说：

邓析……与民之有狱者约，大狱一衣，小狱襦袴。民之献衣襦袴而学讼者，不可胜数。以非为是，以是为非，是非无度，而可与不可日变。所欲胜因胜，所欲罪因罪。

又说：

郑国多相悬以书者（这就是出报纸的起点）。子产令无悬书，邓析致之。子产令无致书，邓析倚之（悬书是把议论张挂在一处叫人观看，致书是送上门去看，倚书是混在他物里夹带去看）。令无穷而邓析应之亦无穷矣。

又说：

洧水甚大，郑之富人有溺者。人得其死者，富人请赎之。其人求金甚多，以告邓析。邓析曰："安之，人必莫之卖矣。"得死者患之，以告邓析。邓析又答之曰："安之，此必无所更买矣。"

这种人物简直同希腊古代的"哲人"（Sophists）一般。希腊的"哲人"所说的都有老子那样激烈，所行的也往往有少正卯、邓析那种遭忌的行为。希腊的守旧派，如苏格拉底、柏拉图之流，对于那些"哲人"非常痛恨。中国古代的守旧派，如孔子之流，对于这种"邪说"自然也非常痛恨。所以孔子做司寇便杀少正卯。孔子说：

放郑声，远佞人。郑声淫，佞人殆。

又说：

恶紫之夺朱也，恶郑声之乱雅乐也，恶利口之覆邦家者。

他又说：

天下有道，则庶人不议。

要懂得孔子的学说，必须先懂得孔子的时代，是一个"邪说横行，处士横议”的时代。这个时代的情形既是如此“无道”，自然总有许多“有心人”对于这种时势生出种种的反动。如今看来，那时代的反动大约有三种：

第一，极端的破坏派。老子的学说，便是这一派，邓析的反对政府，也属于这一派。

第二，极端的厌世派。还有些人看见时势那样腐败，便灰心绝望，隐世埋名，宁愿过极下等的生活，不肯干预世事。这一派人，在孔子的时代，也就不少。所以孔子说：

贤者辟世，其次辟地，其次辟色，其次辟言。……作者七人矣。

那《论语》上所记“晨门”、“荷蒉”、“丈人”、“长沮”、“桀溺”都是这一派。接舆说：

凤兮！凤兮！何德之衰！已而！已而！今之从政者殆而！

桀溺对子路说：

滔滔者，天下皆是也，而谁以易之？且而与其从辟人之士也，岂若从辟世之士哉？

第三，积极的救世派。孔子对于以上两派，都不赞成。他对于那几个辟世的隐者，虽很原谅他们的志趣，终不赞成他们的行为。所以他批评伯夷、叔齐……柳下惠、少连诸人的行为，道：

我则异于是，无可无不可。

又他听了长沮、桀溺的话，便觉得大失所望，因说道：

鸟兽不可与同群。吾非斯人之徒与，而谁与？天下有道，丘不与易也。

正为“天下无道”，所以他才去栖栖皇皇地奔走，要想把无道变成有道。懂得这一层，方才可懂得孔子的学说。

关于荀子

一、荀子略传

荀子名况，字卿，赵人。曾游学于齐国，后来又游秦（《强国篇》应侯问入秦何见。按应侯作相当赵孝成王初年），又游赵（《议兵篇》孙卿议兵于赵孝成王前。[赵孝成王当西历前265～前245年]），末后到楚。那时春申君当国，使荀卿作兰陵令（此事据《史记·年表》在楚考烈王八年（前255年）。春申君死后（前238年），荀卿遂在兰陵住家，后来遂死在兰陵。

荀卿生死的年代，最难确定。请看王先谦《荀子集解》所录诸家的争论，便可见了。最可笑的是刘向的《孙卿书序》。刘向说荀卿曾与孙膑议兵。孙膑破魏在前341年。到春申君死时，荀卿至少是一百三四十岁了。又刘向与诸家都说荀卿当齐襄王时最为老师。襄王即位在前283年，距春申君死时，还有四十五年。荀卿死在春申君之后，大约在前230年左右。即使他活了八十岁，也不能在齐襄王时便“最为老师”了。我看这种种错误纷争，都由于《史记》的《孟子荀卿列传》。如今且把这一段《史记》抄在下面：

荀卿，赵人。年五十，始来游学于齐。邹衍（之术，迂大而闳辩。奭也文具难施。淳于髡久与处，时有得善言。故齐人颂曰：“谈天衍，雕龙奭，炙毂过髡。”）田骈之属皆已死齐襄王时，而荀卿最为老师。齐尚修列大夫之缺，而荀卿三为祭酒焉。

这段文字有两个易于误人之处：

（一）荀卿“来游学于齐”以下，忽然夹入邹衍、邹奭、淳于髡三个人的事实，以致刘向误会了，以为荀卿五十岁游济，正在稷下诸先生正盛之时（刘向序上称“方齐宣王威王之时”，下称“是时荀卿年五十始来游学”)。不知这一段不相干的事实，乃是上文论“齐有三邹子”一节的错简。本文当作“邹衍田骈之属……”那些荒谬的古文家，不知这一篇《孟子荀卿列传》最多后人添插的材料（如末段记墨翟的二十四字文理不通，或是后人加入的)，却极力夸许这篇文字，文字变化不测，突兀神奇还把他选来当古文读，说这是太史公的笔法，岂不可笑!

（二）本文的“齐襄王时”四个字，当连上文，读“邹衍田骈之属，皆已死齐襄王时”。那些荒谬的人，不通文法，把这四个字连下文，读成“齐襄王时，而荀卿最为老师”。不知这四字在文法上是一个“状时的读”；状时的读，与所状的本句，决不可用“而”字隔开，隔开便不通了。古人也知道这一段可疑，于是把“年五十”改为“年十五”(谢墉校，依《风俗通》改如此)。不知本文说的“年五十始来游学”。这个“始”字含有来迟了的意思。若是“年十五”，决不必用“始”字了。

所以依我看来，荀卿游齐，大概在齐襄王之后，所以说他“年五十始来游学于齐，邹衍田骈之属皆已死齐襄王时，而荀卿最为老师”。这文理很明显，并且与荀卿一生事迹都相合。如今且作一年表如下：

西历前（265～260年）荀卿年五十游齐。

同前（260～255年）入秦，见秦昭王及应侯。

同前（260～250年）游赵，见孝成王。

同前（250～238年）游楚，为兰陵令。

同前（230年左右）死于兰陵。

至于《盐铁论》所说，荀卿至李斯做丞相时才死，那更不值得驳了（李斯做丞相在前213年。当齐襄王死后五十二年了)。

我这一段考据，似乎太繁了。我的本意只因为古人对于这个问题，不大讲究，所以不嫌说得详细些，要望学者读古书总须存个怀疑的念头，不要作古人的奴隶。

二、《荀子》

《汉书·艺文志》：《孙卿子》三十二篇，又有赋十篇。今年《荀子》三十二篇，连赋五篇、诗两篇在内。大概今本乃系后人杂凑成的。其中有许多篇，如《大略》、《宥坐》、《子道》、《法行》等全是东拉西扯拿来凑数的。还有许多篇的分段全无道理：如《非相篇》的后两章，全与“非相”无干；又如《天论篇》的末段，也和“天论”无干。又有许多篇，如今都在大戴小戴的书中（如《礼论》、《乐论》、《劝学》诸篇），或在《韩诗外传》之中，究竟不知是谁抄谁。大概《天论》、《解蔽》、《正名》、《性恶》四篇全是荀卿的精华所在。其余的二十余篇，即使真不是他的，也无关紧要了。

三、荀子与诸子的关系

研究荀子学说的人，须要注意荀子和同时的各家学说都有关系。他的书中，有许多批评各家的话，都很有价值。如《天论篇》说：

慎子有见于后，无见于先。老子有见于诎，无见于信（同伸）。墨子有见于齐，无见于畸。宋子有见于少，无见于多（宋子即宋钘。他说：“人之情欲寡，而皆以己之情为欲多。”荀卿似是说他只有见于少数人的情性，却不知多数人的情性。杨倞注似有误解之处）。有后而无先，则群众无门。有诎而无信，则贵贱不分。有齐而无畸，则政令不施。有少而无多，则群众不化。

又如《解蔽》篇说：

墨子蔽于用而不知文。宋子蔽于欲而不知得。慎子蔽于法而不知贤。申子蔽于势而不知知。惠子蔽于辞而不知实。庄子蔽于天而不知人。故由用谓之，道尽利矣。由俗（杨云：俗当为欲）谓之，道尽嗛矣（杨云，嗛与慊同，快也）。由法谓之，道尽数矣。由势谓之，道尽便矣。由辞谓之，道尽论矣。由天谓之，道尽因矣。

又《非十二》篇论它嚣、魏牟“纵情性，安恣睢，禽兽之行，不足以合文通治”。陈仲、史鰌“忍情性，綦溪利忮，苟以分异人为高，不足以合大众，明大分”。墨翟、宋钘“不知壹天下建国家之权称，上功用，大俭约，而僈差等，曾不足以容辩异，县君臣”。慎到、田骈“尚法而无法，下修而好作（“下修”王念孙校当作“不循”似是）……不足以经国定分”。惠施、邓析“好治怪说，玩琦辞，甚察而不惠（王校惠当作急）；辩而无用，多事而寡功，不可以为治纲纪”。子思、孟子“略法先王而不知其统，……案往旧造说，谓之五行；甚僻远而无类，幽隐而无说，闭约而无解”（《韩诗外传》无子思、孟子二人）。

此外尚有《富国》篇和《乐论》篇驳墨子的节用论和非乐论；又有《正论》篇驳宋子的学说；又有《性恶》篇驳孟子的性善论；又在《正名》篇中驳“杀盗非杀人也”诸说。

这可见荀子学问很博，曾研究同时诸家的学说。因为他这样博学，所以他的学说能在儒家中别开生面，独创一种很激烈的学派。

关于老子

一、老子略传

老子的事迹，已不可考。据《史记》所说，老子是楚国人（《礼记·曾子问》正义引《史记》作陈国人），名耳，字聃，姓李氏（今本《史记》作“姓李氏，名耳。字伯阳，谥曰聃”，乃是后人据《列仙传》妄改的。《索隐》云：“许慎云，聃，耳曼也。故名耳，字聃。有本字伯阳，非正也。老子号伯阳父，此传不称也。”王念孙《读书杂志》三之四，引《索隐》此节，又《经典释文·序录》、《文选注》、《后汉书·桓帝纪》注，并引《史记》云老子字聃。可证今本《史记》所说是后人伪造的。

后人所以要说老子字伯阳父者，因为周幽王时有个太史伯阳，后人要合两人为一人，说老子曾做幽王的官，当孔子生时，他已活了二百五十岁了。……遂推算昭公二十四年，夏五月，乙未朔，巳时，日食，恰入食限。阎氏因断定孔子适周见老子在昭公二十四年，当孔子三十四岁（《四书释地续》）。这话很像可信，但还有可疑之处：

一则《曾子问》是否可信；二则南宫敬叔死了父亲，不到三个月，是否可同孔子适周；三则《曾子问》所说日食，即便可信，难保不是昭公三十一年的日食。但无论如何，孔子适周，终在他三十四岁以后，当西历纪元前518年以后。大概孔子见老子在三十四岁（西历前518年，日食）与四十一岁（定五年，西历前511年，日食）之间。老子比孔子至多不过大二十岁，老子当生于周灵王初年，当西历前570年左右。老子死时，不知在于何时。《庄子·养生主》篇明记老聃之死。《庄子》这一段文字决非后人所能假造的，可见古人并无老子“入关仙去”、“莫知所终”的神话，《史记》中老子活了“百有六十余岁”、“二百余岁”的话，大概也是后人加入的。老子即享高寿，至多不过活了90多岁罢了。

上文说老子“名耳，字聃，姓李氏”，何以又称老子呢？

依我看来，那些“生而皓首，故称老子”的话，固不足信（此出《神仙传》，谢无量《中国哲学史》用之）；“以其年老，故号其书为《老子》”（《高士传》）也不足信。我以为“老子”之称，大概不出两种解说：

（一）“老”或是字。《春秋》时人往往把“字”用在“名”的前面，例如叔梁（字）纥（名），孔父（字）嘉（名），正（字）考父（名），孟明（字）视（名），孟施（字）舍（名），皆是。《左传》文十一年、襄十年，《正义》都说：“古人连言名字者，皆先字后名。”或者老子本名聃，字耳，一字老（老训寿考，古多用为名字者，如《檀弓》晋有张老，《楚语》楚有史老）。

古人名字同举，先说字而后说名，故战国时的书皆称老聃（王念孙《春秋名字解诂》及《读书杂志》俱依《索隐》说，据《说文》："聃，耳曼也。"《释名》耳字聃之意。今按朱骏声《说文通训定声》聃字下引汉《老子铭》云："聃然，老旄之貌也。"又《礼记·曾子问》注："老聃古寿考者之号也。"是聃亦有寿考之意，故名聃，字老。非必因其寿考而后称之也）。此与人称叔梁纥、正考父，都不举其姓氏，正同一例。又古人的"字"下可加"子"字、"父"字等字，例如孔子弟子冉求字有，可称"有子"（哀十一年《左传》），故后人又称"老子"。这是一种说法。

（二）"老"或是姓。古代有氏姓的区别。寻常的小百姓，各依所从来为姓，故称"百姓"、"万姓"。贵族于姓之外，还有氏，如以国为氏、以官为氏之类。老子虽不曾做大官，或者源出于大族，故姓老而氏李，后人不懂古代氏族制度，把氏姓两事混作一事，故说"姓某氏"，其实这三字是错的。老子姓老，故人称老聃，也称老子。这也可备一说。这两种解说都可通，但我们现今没有凭据，不能肯定哪一说是的。

二、老子考

今所传老子的书分上下两篇，共八十一章。这书原本是一种杂记体的书，没有结构组织。今本所分篇章，决非原本所有。其中有许多极无道理的分断（如二十章首句"绝学无忧"当属十九章之末，与"见素抱朴，少私寡欲"两句为同等的排句）。读者当删去某章某章等字，合成不分章的书，然后自己去寻一个段落分断出来（元人吴澄作《道德真经注》，合八十一章为六十八章。中如合十七、十八、十九为一章，三十、三十一为一章，六十三、六十四为一章，六十七、六十

八、六十九为一章，皆极有理，远胜河上公本）。又此书中有许多重复的话和许多无理插入的话，大概不免有后人妄加妄改的所在。

今日最通行的刻本，有世德堂的河上公章句本，华亭张氏的王弼注本，读者须参看王念孙、俞樾、孙诒让诸家校语（章太炎极推崇《韩非子·解老》、《喻老》两篇。其实这两篇所说，虽偶有好的，大半多浅陋之言。如解“攘臂而仍之”，“生之徒十有三”，“带利剑”等句，皆极无道理。但这两篇所据《老子》像是古本，可供我们校勘参考）。

三、革命家之老子

……（老子）的思想，完全是那个时代的产儿，完全是那个时代的反动。看他对于当时政治的评判道：

民之饥，以其上食税之多，是以饥。民之难治，以其上之有为，是以难治。民之轻死，以其求生之厚，是以轻死。

民不畏死，奈何以死惧之？若使民常畏死，而为奇者吾得执而杀之，孰敢？

天下多忌讳，而民弥贫；民多利器，国家滋昏；人多伎巧，奇物滋起；法令滋彰，盗贼多有。

天之道损有余而补不足。人之道则不然：损不足以奉有余。

这四段都是很激烈的议论。读者试把《伐檀》、《硕鼠》两篇诗记在心里，便知老子所说“人之道损不足以奉有余”和“民之饥以其上食税之多，是以饥”的话，乃是当时社会的实在情形。更回想《苕之华》诗“知我如此，不如无生”的话，便知老子所说“民不畏死”，“民之轻死，以其求生之厚，是以轻死”的话，也是当时的实在情形。人谁不求生？到了“知我如此，不如无生”的时候，束手安分也是死，造反作乱也是死，自然轻死，自然不畏死了。

还有老子反对有为的政治，主张无为无事的政治，也是当时政治的反动。凡是主张无为的政治哲学，都是干涉政策的反动。因为政府用干涉政策，却又没干涉的本领，越干涉越弄糟了，故挑起一种反动，主张放任无为。欧洲十八世纪的经济学者政治学者，多主张放任主义，正为当时的政府实在太腐败无能，不配干涉人民的活动。

老子的无为主义，依我看来，也是因为当时的政府不配有为，偏要有为；不配干涉，偏要干涉，所以弄得“天下多忌讳，而民弥贫；民多利器，国家滋昏；法令滋彰，盗贼多有”。《瞻印》诗说的：“人有土田，女反有之；人有民人，女覆夺之；此宜无罪，女反收之；彼宜有罪，女覆说之。”那种虐政的效果，可使百姓人人有“匪鹑匪鸢，翰飞戾天；匪鳣匪鲔，潜逃于渊”的断想（老子尤恨当时的兵祸连年，故书中屡攻击武力政策。如“师之所处荆棘生焉，大军之后必有凶年”，“兵者不祥之器”，“天下无道，戎马生于郊”皆是）。故老子说：“民之难治，以其上之有为，是以难治。”老子对于那种时势，发生激烈的反响，创为一种革命的政治哲学。他说：

大道废，有仁义；智慧出，有大伪；六亲不和，有孝慈；国家昏乱，有忠臣。

所以他主张：

绝圣弃智，民利百倍；绝仁弃义，民复孝慈；绝巧弃利，盗贼无有！

这是极端的破坏主义。他对于国家政治，便主张极端的放任。他说：

治大国若烹小鲜（河上公注：烹小鱼不去肠，不去鳞，不敢挠，恐其糜也）。

又说：

我无为而民自化，我好静而民自正，我无事而民自富，我无欲而民自朴。其政闷闷，其民醇醇；其政察察，其民缺缺。

又说：

太上，下知有之。其次，亲而誉之，其次，畏之。其次，侮之。信不足，焉有不信（焉，乃也）。犹兮其贵言（贵言，不轻易其言也。所谓“行不言之教”是也），功成事遂，百姓皆谓我自然。

老子理想中的政治，是极端的放任无为，要使功成事遂，百姓还以为全是自然应该如此，不说是君主之功。故“太上，下知有之”，是说政府完全放任无为，百姓的心里只觉得有个政府的存在罢了；实际上是“天高皇帝远”，有政府和无政府一样。“下知有之”，《永乐大典》本及吴澄本，皆作“不知有之”；日本本作“下不知有之”，说此意更进一层，更明显了。

我述老子的哲学，先说他的政治学说。我的意思要人知道哲学思想不是悬空发生的。有些人说，哲学起于人类惊疑之念，以为人类目睹宇宙间万物的变化生灭，惊叹疑怪，要想寻出一个满意的解释，故产生哲学。这话未必尽然。人类的惊疑心可以产生迷信与宗教，但未必能产生哲学。人类见日月运行，雷电风雨，自然生惊疑心。但他一转念，便说日有日神，月有月神，雷有雷公，电有电母，天有天帝，病有病魔；于是他的惊疑心，便有了满意的解释，用不着哲学思想了。

即如希腊古代的宇宙论，又何尝不是惊疑的结果？那时代欧亚非三洲古国，如埃及、巴比伦、犹太等国的宗教观念和科学思想，与希腊古代的神话宗教相接触，自然起一番冲突，故发生“宇宙万物的本源究竟是什么”的问题。并不是泰尔史（Thales）的惊奇心忽然劈空提出这个哲学问题的。

在中国的一方面，最初的哲学思想，全是当时社会政治的现状所唤起的反动。社会的阶级秩序已破坏混乱了，政治的组织不但不能救补维持，并且呈现同样的腐败纷乱。当时的有心人，目睹这种现状，要想寻一个补救的方法，于是有老子的政治思想。但是老子若单有一种革命的政治学说，也还算不得根本上的解决，也还算不得哲学。老子观察政治社会的状态，从根本上着想，要求一个根本的解决，遂为中国哲学的始祖。他的政治上的主张，也只是他的根本观念的应用。如今说他的根本观念是什么。

四、老子论天道

老子哲学的根本观念是他的天道观念。老子以前的天道观念，都把天看作一个有意志，有知识，能喜能怒，能作威作福的主宰。

试看《诗经》中说“有命自天，命此文王”（《大明》）；又屡说“帝谓文王”（《皇矣》），是天有意志。“天监在下”，“上帝临汝”（《大明》）；“皇矣上帝，临下有赫，临观四方，求民之莫”（《皇矣》），是天有知识。“有皇上帝，伊谁云憎?”（《正月》）“敬天之怒，无敢戏豫；敬天之渝，无敢驰驱”（《板》），是天能喜怒。“昊天不傭，降此鞠凶；昊天不惠，降此大戾”（《节南山》），“天降丧乱，降此蟊贼”（《桑柔》）；“天降丧乱，饥馑荐臻”（《云汉》），是天能作威作福。

老子生在那种纷争大乱的时代，眼见杀人、破家、灭国等等惨祸，以为若有一个有意志知觉的天帝，决不致有这种惨祸。万物相争相杀，人类相争相杀，便是天道无知的证据。故老子说：

天地不仁，以万物为刍狗。

这仁字有两种说法：第一，仁是慈爱的意思。这是最明白的解说。王弼说：

“地不为兽生刍而兽食刍，不为人生狗而人食狗。无为于万物，而万物各适其所用。”

这是把不仁作无有恩意解。

第二，仁即是“人”的意思。《中庸》说：“仁者，人也。”《孟子》

说："仁也者，人也。"刘熙《释名》说："人，仁也；仁，生物也。"不仁便是说不是人，不和人同类。古代把天看作有意志，有知识，能喜怒的主宰，是把天看作人同类，这叫作天人同类说（Anthropomorphism）。

老子的"天地不仁"说，似乎也含有天地不与人同性的意思。人性之中，以慈爱为最普通，故说天地不与人同类，即是说天地无有恩意。老子这一个观念，打破古代天人同类的谬说，立下后来自然哲学的基础。

打破古代的天人同类说，是老子的天道观念的消极一方面。再看他的积极的天道论：

有物混成，先天地生，寂兮寥兮，独立而不改，周行而不殆，可以为天下母。

吾不知其名，字之曰道，强为之名曰大。

老子的最大功劳，在于超出天地万物之外，假设一个"道"。这个道的性质，是无声、无形；有单独不变的存在，又周行天地万物之中；生于天地万物之先，又却是天地万物的本源。这个道的作用，是：

大道汜兮，其可左右。万物恃之而生而不辞，功成不名有，衣养万物而不为主。

道的作用，并不是有意志的作用，只是一个"自然"。自是自己，然是如此，"自然"只是自己如此（谢著《中国哲学史》云，"自然者，究极之谓也"不成话）。老子说：

道常无为而无不为。

道的作用，只是万物自己的作用，故说"道常无为"。但万物所以能成万物，又只是一个道，故说"而无不为"。

五、论无

老子是最先发现"道"的人。这个"道"本是一个抽象的观念，太微妙了，不容易说得明白。老子又从具体的方面着想，于是想到一个"无"字，觉得这个"无"的性质、作用，处处和这个"道"最相像。老子说：

三十辐，共一毂，当其无，有车之用。埏埴以为器，当其无，有器之用。凿户牖以为室，当其无，有室之用。故有之以为利，无之以为用。

无即是虚空。上文所举的三个例，一是那车轮中央的空洞，二是器皿的空处，三是窗洞门洞和房屋里的空处。车轮若无中间的圆洞，便不能转动；器皿若无空处，便不能装物事；门户若没有空洞，便不能出入；房屋里若没有空处，便不能容人。这个大虚空，无形、无声；整个的不可分断，却又无所不在；一切万有若没有它，便没有用处。

这几项性质，正合上文所说"寂兮寥兮，独立而不改，周行而不殆，可以为天下母"的形容。所以老子所说的"无"与"道"简直是一样的。所以他既说：

道生一，一生二，二生三，三生万物。

一方面又说：

天地万物生于有，有生于无。

道与无同是万物的母，可见道即是无，无即是道。大概哲学观念初起的时代，名词不完备，故说理不能周密。试看老子说"吾无以名之"，"强名之"，可见他用名词的困难。他提出了一个"道"的观念，当此名词不完备的时代，形容不出这个"道"究竟是怎样一个物事，故用那空空洞洞的虚空，来说那无为而无不为的道。却不知道"无"

是对于有的名词，所指的是那无形体的空洞。如何可以代表那无为而无不为的“道”？只因为老子把道与无看作一物，故他的哲学都受这种观念的影响（庄子便不如此。老庄的根本区别在此）。

老子说：“天地万物生于有，有生于无。”且看他怎样说这无中生有的道理。老子说：

视之不见名曰夷，听之不闻名曰希，搏之不得名曰微。此三者不可致诘，故混而为一。其上不皦，其下不昧。绳绳不可名，复归于无物。是谓无状之状，无物之象，是谓惚恍。

又说：

道之为物，惟恍惟惚。惚兮恍兮，其中有象。恍兮惚兮，其中有物。

这也可见老子寻相当名词的困难。老子既说道是“无”，这里又说道不是“无”，乃是“有”与“无”之间的一种情境，虽然看不见，听不着，摸不到，但不是完全没有形状的。不过我们不能形容它，又叫不出它的名称，只得说它是“无物”；只好称它做“无状之状，无物之象”；只好称它做“恍惚”。这个“恍惚”，先是“无状之状，无物之象”，故说“惚兮恍兮，其中有象”。后来忽然从无物之象变为有物，故说“恍兮惚兮，其中有物”。这便是“天地万物生于有，有生于无”的历史。

六、名与无名

中国古代哲学的一个重要问题，就是名实之争。老子是最初提出这个问题的人。他说：

惚兮恍兮，其中有象。恍兮惚兮，其中有物。窈兮冥兮，其中有精。其精甚真，其中有信。自古及今，其名不去，以阅（王弼本原作说。今刊本作阅，乃后人所改）众甫。吾何以知众甫之然（王本今作状，原本似作然）哉？以此。

这一段论名的原起与名的功用。既有了法象，然后有物。有物之后，于是发生知识的问题。人所以能知物，只为每物有一些精纯的物德，最足代表那物的本性（《说文》：“精，择也。”择其特异之物德，故谓之精。真字古训诚，训天，训身，能代表此物的特性，故谓之真），即所谓“其中有精，其精甚真，其中有信”。这些物德，如雪的寒与白，如人的形体官能，都是极可靠的知识上的信物。故说“其中有信”（《说文》“信，诚也。”又古谓符节为信）。这些信物都包括在那物的“名”里面。如说“人”，便可代表人的一切表德；说“雪”，便可代表雪的一切德性。个体的事物尽管生死存灭，那事物的类名，却永远存在。人生人死，而“人”名常在；雪落雪消，而“雪”名永存。故说“自古及今，其名不去，以阅众甫”。众甫即是万物。又说：“吾何以知众甫之然哉？以此。”此字指“名”。我们所以能知万物，多靠名的作用。

老子虽深知名的用处，但他又极力崇拜“无名”。名是知识的利器，老子是主张绝圣弃智的，故主张废名。他说：

道可道，非常道（俞樾说常通尚；尚，上也）。名可名，非常名。无名，天地之始。有名，万物之母。故常无，欲以观其妙；常有，欲以观其徼。（常无常有，作一顿。旧读两欲字为顿，乃是错的。）

老子以为万有生于无，故把无看得比有重。上文所说万物未生时，是一种“绳绳不可名”的混沌状态。故说“无名，天地之始”。后来有象有信，然后可立名字，故说“有名，万物之母”。因为无名先于有名，故说可道的道，不是上道；可名的名，不是上名。老子又常说“无名之朴”的好处。无名之朴，即是那个绳绳不可名的混沌状态。

……

后来制有名字（王弼训始制为“朴散始为官长之时”，似乎太深了一层），知识遂渐渐发达，民智日多，作伪作恶的本领也更大了。大乱的根源，即在于此。老子说：

古之为治者，非以明民，将以愚之。民之难治，以其智多。故以智治国，国之贼。不以智治国，国之福。

“民之难治，以其智多”，即是上文“夫亦将知之，知之所以不治”的注脚。

老子何以如此反对智识呢？大概他推想当时社会国家种种罪恶的根源，都由于多欲。文明程度越高，知识越复杂，情欲也越发展。他说：

五色令人目盲，五音令人耳聋，五味令人口爽，驰骋田猎令人心发狂，难得之货令人行妨。

这是攻击我们现在所谓文明文化。他又说：

天下皆知美之为美，斯恶已。皆知善之为善，斯不善已。故有无相生，难易相成；长短相较，高下相倾；音声相和，前后相随。是以圣人处无为之事，行不言之教。……不尚贤，使民不争。不贵难得之货，使民不为盗。不见（读现）可欲，使民心不乱。是以圣人之治，虚其心，实其腹；弱其志，强其骨：常使民无知无欲。

这一段是老子政治哲学的根据。老子以为一切善恶、美丑、贤不肖，都是对待的名词。正如长短、高下、前后等。无长便无短，无前便无后，无美便无丑，无善便无恶，无贤便无不肖。故人知美是美的，便有丑的了；知善是善的，便有恶的了；知贤是贤的，便有不肖的了。

平常那些赏善罚恶，尊贤去不肖，都不是根本的解决。根本的救济方法，须把善恶、美丑、贤不肖一切对待的名词都消灭了，复归于无名之朴的混沌时代，须要常使民无知无欲。无知，自然无欲了。无欲，自然没有一切罪恶了。前面所引的“大道废，有仁义；智慧出，有大伪；六亲不和，有孝慈；国家昏乱，有忠臣”和“绝圣弃智，绝仁弃义，绝巧弃利”，也都是这个道理。他又说：

道常无为而无不为。侯王若能守之，万物将自化。化而欲作（欲是名词，谓情欲也），吾将镇之以无名之朴。无名之朴，夫亦将无欲。不欲以静，天下将自定。

老子所处的时势，正是“化而欲作”之时。故他要用无名之朴来镇压。所以他理想中的至治之国，是一种：

小国寡民，使有什伯人之器而不用（什是十倍，伯是百倍。文明进步，用机械之力代人工。一车可载千斤，一船可装几千人。这多是什伯人之器。下文所说“虽有舟舆，无所乘之；虽有甲兵，无所陈之”已释这一句）。使民重死而不远徙。虽有舟舆，无所乘之。虽有甲兵，无所陈之。使民复结绳而用之。甘其食，美其服，安其居，乐其欲。邻国相望，鸡狗之声相闻，民至老死不相往来。

这是“无名”一个观念的实际应用。这种学说，要想把一切交通的利器，守卫的甲兵，代人工的机械，行远传久的文字……等制度文物，全行毁除，要使人类依旧回到那无知无欲老死不相往来的乌托邦。

七、无为

老子把天道看作“无为而无不为”，以为天地万物，都有一个独立而不变，周行而不殆的道理，用不着有什么神道作主宰，更用不着人力去造作安排。

老子的“天道”，就是西洋哲学的自然法（Law of Nature 或译“性法”，非）。日月星的运行，动植物的生老死，都有自然法的支配适合。凡深信自然法绝对有效的人，往往容易走到极端的放任主义。如十八世纪的英法经济学者，又如斯宾塞（Herbert Spencer）的政治学说，都以为既有了“无为而无不为”的天道，何必要政府来干涉人民的举动？老子也是如此。他说：

天之道，不争而善胜，不言而善应，不召而自来，缂然而善谋。天网恢恢，疏而不失。

这是说“自然法”的森严。又说：

常有司杀者杀。夫代司杀者杀，是谓代大匠斫。夫代大匠斫者，希有不伤其手者矣。

这个“司杀者”，便是天，便是天道。违背了天道，扰乱了自然的秩序，自有“天然法”来处置他，不用社会和政府的干涉。若用人力去赏善罚恶，便是替天行道，便是“代司杀者杀”。这种代刽子手杀人的事，正如替大匠斫木头，不但无益于事，并且往往闹出乱子来。所以说：“民之难治，以其上之有为，是以难治。”所以又说：“天下多忌讳，而民弥贫……法令滋彰，盗贼多有。”所以他主张一切放任，一切无为。“损之又损，以至于无为，无为而无不为。”

八、人生哲学

老子的人生哲学（旧称伦理学，殊未当）和他的政治哲学相同，也只是要人无知无欲。详细的节目是“见素抱朴，少私寡欲，绝学无忧”。他说：

众人熙熙，如享太牢，如登春台。我独泊兮其未兆，如婴儿之未孩。儽儽兮若无所归。众人皆有余，而我独若遗。我愚人之心也哉！沌沌兮，俗人昭昭，我独昏昏；俗人察察，我独闷闷。澹兮其若海，飂飂兮若无止。众人皆有以，而我独顽似鄙。我独异于人而贵食母。

别人都想要昭昭察察的知识，他却要那昏昏闷闷的愚人之心。此段所说的“贵食母”，即是前所引的“虚其心，实其腹”。老子别处又说“圣人为腹不为目”也是此意。老子只要人肚子吃得饱饱的，做一个无思无虑的愚人；不愿人做有学问知识的文明人。这种观念，也是时势的反动。《隰有苌楚》的诗人说：

隰有苌楚，猗傩其枝。夭之沃沃，乐子之无知！

老子的意思，正与此相同。知识愈高，欲望愈难满足，又眼见许多不合意的事，心生无限烦恼，倒不如无知的草木，无思虑的初民，反可以混混沌沌，自寻乐趣。老子常劝人知足。他说：

知足不辱，知止不殆，可以长久。……罪莫大于可欲（孙诒让按，《韩诗外传》引可欲作多欲），祸莫大于不知足，咎莫大于欲得。故知足之足常足矣。

但是知足不是容易做到的。知识越开，越不能知足。故若要知足，除非毁除一切知识。

老子的人生哲学，还有一个重要观念叫作“不争主义”。他说：

江海所以能为百谷王者，以善下之，故能为百谷王。……以其不争，故天下莫能与之争。

曲则全，枉则直，洼则盈。……夫唯不争，故天下莫与之争。

上善若水，水利万物而不争。处众人之所恶，故几于道。

天下柔弱莫过于水，而攻坚强者莫之能胜。其无以易之。弱之胜强，柔之胜刚，天下莫不知，莫能行。

这种学说，也是时势的反动。那个时代是一个兵祸连年的时代。小国不能自保，大国又争霸权，不肯相下。老子生于这个时代，深知武力的竞争，以暴御暴，只有更烈，决没有止境。只有消极的软工夫，可以抵抗强暴。狂风吹不断柳丝，齿落而舌长存，又如，最柔弱的水可以冲开山石，凿成江河。人类交际，也是如此。汤之于葛，太王之于狄人，都是用柔道取胜。楚庄王不能奈何那肉袒出迎的郑伯，也是这个道理。老子时的小国，如宋，如郑，处列强之间，全靠柔道取胜。故老子提出这个不争主义，要人知道柔弱能胜刚强；要人知道“夫唯不争，故天下莫与之争”。他教人莫要“为天下先”，又教人“报怨以德”。他要小国下大国，大国下小国。他说暂时吃亏忍辱，并不害事。要知“物或损之而益，或益之而损。……强梁者不得其死”。这句话含有他的天道观念。他深信“自然法”的“天网恢恢，疏而不失”，故一切听其自然。物或损之而益，或益之而损，都是天道之自然。宇宙之间，自有“司杀者杀”，故强梁的总不得好死。我们尽可逆来顺受，且看天道的自然因果罢。

第二章

中国文化与思想论

中国文化中的自由传统

各位朋友，同乡朋友：

今天我看见这么多朋友来听我说话，觉得非常感动，无论什么人，见到这样多人的欢迎，都一定会非常感动的。我应该向诸位抱歉。我本来早一个月来，因为有点小病，到今天才能来，并且很抱歉这次不能去台南、台东看看五十年前我住过的地方，只有希望等下次来时再去。万先生、游先生事先要我确定一个题目“中国文化里的自由传统”。这个题目也可改做“中国文化传统的自由主义”。“自由”这个意义，这个理想，“自由”这个名词，并不是外面来的，不是洋货，是中国古代就有的。

“自由”可说是一个倒转语法：可把它倒转回来为“由自”，就是“由于自己”，就是“由自己做主”，不受外来压迫的意思。宋朝王安石有首白话诗：

风吹屋顶瓦，正打破我头。

我终不恨瓦，此瓦不自由。

这可表示古代人对于自由的意义，就是“自己做主”的意思。

二千多年有记载的历史，与三千多年所记载的历史，对于自由这种权力，自由这种意义，也可说明中国人对于自由的崇拜，与这种意义的推动。世界的自由主义运动也是爱自由，争取自由，崇拜自由。世界的历史中，对这一运动的努力与贡献，有早有晚，有多有少，但对此运动都有所贡献。中国对于言论自由、宗教自由、批评政府的自由，在历史上都有记载。

中国从古代以来都有信仰、思想、宗教等自由，但是坐监牢而牺牲生命以争取这些自由的人，也不知有多少。在中国古代有一种很奇怪的制度，就是谏官制度，相当于现在的监察院。这种谏官制度，成立在中国政治思想、哲学思想之前。这种谏官为的是要监督政府，批评政府，都是冒了很大的危险，甚至坐监，牺牲生命。

古时还有人借宗教来批评君主。在《孝经》中就有一章“谏诤章”，要人为“争臣”、“争子”。《孝经》本是教人以服从孝顺，但是君王父亲有错时，作臣子的不得不力争。古代这种谏官制度，可以说是自由主义的一种传统，就是批评政治的自由。此外，在中国古代还有一种史官，就是记载君王的行动，记载君王所行所为以留给千千万万年后的人知道。古代齐国有一个史官，为了记载事实写下“崔杼弑其君”，连父母均被君主所杀，但到了晋国，事实真相依然为史官写出，留传后世。所以古代的史官，正如现在的记者，批评政治，使为政者有所畏惧，这却充分表示言论的自由。

以上所说的一种谏官御史与史官制度，都可以说明在中国政治思想与哲学思想尚未成立时，就非常尊重批评自由与思想自由。

中国思想的先锋老子与孔子，也可以说是自由主义者。老子说：“民不畏死，奈何以死惧之?”孔子说：“三军可夺帅也，匹夫不可夺志也。”老子所代表的“无为政治”，有人说这就是无政府主义，反对政府干涉人民，让人民自然发展，这与孔子所代表的思想都是自由主义者。

孔子所说的中庸之道，实在是一个中间偏左的态度，这可从孔子批评当时为政的人的态度而知道。孔子当时提出："有教无类"，可解释为"有了教育就没有阶级，没有界限"。这与后来的科举制度，都能说明"教育的平等"。这种意见，都可以说是一种自由主义者的思想。

孟子说："民为贵，君为轻。"在二三千年前，这种思想能被提出，实在是一个重要的自由主义者的传统。孟子说："富贵不能淫，贫贱不能移，威武不能屈。"这是孟子给读书人一种宝贵的自由主义的精神。

在春秋时代，因为国家多，"自由"的思想与精神比较发达。秦朝统一以后，思想一尊，因为自由受到限制，追求自由的人，处于这"无所逃于天地之间"的环境中，要想自由实在困难，而依然有人在万难中不断追求。

……

在东汉时，王充著过一部《论衡》，共八十篇，主要的用意可以一句说明"疾虚妄"。全书都以说老实话的态度，对当时儒教"灾异"迷信，予以严格的批评，对孔子与孟子都有所批评，可说是从帝国时代中开辟了自由批评的传统。

再举一个例：在东汉到南北朝佛教极盛的时候，其中的一位君王梁武帝也迷信佛教。当时有个范缜，他著述几篇重要文章，其中一篇《神灭论》，就是驳斥当时盛行的灵魂不灭，认为"身体"与"灵魂"，有如"刀"之与"利"。假如刀不存在，则无所谓利不利。当时君王命七十位大学士反驳，君王自己也有反驳，他都不屈服，可说是一种思想自由的一个表现。再如唐朝的韩愈，他反抗当时疯狂的迷信，写了一篇《谏迎佛骨表》，痛骂当时举国为佛骨而疯狂的事，而被充军到东南边区。后又作《原道》，依然是反对佛教。在当时佛教如此极盛，他依然敢反对，这正是自由主义的精神。再以后如王阳明的批评朱熹，批评政治，而受到很多苦痛。清朝有"颜李学派"，反对当时皇帝提倡的"朱子学派"，都可以说明在一种极不自由的时代，而争取思想自由的例子。

在中国这二千多年的政治思想史、哲学思想史、宗教思想史中，都可以说明中国自由思想的传统。

今天已经到了一个危险的时代，已经到了“自由”与“不自由”的斗争。“容忍”与“不容忍”的斗争。今天我就中国三千多年的历史，我们老祖宗为了争政治自由、思想自由、宗教自由、批评自由的传统，介绍给各位。

今后我们应该如何的为这自由传统而努力。现在竟还有人说风凉话，说“自由”是有产阶级的奢侈品，人民并不需要自由。假如有一天我们都失去了“自由”，到那时候每个人才真正会觉得自由不是奢侈品，而是必需品。

谈谈中国思想史

在三千年中间的中国思想史，我想可以寻出一点线索来，不管它是向左，向右，或是向前，向后。中国思想史如此多的材料，如没有线索，必定要散漫。我的见解也许有成见，可是研究了三十多年，也许可给诸位作一参考。

简单说来，思想是生活种种的反响，社会上的病态需要医治，社会上的困难需要解决，思想却是对于一时代的问题有所解决。经济对思想的影响最大，尤其是在近两三百年来，经济极为重要。生活的方式，生产的方式，往往影响于思想。下面分三个时代来讲：

第一个时代——从商末到周初。

在这个时期里经济并不占重要地位，几百几千年的生活方式和生产状态，并没有多大变迁，更无所谓产业革命。古代思想最重要的是政治和宗教。《史记》作者司马迁分古思想家为六派：即阴阳、道德、儒、墨、法、名等。但是这六派都是“皆务为治”，亦即怎样治理国家社会。

廿九年来从发掘安阳商代文化，发现许多材料，可使我们了解古代政治和宗教的生活。

那时的政治和宗教合在一起，且互为影响。他们的主要生活是祭祖，按照祖宗的生日排成祭日表，一年三百六十五天都在祭祀，那时的宗教以祖为本，而且是很浪费，很残忍，很不人道的宗教。

人死之后，拿来殉葬的是宝贵的饰物和铜器等，牺牲品往往用到几十只甚至几百只牛羊，这是多么浪费！用“人”来祭祀，一为“殉”，即把死人所爱的人和死人埋葬在一起。一为“祭”，即以人作牺牲品来祭神，但多用俘虏。这又是多么残忍！由于这“宗教”的浪费和残忍，至少可以有一种反抗的批判的思想出来。由此，我们可以看出四种思想的产生：

第一种，人本主义。在纪元前三世纪至六世纪，思想很发达，无论哪一派哪一家，其共同的一点是注意到“人”的社会，并且首创“不能治人，怎样祀神”的论调，讲所谓“治人之道”。

第二种，自然主义。针对前时代反应而出的这种主义，是很重要的一点。“自”是“自己”，“然”是“如此”，所谓“自己如此”，亦即自己变成了自己。如乌龟变成乌龟，桃子变成桃子等。两千多年这“自己变成自己”的形质，形成中国思想上很大的潮流。如老庄的思想，即是含有这种思想。

第三种，理智主义。那个时代如孔子所谓：“终日不食，终夜不寝，以思。”便是说明个人须作学问，并且提倡教育的路，无论那时学派思想如何复杂，也都是重知识，所以说已走上了知识主义、理智主义的大路。

第四种，自由思想。在若干国家对立时代，往往有思想的自由。那时有极端的个人主义者，如《吕氏春秋》；亦有提倡民主革命的，如《孟子》。

第二个时代——从汉到宋。

这一时代发生了极新的问题，一是国家的统一，一是新宗教佛教的传入，而普遍全国。于是由此引起了两种思想，即：（一）在武力统一政治下，如何建立一文治政府，减低人民压迫；（二）如何挽救全国人民的宗教热。前者如何建设文治政府，遂产生了四种工具：

第一种工具：建立文官考试制度，自汉武帝时开始，这制度一直发展到科举制度。

第二种工具：汉武帝时设立太学，造就文官，至东汉时已有一万多太学生。

第三种工具：建树成文法律，提倡法治。

第四种工具：建设前一时代有同等权威而加强政治力量的经典，由此而断大案。

至于后者如何挽救宗教热，则有两点：

第一点，提倡自然主义，如王充以自然思想解释自然现象。

第二点，提倡人本主义，如范缜以人和物体相等视，有物体才有精神，韩愈的倡“原道”，乃要人恢复到“古代之社会”。

第三个时代——从宋代以后。

在这时代产生了理学，亦即要恢复到古代好的制度和好的思想，拿本位文化来抵制非本位文化。理学亦即为道学，相信自然界有一法则存在，并且有两条路：一是“敬”，一是“致知”。

第一条路主敬，我们可以看出经过了一千多年，仍不免要受到宗教的影响。第二条路是致知，亦即扩展个人知识。天地之大，草木之微，其中皆存有一“理”在。在这七八百年当中，理学始终是走这两条路，并且也成了号称“中国的本位文化”。而“致知”更为“科学”的路，科学的“目标”。

总括地说，在从前的时代，工具不够用，材料不够多。现在则以全世界为我们的材料，以全世界为我们的工具，以全世界为我们的参考，那么我相信有比较新的中国思想可以产生！

推论与思想

思想

何谓思想（Thinking）？中国人用“思想”两字，有种种意义。“思想”乃是古文“思”字的复音语，我们可先看古人用“思”字作何解说。……“思”字所包极广，如梁简文说“发虑在心谓之思”，因此凡心所想的都可叫作思。如下举各例：

（1）憧憧往来，朋从尔“思”。“思”无邪。

（2）我“思”古人，未之“思”也，夫何远之有？

（3）博学之，审问之，慎“思”之，明辨之，笃行之。

（4）日“思”误书，更是一适。（邢子才语）仲容好学深“思”，以日“思”误书为一适。（俞樾序孙诒让《札移》）。

（5）每得一佳本，晨夕目诵；遇有钩棘难通者，疑牾累积，辄郁轖不怡；或穷“思”博讨，不见端倪，偶涉他编，乃获确证，旷然昭寤，宿疑冰释，则又欣然独笑。（孙诒让《札移》自序）

看以上各例，可得几种解说：

（一）凡心中所起的念头都可叫作“思”。正思邪思，“心血来潮”的思，“兔起鹘落”的思，“胡思乱想”的思，醉人的思，清醒人的思，都是“思”。如上（1）条各句。

（二）思字可作“想到”、“想着”、“想起”解，如上（2）条各例。“我思古人”是“想到”古人；“未之思也”是不曾“想着”他。

今人也说“我想着我的母亲”或“我想起一件事来了”；又如戏台上唱的“思想起来，好不伤心也”，都只是这第二个意义。这一种“思”不过是“想念”或是“回想”，不是“思”的正义。这种“思”或从面前的事物想到不在面前的事物，或从现在想到过去，都带有一点限制，不像第一个意义的漫无限制了。

（三）上文（3）条把“思”字同学、问、辩等字对举。《论语》上所说“学而不思则罔，思而不学则殆”，也是把“思”字同“学”字对举。此例甚多，不必多举。于此可见“思”是与“学”，对立的一种作用：学是领纳仿效外来给我的事物，如读书学画之类；“思”是反省于心，自己寻出所学事物的道理来。程子注《论语》“学而不思”两句道：“不求诸心，故昏而无得；不习其事，故危而不安。”“思”字只是“求诸心”的一个作用，带有自动地去取选择，不是一味盲从了。但是“求诸心”三个字是很泛的，虽有自动地去取，但所以去取的理由根据仍旧是很含糊的。譬如说“古人以为地是平的，不是圆的，几千年来人都是如此想法”，又如说“我想孔子说的话是不错的”——这种“想”何尝不“求诸心”，但仍旧是含混的思想，不是依据于明了的证据的思想。

（四）上文（4）、（5）两条例说的“思”乃是“思”字最重要的意义。（4）条所引邢、俞两人“日思误书”的“思”与（5）条所引孙氏的话同一作用，但孙氏所说更为详细，故可用来说明“思”的最高意义。孙氏说他自己读古书遇有“钩棘难通者”，便起一种疑难，使他心中闷闷不乐；于是他便去“穷思博讨”，要想寻出解决这种疑难的法子；后来在别处忽然寻得解决的确证，于是“旷然昭寤，宿疑冰释”；到了此时，从前的闷闷不乐又变为“欣然独笑了”。这种思想与上之三种思想的根本□□□□□□□□（底本模糊，下同），作为领纳信□□□□□□□用此事物□□□□□。信用后者，这种作用可称为有条理的思想，这便是□□□的最高意义。

思想与推论

上篇说过，“推论”是用已知的事物作根据，由此推知别种事物或真理的作用。把这个界说比较上文“思想”的第四种意义，便知我们所说“有条理的思想”，其实只是“推论的思想”，即是推论。我们恭维人说“某人富于思想”；又说，“某人的思想薄弱”，我们所指并不是“胡思乱想”的思想，也不是证据含混的思想——这两种是人人都有的——我们所指乃是这种有条理，有确证的推论思想。这种思想乃是论理学的研究资料。论理学所研究的方法只是这种思想的方法。

有条理的思想之特性

有条理的思想须具有两个特别条件：

（1）须先有一种疑惑困难的情境；

（2）须有“穷思博讨”的作用，要寻出新事物或新知识用来解决这种疑难。如上文（5）条所引孙氏的话，读书遇着“钩棘难通”的地方，使他疑惑不乐，这便是第一个条件，于是他去“穷思博讨”，寻求确证，这便是第二个条件。

我且举一个具体的例。《墨子·小取篇》有一条界说道：“辟也者，举也物而以明之也。”这句中“举也物”三字不可解，便成一桩疑难。毕沅注《墨子》，不肯去仔细研究，竟把“也”字删去，说它是衍文。这种手段是不合校勘学方法的，因为校勘学家的第一条戒律是“不可无故衍字”。王念孙校勘《墨子》便不敢武断，只去“穷思博讨”，于是寻出《墨子》书里的“他”字都写作“也”字；因此知道此句当作“举他物”，举他物而以明此物，叫作譬。这便是寻出一个满意的解决法了。

这两个条件都极重要。人都知“穷思博讨”的条件是重要的，但人往往把第一个条件看得太轻了，却不知道这个条件正不可少。我们平常的动作，多只是不用意识不用思想的动作，如呼吸走动之类。直到一种疑难发生时，方才有推论的作用，方才真正运用思想的能力。平常没有疑难时固然也会有思想，但是那时的思想大都是想东想西的胡思乱想。这种思想，不但无益，而且有害。到了疑难问题发生时，有了这个疑难便定了思想的范围，此时的思想便都向着“解决这个疑难”一个目的上去，便不是无目的的胡思乱想了。

即如上文所举《小取篇》"举也物"三字的例，读书的人心里存了这个"也"字的疑问，他去"穷思博讨"时便存着解决这疑问的目的，所以他遇着《墨子》中的"也"字便拿来比较参看，由此方才寻出"也字即是他字"的解决方法。即此可见"疑难"一个条件的重要。杜威（Dewey）说："疑难的问题定思想的目的，思想的目的定思想的手续。"

书院制史略

我为何讲这个题目？因为古时的书院与现今教育界所倡的"道尔顿制"精神大概相同。一千年以来，书院实在占教育上一个重要位置，国内的最高学府和思想的渊源，唯书院是赖。盖书院为我国古时最高的教育机关。所可惜的，就是光绪变政，把一千年来书院制完全推翻，而以形式一律的学堂代替教育。要知我国书院的程度，足可以比外国的大学研究院；譬如南菁书院，它所出版的书籍，等于外国博士所做的论文。书院之废，实在是吾中国一大不幸事。一千年来学者自动的研究精神，将不复现于今日了。所以我今日要讲这个书院的问题。本题计分两节：第一，书院的历史；第二，书院的精神。兹分别言之：

一、书院的历史

（一）精舍与书院。书院在顶古的时候，无史可考；因古代的学校，都是私家设立，不甚出名。周朝学制，亦无书院的名称。战国时候，讲学风起，私家学校渐为人所器重。汉时私家传授之盛，为古所未有。观汉朝的国子监太学生，多至数万人，即可见学风之盛。六朝时候，除官学外，复有精舍。此精舍系由少数的贵族或士大夫在郊外建屋数椽，以备他们春夏射御，秋冬读书的处所。

唯此精舍，仍由私家学塾蝉蜕而来，其教授方法，与佛家讲经相同。佛家讲经只许和尚沉思默想，倘和尚不明经理而欲请教于大和尚，此时大和尚就以杖叩和尚之头，在问者虽受重击，毫无怨言，仍俯首思索如故。有时思索不得，竟不远千里朝拜名山，俾一旦触机觉悟，此法系启发学者思想。不借外界驱策而能自动学习；所以精舍也采取佛家方法。其后道家讲经，也和佛家相同。到唐明皇的时候，始有书院的名称，书院之有学校的价值，固自唐始，但至宋朝更进步了。

（二）宋代四大书院。书院名称，至宋朝时候才完全成立。当时最负盛名的书院，如石鼓、岳麓、应天、白鹿洞，世人称为四大书院。这些书院，都系私人集资建造，请一个学者来院主教，称他叫山长。书院大半在山水优秀的地方，院内广藏书籍，使学生自修时候，不致无参考书。此藏书之多，正所以引起学生自由研究的兴趣。此四大书院，不独藏书很多，并且请有学者在院内负指导责任。来兹学者，如有困难疑惑之处，即可向指导者请教；犹如今日道尔顿制的研究室，所以宋朝的书院，就是为学者自修的地方。

（三）宋代书院制度。宋代书院制度，很可研究。每一个书院，有山长一人，系学识丰富的人充任。书院里藏书极多，有所谓三舍制，就如湖南潭州书院，分县学、书院、精舍三种。在州府县学里读书，都是普通之子；优者升入书院。当时书院的程度，犹如今日大学本科，倘在书院里考得成绩很好，就升入精舍。此时犹如今日入大学研究院了。又当时又有所谓大学三舍制，就是在宋仁宗的时候，大兴学校，令天下皆设官学，自己复于京师设立大学。考他的组织方法，也有三种阶级，在州县学读书，称曰外舍，等于大学预科；经一种考试升入内舍，等于今日大学本科；再经严格的考试，就升入精舍，等于今日大学研究院。这种制度，已在浙江书院实行了。

（四）宋代讲学之风与书院。宋代讲学之盛，古所未有。当时所谓州学、县学、官学，只有其名，而无其实。此等学校，吾无以名之，只得叫它曰抽象的学校，大概一位老师就是一个学校，老师之责任，就在讲经。

当时入官学者甚少，国子监太学生都可花钱捐得。然而尊崇一派奉为名师，日趋听讲者亦甚多。听讲时大半笔记，不用书籍，如《朱子语录》，即学生所做的笔记。教法亦大半采佛家问答领悟之法，至于讲学之风，迨南宋时可谓登峰造极。当时学生所最崇拜的，只有二人，因此分为两派：一派当推朱子，而另一则为陆象山派。朱陆既殁，其徒散居各处，亦复以讲学为号召，所以私立的书院，就从此增多了。

（五）会讲式的书院。会讲式的书院，起自明朝，如无锡东林书院，每月订有开会时间。开会之先，由书院散发请帖，开会时由山长主讲一段，讲毕，令学生自由讨论，各抒意见，互相切磋，终以茶点散会。

（六）考课式的书院。考课式的书院，亦起自明朝。此式定每月三六九日或朔望两日，由山长出题，凡合于应试资格的人，即可往书院应试。书院并订津贴寒士膏火办法，供寒士生活之用。此等书院，仅在考试时非常忙碌，平时无须开门，考课者亦不必在场内，只要各抒谠论而已。

（七）清代的书院。清时学术思想，多不尊重理学一派，只孜孜研究考据实用的学问。学者贵能就性之所近，分门研究，研究所得，以笔记之。有时或做极长的卷折，以示造诣。所有书院，概系公立，山长由州府县官聘请富有学识者充之。山长薪水很大，书院经费，除山长薪水外，又有经临等费。学生除不收学费外，又有膏火津贴奖赏等。所以在学足供自给，安心读书，并可以膏火等费赡养家室，不致有家室之累。每一书院，藏书极多，学生可以自由搜求材料，并有学识丰富之山长，加以指导。其制度完备，为亘古所未有，而今则不复见了！

二、书院的精神

（一）代表时代精神。一时代的精神，只有一时代的祠祀，可以代表。因某时之所尊奉者，列为祠祀，即可觇某时代民意的趋向。古时书院常设神祠祀，带有宗教的色彩，其为一千年来民意之所寄托，所以能代表各时代的精神。如宋朝书院，多崇拜张载、周濂溪、邵康节、程颐、程颢诸人，至南宋时就崇拜朱子，明时学者又改崇王阳明，清时偏重汉学，而书院之祠祀，不外供许慎、郑玄的神像。由此以观，一时代精神，即于一时代书院所崇祀者足以代表了。

（二）讲学与议政。书院既为讲学的地方，但有时亦为议政的机关。因为古时没有正式代表民意的机关；有之，仅有书院可以代行职权了。汉朝的太学生，宋朝朱子一派的学者，其干涉国家政治之气焰，盛极一时；以致在宋朝时候，政府立党籍碑，禁朱子一派者应试，并不准起复为官。明朝太监专政，乃有无锡东林书院学者出而干涉，鼓吹建议，声势极张。此派在京师亦设有书院，如国家政令有不合意者，彼辈虽赴汤蹈火，尚仗义执言，以致为宵小所忌，多方倾害，死者亦多，政府并名之曰东林党。然而前者死后者继，其制造舆论，干涉朝政，固不减于昔日。于此可知书院亦可代表古时候议政的精神，不仅为讲学之地了。

（三）自修与研究。书院之真正的精神唯自修与研究，书院里的学生，无一不有自由研究的态度，虽旧有山长，不过为学问上之顾问；至研究发明，仍视平日自修的程度如何。所以书院与今日教育界所倡道尔顿制的精神相同。在清朝时候，南菁、诂经、钟山、学海四书院的学者，往往不以题目甚小，即淡漠视之。所以限于一小题或一字义，竟终日孜孜，究其所以，参考书籍，不惮烦劳，其自修与研究的精神，实在令人佩服！

三、结论

本题拟举二例，作为结论：

（一）譬如南菁书院，其山长黄梨洲先生，常以八字诰诫学生，即“实事求是，莫作调人”。因为研究学问，遇困难处若以调人自居，则必不肯虚心研究，而近乎自暴自弃了。

（二）又如上海龙门书院，其屏壁即大书“读书先要会疑，学者须于无疑中寻找疑处，方为有得”，即可知古时候学者的精神，唯在刻苦研究与自由思索了。其意以学问有成，在乎自修，不在乎外界压迫。这种精神，我恐今日学校中多轻视之。又当声明者，即书院并不拒绝科学，如清代书院的课程，亦有天文、算学、地理、历史、声、光、化、电等科学。尤以清代学者如戴震、王念孙等都精通算学为证。

惜乎光绪变政，将一千年来的书院制度，完全推翻，而以在德国已行一百余年之学校代替此制，诩为自新。使一千年来学者自动的研究精神，将不复现于今日。吾以今日教育界提倡道尔顿制，注重自动的研究，与书院制不谋而合，不得不讲这书院制度的史略了。

第三章

对传统典籍的考据

谈谈《诗经》

这是民国十四年九月在武昌大学讲演的大意，曾经刘大杰君笔记，登在《艺林旬刊》（《晨报副刊》之一）第二十期发表；又收在艺林社《文学论集》。笔记颇有许多大错误。现在我修改了一遍，送给顾颉刚先生发表在《古史辨》里。

《诗经》在中国文学上的位置，谁也知道，它是世界上最古的有价值的文学的一部，这是全世界公认的。

《诗经》有十三国的国风，只没有《楚风》。在表面上看来，湖北这个地方，在《诗经》里，似乎不能占一个位置。但近来一般学者的主张，《诗经》里面是有《楚风》的，不过没有把它叫作《楚风》，叫它作《周南》、《召南》罢了。所以我们可以说：《周南》、《召南》就是《诗经》里面的《楚风》。

我们说《周南》、《召南》就是《楚风》，这有什么证据呢？这是有证据的。我们试看看《周南》、《召南》，就可以找着许多提及江水、汉水、汝水的地方。像“汉之广矣”，“江之永矣”，“遵彼汝坟”这类的句子，想大家都是记得的。汉水、江水、汝水流域不是后来所谓“楚”的疆域吗？所以我们可以说《周南》、《召南》大半是《诗经》里面的《楚风》了。

《诗经》既有《楚风》，我们在这里谈《诗经》，也就是欣赏“本地风光”。

我觉得用新的科学方法来研究古代的东西，确能得着很有趣味的效果。一字的古音，一字的古义，都应该拿正当的方法去研究的。在今日研究古书，方法最要紧；同样的方法可以收同样的效果。我今天讲《诗经》，也是贡献一点我个人研究古书的方法。在我未讲研究《诗经》的方法以前，先讲讲对于《诗经》的几个基本的概念。

（一）《诗经》不是一部经典。从前的人把这部《诗经》都看得非常神圣，说它是一部经典，我们现在要打破这个观念；假如这个观念不能打破，《诗经》简直可以不研究了。因为《诗经》并不是一部圣经，确实是一部古代歌谣的总集，可以做社会史的材料，可以做政治史的材料，可以做文化史的材料。万不可说它是一部神圣经典。

（二）孔子并没有删《诗》，“诗三百篇”本是一个成语。从前的人都说孔子删《诗》、《书》，说孔子把《诗经》删去十分之九，只留下十分之一。照这样看起来，原有的诗应该是三千首。这个话是不对的。唐朝的孔颖达也说孔子的删《诗》是一件不可靠的事体。假如原有三千首诗，真的删去了二千七百首，那在《左传》及其他的古书里面所引的诗应该有许多是三百篇以外的，但是古书里面所引的诗不是三百篇以内的虽说有几首，却少得非常。大概前人说孔子删《诗》的话是不可相信的了。

（三）《诗经》不是一个时代辑成的。《诗经》里面的诗是慢慢地收集起来，成现在这么样的一本集子。最古的是《周颂》，次古的是《大雅》，再迟一点的是《小雅》，最迟的就是《商颂》、《鲁颂》、《国风》了。《大雅》、《小雅》里有一部分是当时的卿大夫作的，有几首并有作者的主名，《大雅》收集在前，《小雅》收集在后。《国风》是各地散传的歌谣，由古人收集起来的。这些歌谣产生的时候大概很古，但收集的时候却很晚了。我们研究《诗经》里面的文法和内容，可以说那《诗经》里面包含的时期约在六七百年的上下。所以我们应该知道，《诗经》不是哪一个人辑的，也不是哪一个人作的。

（四）《诗经》的解释。《诗经》到了汉朝，真变成了一部经典。《诗经》里面描写的那些男女恋爱的事体，在那班道学先生看起来，似乎不大雅观，于是对于这些自然的有生命的文学不得不另加种种附会的解释。所以汉朝的齐、鲁、韩三家对于《诗经》都加上许多的附会，讲得非常的神秘。明是一首男女的恋歌，他们故意说是歌颂谁，讽刺谁的。《诗经》到了这个时代，简直变成了一部神圣的经典了。这种事情，中外大概都是相同的，像那本《旧约全书》的里面，也含有许多的诗歌和男女恋爱的故事，但在欧洲中古时代也曾被教会的学者加上许多迂腐穿凿的解说，使它们不违背中古神学。后起的《毛诗》对于《诗经》的解释又把从前的都推翻了，另找了一些历史上的——《左传》里面的事情——证据，来作一种新的解释。

《毛诗》研究《诗经》的见解比齐、鲁、韩三家确实是要高明一点，所以《毛诗》渐渐打倒了三家诗，成为独霸的权威。我们现在读的还是《毛诗》。到了东汉，郑康成读《诗》的见解比毛公又要高明。所以到了唐朝，大凡研究《诗经》的人都是拿《毛传》、《郑笺》做底子。到了宋朝，出了郑樵和朱子，他们研究《诗经》，又打破毛公的附会，由他们自己作解释。他们这种态度，比唐朝又不同一点，另外成了一种宋代说《诗》的风气。清朝讲学的人都是崇拜汉学，反对宋学的，他们对于考据训诂是有特别的研究，但是没有什么特殊的见解。他们以为宋学是不及汉学的，因为汉在一千七八百年以前，宋只在七八百年以前。殊不知汉人的思想比宋人的确要迂腐得多呢！但在那个时候研究《诗经》的人，确实出了几个比汉、宋都要高明的，如著《诗经通论》的姚际恒，著《读风偶识》的崔述，著《诗经原始》的方玉润，他们都大胆地推翻汉、宋的腐旧的见解，研究《诗经》里面的字句和内容。照这样看起来，两千年来《诗经》的研究实是一代比一代进步的了。

《诗经》的研究，虽说是进步的，但是都不彻底，大半是推翻这部，附会那部；推翻那部，附会这部。我看对于《诗经》的研究想要彻底地改革，恐怕还在我们呢！我们应该拿起我们的新的眼光，好的方法，多的材料，去大胆地细心地研究；我相信我们研究的效果比前人又可圆满一点了。这是我们应取的态度，也是我们应尽的责任。

上面把我对于《诗经》的概念说了一个大概，现在要谈到《诗经》具体的研究了。研究《诗经》大约不外下面这两条路：

第一，训诂。用小心的精密的科学的方法，来做一种新的训诂功夫，对于《诗经》的文字和文法上都重新下注解。

第二，解题。大胆地推翻两千年来积下来的附会的见解；完全用社会学的、历史的、文学的眼光重新给每一首诗下个解释。

所以我们研究《诗经》，关于一句一字，都要用小心的科学的方法去研究；关于一首诗的用意，要大胆地推翻前人的附会，自己有一种新的见解。

现在让我先讲了方法，再来讲到训诂吧。清朝的学者最注意训诂，如戴震、胡承珙、陈奂、马瑞辰，等等，凡他们关于《诗经》的训诂著作，我们都应该看的。戴震有两个高足弟子，一是金坛段玉裁，一是高邮王念孙及其子引之，都有很重要的著作，可为我们参考的。如段注《说文解字》，念孙所作《读书杂志》、《广雅疏证》等；尤其是引之所作的《经义述闻》、《经传释词》，对于《诗经》更有很深的见解，方法亦比较要算周密得多。

前人研究《诗经》都不讲文法，说来说去，终得不着一个切实而明了的解释，并且越讲越把本义搅昏昧了。清代的学者，对于文法就晓得用比较归纳的方法来研究。

如“终风且暴”，前人注是——终风，终日风也。但清代王念孙父子把“终风且暴”来比较“终温且惠”，“终窭且贫”，就可知“终”字应当作“既”字解。有了这一个方法，自然我们无论碰到何种困难地方，只要把它归纳比较起来，就一目了然了。

《诗经》中常用的“言”字是很难解的。汉人解作“我”字，自是不通的。王念孙父子知道“言”字是语词，却也说不出它的文法作用来。我也曾应用这个比较归纳的方法，把《诗经》中含有“言”字的句子抄集起来，便知“言”字究竟是如何的用法了。

我们试看：

彤弓弨兮，受言藏之。

驾言出游。

陟彼南山，言采其蕨。

这些例里，“言”字皆用在两个动词之间。“受而藏之”，“驾而出游”……岂不很明白清楚？（看我的《诗三百篇言字解》，十三版《胡适文存》，页三三五～三四〇）苏东坡有一首《日日出东门》诗，上文说“步寻东城游”，下文又说“驾言写我忧”。他错看了《诗经》“驾言出游，以写我忧”的“驾言”二字，以为“驾言”只是一种语助词。所以章子厚笑他说：“前步而后驾，何其上下纷纷也！”

上面是把虚字当作代名词的。再有把地名当作动词的，如“胥”本来是一个地名。古人解为“胥，相也”，这也是错了。我且举几个例来证明。《大雅·笃公刘》一篇有“于胥斯原”一句，《毛传》说：“胥，相也。”《郑笺》说：“相此原地以居民。”但我们细看此诗共分三大段，写公刘经营的三个地方，三个地方的写法是一致的：

（1）于胥斯原。

（2）于京斯依。

（3）于豳斯馆。

我们比较这三句的文法，就可以明白，“胥”是一个地方的名称，假使有今日的标点符号，只要打一个“—”儿就明白了。《绵》篇中说太王“爰及姜女，聿来胥宇”，也是这个地方。

还有那个“于”字在《诗经》里面，更是一个很发生问题的东西。汉人也把它解错了，他们解为“于，往也”。例如《周南·桃夭》的“之子于归”，他们误解为“之子往归”。这样一解，已经太牵强了，但还勉强解得过去；若把它和别的句子比较起来解释，如《周南·葛覃》的“黄鸟于飞”解为“黄鸟往飞”，《大雅·卷阿》的“凤凰于飞”解为“凤凰往飞”，《邶风·燕燕》的“燕燕于飞”解为“燕燕往飞”，这不是不通吗？那末，究竟要怎样解释才对呢？我可以说，“于”字等于“焉”字，作“于是”解。“焉”字用在内动词的后面，作“于是”解，这是人人可懂的。但在上古文法里，这种文法是倒装的。“归焉”成了“于归”；“飞焉”成了“于飞”。“黄鸟于飞”解为“黄鸟在那儿飞”，“凤凰于飞”解为“凤凰在那儿飞”，“燕燕于飞”解为“燕燕在那儿飞”，这样一解就可通了。

我们谁都认得“以”字。但这“以”字也有问题。如《召南·采蘩》说：

于以采蘩？于沼于沚。于以用之？公侯之事。

于以采蘩？于涧之中。于以用之？公侯之宫。

这些句法明明是上一句问，下一句答。“于以”即是“在那儿?”“以”字等于“何”字。（这个“以”字解为“那儿?”我的朋友杨遇夫先生有详说。）

在那儿采蘩呢？在沼在沚。又在那儿用呢？用在公侯之事。

在那儿采蘩呢？在涧之中。又在那儿用呢？用在公侯之宫。

像这样解释的时候，谁也说是通顺的了。又如《邶风·击鼓》“于以求之？于林之下”，解为“在那儿去求呢？在林之下”。所以“于以求之”的下面，只要标一个问号“?”，就一目了然了。

《诗经》中的“维”字，也很费解。这个“维”字，在《诗经》里面约有二百多个。从前的人都把它解错了。我觉得这个“维”字有好几种用法。最普通的一种是应作“呵，呀”的感叹词解。老子《道德经》也说“唯之与阿，相去几何?”可见“唯”、“维”本来与“阿”相近。如《召南·鹊巢》的:“维鹊有巢，维鸠居之。维鹊有巢，维鸠方之。”若拿“呵”字来解释这一个“维”字，那就是“呵，鹊有巢！呵，鸠去住了!”此外的例，如“维此文王”即是“呵，这文王!”“维此王季”即是“呵，这王季!”你们记得人家读祭文，开首总是“维，‘中华民国’十有四年”。“维”字应顿一顿，解作“呵”字。

我希望大家对于《诗经》的文法细心地做一番精密的研究，要一字一句地把它归纳和比较起来，才能领略《诗经》里面真正的意义。清朝的学者费了不少的时间，终究得不着圆满的结果，也就是因为他们缺少文法上的知识和虚字的研究。

上面已把研究《诗经》训诂的方法约略谈过，现在要谈到《诗经》每首诗的用意如何，应怎样解释才对，便到第二条路所谓解题了。

这一部《诗经》已经被前人闹得乌烟瘴气，莫名其妙了。诗是人的性情的自然表现，心有所感，要怎样写就怎样写，所谓“诗言志”是。《诗经·国风》多是男女感情的描写，一般经学家多把这种普遍真挚的作品勉强拿来安到什么文王、武王的历史上去；一部活泼泼的文学因为他们这种牵强的解释，便把它的真意完全失掉，这是很可痛惜的！譬如《郑风》二十一篇，有四分之三是爱情诗，《毛诗》却认《郑风》与男女问题有关的诗只有五六篇，如《鸡鸣》、《野有蔓草》等。说来倒是我的同乡朱子高明多了，他已认《郑风》多是男女相悦淫奔的诗，但他亦多荒谬。《关雎》明明是男性思恋女性不得的诗，他却在《诗集传》里说什么“文王生有圣德，又得圣女姒氏以为之配”，把这首情感真挚的诗解得僵直不成样了。

好多人说《关雎》是新婚诗，亦不对。《关雎》完全是一首求爱诗，他求之不得，便寤寐思服，辗转反侧，这是描写他的相思苦情；他用了种种勾引女子的手段，友以琴瑟，乐以钟鼓，这完全是初民时代的社会风俗，并没有什么希奇。意大利、西班牙有几个地方，至今男子在女子的窗下弹琴唱歌，取欢于女子。至今中国的苗民还保存这种风俗。

《野有死麇》的诗，也同样是男子勾引女子的诗。初民社会的女子多喜欢男子有力能打野兽，故第一章："野有死麇，白茅包之。"写出男子打死野麇，包以献女子的情形。"有女怀春，吉士诱之。"便写出他的用意了。此种求婚献野兽的风俗，至今有许多地方还保存着。

《嘒彼小星》一诗，好像是写妓女生活的最古记载。我们试看《老残游记》，可见黄河流域的妓女送铺盖上店陪客人的情形。再看原文：

嘒彼小星，三五在东。肃肃宵征，夙夜在公。实命不同。

嘒彼小星，维参与昴。肃肃宵征，抱衾与裯。实命不犹。

我们看她抱衾裯以宵征，就可知道她的职业生活了。

《芣苢》诗没有多深的意思，是一首民歌，我们读了可以想见一群女子，当着光天丽日之下，在旷野中采芣苢，一边采，一边歌。看原文：

采采芣苢，薄言采之。采采芣苢，薄言有之。

采采芣苢，薄言掇之。采采芣苢，薄言捋之。

采采芣苢，薄言袺之。采采芣苢，薄言襭之。

《著》诗，是一个新婚女子出来的时候叫男子暂候，看看她自己装饰好了没有，显出了一种很艳丽细腻的情景。原文：

俟我于著乎而？充耳以素乎而？尚之以琼华乎而？

俟我于堂乎而？充耳以黄乎而？尚之以琼英乎而？

我们试曼声读这些诗，是何等情景？唐代朱庆余《上张水部》有一首诗，妙有这种情致。诗云：

洞房昨夜停红烛，

待晓堂前拜舅姑。

妆罢低声问夫婿，

“画眉深浅入时无？”

你们想想，这两篇诗的情景是不是很相像。

总而言之，你要懂得《诗经》的文字和文法，必须要用归纳比较的方法。你要懂得三百篇中每一首的题旨，必须撇开一切《毛传》、《郑笺》、《朱注》，等等，自己去细细涵咏原文。但你必须多备一些参考比较的材料：你必须多研究民俗学、社会学、文学、史学。你的比较材料越多，你就会觉得《诗经》越有趣味了。

读《楚辞》

十年六月，洪熙、思永们的读书会要我讲演，我讲的是我关于《楚辞》的意见。后来记在《日记》里，现在整理出来，作为一篇读书记。我很盼望国中研究《楚辞》的人平心考察我的意见，修正它或反证它。总期使这部久被埋没、久被“酸化”的古文学名著，能渐渐的从乌烟瘴气里钻出来，在文学界里重新占一个不依傍名教的位置。

一、屈原是谁

屈原是谁？这个问题是没有人发问过的。我现在不但要问屈原是什么人，并且要问屈原这个人究竟有没有。为什么我要疑心呢，因为：

第一，《史记》本来不很可靠，而屈原、贾生列传尤其不可靠。

（子）传末有云：“及孝文崩，孝武皇帝立，举贾生之孙二人至郡守，而贾嘉最好学，世其家，与余通书，至孝昭时，列为九卿。”司马迁何能知孝昭的谥法？一可疑。孝文之后为景帝，如何可说“及孝文崩，孝武皇帝立”？二可疑。

（丑）《屈原传》叙事不明。先说：“王怒而疏屈平。”次说：“屈平既疏，不复在位，使于齐，顾反谏怀王曰：‘何不杀张仪？’怀王悔，追张仪不及。”又说：“怀王欲行，屈平曰：‘秦虎狼之国，不可信，不如毋行。’”又说：“顷襄王立，以其弟子兰为令尹。楚人既咎子兰以劝怀王入秦而不反也，屈平既嫉之，虽放流，眷顾楚国，系心怀王，不忘欲反。”又说：“令尹子兰闻之大怒，卒使上官大夫短屈原于顷襄王，王怒而迁之。屈原至于江滨，被发行吟泽畔。”既“疏”了，既“不复在位”了，又“使于齐”，又“谏”重大的事，一大可疑。前面并不曾说“放流”，出使于齐的人，又能谏大事的人，自然不曾被“放流”，而下面忽说“虽放流”，忽说“迁之”，二大可疑。“秦虎狼之国，不可信”二句，依《楚世家》，是昭雎谏的话。“何不杀张仪”一段，《张仪传》无此语，亦无“怀王悔，追张仪不及”等事，三大可疑。怀王拿来换张仪的地，此传说是“秦割汉中地”。《张仪传》说是“秦欲得黔中地”，《楚世家》说是“秦分汉中之半”。究竟是汉中还是黔中呢？四大可疑。前称屈平，而后半忽称屈原，五大可疑。

第二，传说的屈原，若真有其人，必不曾生在秦汉以前。

（子）“屈原”明明是一个理想的忠臣，但这种忠臣在汉以前是不会发生的，因为战国时代不会有这种奇怪的君臣观念。我这个见解，虽然很空泛，但我想很可以成立。

（丑）传说的屈原是根据于一种“儒教化”的《楚辞》解释的。但我们知道这种“儒教化”的古书解是汉人的拿手戏，只有那笨陋的汉朝学究能干这件笨事！

依我看来，屈原是一种复合物，是一种“箭垛式”的人物，与黄帝、周公同类，与希腊的荷马同类。怎样叫作“箭垛式”的人物呢？古代有许多东西是一班无名的小百姓发明的，但后人感恩图报，或是为便利起见，往往把许多发明都记到一两个有名的人物的功德簿上去。最古的，都说是黄帝发明的。中古的，都说是周公发明的。怪不得周公要一饭三吐哺，一沐三握发了！那一小部分的南方文学，也就归到屈原、宋玉（宋玉也是一个假名）几个人身上去。譬如诸葛亮借箭时用的草人，可以收到无数箭，故我叫他们作“箭垛”。

我想，屈原也许是二十五篇《楚辞》之中的一部分的作者，后来渐渐被人认作这二十五篇全部的作者。但这时候，屈原还不过是一个文学的箭垛。后来汉朝的老学究把那时代的“君臣大义”读到《楚辞》里去，就把屈原用作忠臣的代表，从此屈原就又成了一个伦理的箭垛了。

大概楚怀王入秦不返，是南方民族的一件伤心的事。故当时有“楚虽三户，亡秦必楚”的歌谣。后来亡秦的义兵终起于南方，而项氏起兵时竟用楚怀王的招牌来号召人心，当时必有楚怀王的故事或神话流传民间，屈原大概也是这种故事的一部分。在那个故事里，楚怀王是正角，屈原大概是配角——郑袖唱花旦，靳尚唱小丑——但秦亡之后，楚怀王的神话渐渐失其作用了，渐渐消灭了，于是那个原来做配角的屈原反变成正角了。后来这一部分的故事流传久了，竟仿佛真有其事，故刘向《说苑》也载此事，而补《史记》的人也七拼八凑地把这个故事塞进《史记》去。补《史记》的人很多，最晚的有王莽时代的人，故《司马相如列传》后能引扬雄的话；《屈原贾生列传》当是宣帝时人补的，那时离秦亡之时已一百五十年了，这个理想的忠臣故事久已成立了。

二、《楚辞》是什么

我们现在可以断定《楚辞》的前二十五篇决不是一个人作的。那二十五篇是：

《离骚》一、《九歌》九、《天问》一、《九章》九、《远游》一、《卜居》一、《渔父》一、《招魂》一、《大招》一。

这二十五篇之中，《天问》文理不通，见解卑陋，全无文学价值，我们可断定此篇为后人杂凑起来的。《卜居》、《渔父》为有主名的著作，见解与技术都可代表一个《楚辞》进步已高的时期。《招魂》用“些”，《大招》用“只”，皆是变体。《大招》似是模仿《招魂》的。《招魂》若是宋玉作的，《大招》决非屈原作的。《九歌》与屈原的传说绝无关系。细看内容，这九篇大概是最古之作，是当时湘江民族的舞歌。剩下的，只有《离骚》、《九章》与《远游》了。依我看来，《远游》是模仿《离骚》作的；《九章》也是模仿《离骚》作的。《九章》中，《怀沙》载在《史记》，《哀郢》之名见于《屈贾传论》，大概汉昭宣帝时尚无《九章》之总名。《九章》中，也许有稍古的，也许有晚出的伪作。我们若不愿完全丢弃屈原的传说，或者可以认《离骚》为屈原作的，《九章》中，至多只能有一部分是屈原作的。《远游》全是晚出的仿作。

我们可以把上述意见，按照时代的先后，列表如下：

（1）最古的南方民族文学　《九歌》

（2）稍晚——屈原（?）《离骚》、《九章》的一部分（?）

（3）屈原同时或稍后　《招魂》

（4）稍后——楚亡后　《卜居》、《渔父》

（5）汉人作的　《大招》、《远游》、《九章》的一部分、《天问》

三、《楚辞》的注家

《楚辞》注家分汉、宋两大派。汉儒最迂腐，眼光最低，知识最陋，他们把一部《诗经》都罩上乌烟瘴气了。一首“关关雎鸠”明明是写相思的诗，他们偏要说是刺周康王后的，又说是美后妃之德的！所以他们把一部《楚辞》也“酸化”了。

这一派自王逸直到洪兴祖，都承认那“屈原的传说”，处处把美人香草都解作忠君忧国的话，正如汉人把《诗》三百篇都解作腐儒的美刺一样！宋派自朱熹以后，颇能渐渐推翻那种头巾气的注解。朱子的《楚辞集注》虽不能抛开屈原的传说，但他于《九歌》确能别出新见解。《九歌》中，《湘夫人》、《少司命》、《东君》、《国殇》、《礼魂》各篇的注与序里皆无一字提到屈原的传说；其余四篇，虽偶然提及，但朱注确能打破旧说的大部分，已很不易得了。

我们应该从朱子入手，参看各家的说法，然后比朱子更进一步，打破一切迷信的传说，创造一种新的《楚辞》解。

四、《楚辞》的文学价值

我们须要认明白，屈原的传说不推翻，则《楚辞》只是一部忠臣教科书，但不是文学。如《湘夫人》歌："袅袅兮秋风，洞庭波兮木叶下"，本是白描的好文学，却被旧注家加上"言君政急则众民愁而贤者伤矣"（王逸），"喻小人用事则君子弃逐"（五臣）等荒谬的理学话，便不见它的文学趣味了。又如：

捐余袂兮江中，遗余褋兮醴浦，搴汀洲兮杜若，将以遗兮远者。

这四句何等美丽！注家却说：

屈原托与湘夫人，共邻而处，舜复迎之而去，穷困无所依，故欲捐弃衣物，裸身而行，将适九夷也。远者谓高贤隐士也。言己虽欲之九夷绝域之外，犹求高贤之士，平洲香草以遗之，与共修道德也。（王逸）

或说：

袂褋皆事神所用，今夫人既去，君复背己，无所用也，故弃遗之。……杜若以喻诚信；远者，神及君也。（五臣）

或说：

既诒湘夫人以袂褋，又遗远者以杜若，好贤不已也。（洪兴祖）

这样说来说去，还有文学的趣味吗？故我们必须推翻屈原的传说，打破一切村学究的旧注，从《楚辞》本身上去寻出它的文学兴味来，然后《楚辞》的文学价值可以有恢复的希望。

《红楼梦》考证（改定稿）

一

《红楼梦》的考证是不容易做的，一来因为材料太少，二来因为向来研究这部书的人都走错了道路。他们怎样走错了道路呢？他们不去搜求那些可以考定《红楼梦》的著者，时代，版本，等等的材料，却去收罗许多不相干的零碎史事来附会《红楼梦》里的情节。他们并不曾做《红楼梦》的考证，其实只做了许多《红楼梦》的附会！这种附会的“红学”又可分作几派：

第一派说《红楼梦》“全为清世祖与董鄂妃而作，兼及当时的诸名王奇女。”

他们说董鄂妃即是秦淮名妓董小宛，本是当时名士冒辟疆的妾，后来被清兵夺去，送到北京，得了清世祖的宠爱，封为贵妃。后来董妃夭死，清世祖哀痛得很，遂跑到五台山去做和尚去了。依这一派的话，冒辟疆与他的朋友们说的董小宛之死，都是假的；清史上说的清世祖在位十八年而死，也是假的。

这一派说《红楼梦》里的贾宝玉即是清世祖，林黛玉即是董妃。

世祖临宇十八年，宝玉便十九岁出家；世祖自肇祖以来为第七代，宝玉便言“一子成佛，七祖升天”，又恰中第七名举人；世祖谥“章”，宝玉便谥“文妙”，文章两字可暗射。”“小宛名白，故黛玉名黛，粉白黛绿之意也。小宛是苏州人，黛玉也是苏州人；小宛在如皋，黛玉亦在扬州。小宛来自盐官，黛玉来自巡盐御史之署。小宛入宫，年已二十有七；黛玉入京，年只十三余，恰得小宛之半。……小宛游金山时，人以为江妃踏波而上，故黛玉号“潇湘妃子”，实从“江妃”二字得来。（以上引的话均见王梦阮先生的《〈红楼梦〉索隐》的提要。）

这一派的代表是王梦阮先生的《〈红楼梦〉索隐》。这一派的根本错误已被孟莼荪先生的《董小宛考》（附在蔡孑民先生的《〈石头记〉索隐》之后，页一三一以下）用精密的方法一一证明了。孟先生在这篇《董小宛考》里证明董小宛生于明天启四年甲子，故清世祖生时，小宛已十五岁了；顺治元年，世祖方七岁。小宛已二十一岁了；顺治八年正月二日，小宛死，年二十八岁，而清世祖那时还是一个十四岁的小孩子。小宛比清世祖年长一倍，断无入宫邀宠之理。孟先生引据了许多书，按年分别，证据非常完备，方法也很细密。那种无稽的附会，如何当得起孟先生的摧破呢？例如《〈红楼梦〉索隐》说：

渔洋山人题冒辟疆妾圆玉、女罗画三首之二末句云“洛川淼淼神人隔，空费陈王八斗才”，亦为小琬而作。圆玉者，琬也；玉旁加以宛转之义，故曰圆玉。女罗，罗敷女也。均有深意。神人之隔，又与死别不同矣。（提要页一二）

……《〈红楼梦〉索隐》一书，有了《董小宛考》的辨正，我本可以不再批评它了。但这书中还有许多绝无道理的附会，孟先生都不及指摘出来。如它说：

曹雪芹为世家子，其成书当在乾嘉时代。书中明言南巡四次，是指高宗时事，在嘉庆时所作可知。……意者此书但经雪芹修改，当初创造另自有人。……揣其成书亦当在康熙中叶。……至乾隆朝，事多忌讳，档案类多修改。《红楼》一书，内廷索阅，将为禁本，雪芹先生势不得已，乃为一再修订，俾愈隐而愈不失其真。”（提要页五～六。）

但他在第十六回凤姐提起南巡接驾一段话的下面，又注道：

此作者自言也。圣祖二次南巡，即驻跸雪芹之父曹寅盐署中，雪芹以童年召对，故有此笔。

下面赵嬷嬷说甄家接驾四次一段的下面，又注道：

圣祖南巡四次，此言接驾四次，特明为乾隆时事。

我们看这三段“索隐”，可以看出许多错误。

（1）第十六回明说二三十年前“太祖皇帝”南巡时的几次接驾，赵嬷嬷年长，故“亲眼看见”，我们如何能指定前者为康熙时的南巡而后者为乾隆时的南巡呢？

（2）康熙帝二次南巡在二十八年（西历1689年），到四十三年曹寅才做两淮盐御史。《索隐》说康熙帝二次南巡驻跸曹寅盐院署，是错的。

（3）《索隐》说康熙帝二次南巡时，“曹雪芹以童年召对”，又说雪芹成书在嘉庆时。嘉庆元年（西历1796年）上距康熙二十八年，已隔百零七年了。曹雪芹成书时，他可不是一百二三十岁了吗？

（4）《索隐》说《红楼梦》成书在乾嘉时代，又说是在嘉庆时所作，这一说最谬。《红楼梦》在乾隆时已风行，有当时版本可证（详考见后文。）。况且袁枚在《随园诗话》里曾提起曹雪芹的《红楼梦》。袁枚死于嘉庆二年，诗话之作更早的多，如何能提到嘉庆时所作的《红楼梦》呢？

第二派说《红楼梦》是清康熙朝的政治小说。这一派可用蔡孑民先生的《〈石头记〉索隐》作代表。蔡先生说：

《石头记》……作者持民族主义甚挚。书中本事在吊明之亡，揭清之失，而尤于汉族名士仕清者寓痛惜之意。当时既虑触文网，又欲别开生面，特于本事之上，加以数层障幂，使读者有“横看成岭侧成峰”之状况。（《〈石头记〉索隐》页一。）书中“红”字多隐”朱”字。朱者，明也，汉也。宝玉有“爱红”之癖，言以满人而爱汉族文化也；好吃人口上胭脂，言拾汉人唾余也。……当时清帝虽躬修文学，且创开博学鸿词科，实专以笼络汉人，初不愿满人渐染汉俗，其后雍、乾诸朝亦时时申诫之。故第十九回袭人劝宝玉道：“再不许吃人嘴上擦的胭脂了，与那爱红的毛病儿。”又黛玉见宝玉腮上血渍，询知为淘澄胭脂膏子所溅，谓为“带出幌子，吹到舅舅耳里，又大家不干净惹气”，皆此意。宝玉在大观园中所居曰怡红院，即爱红之义。所谓曹雪芹于悼红轩中增删本书，则吊明之义也。……（页三～四。）

书中女子多指汉人，男子多指满人。不但“女子是水作的骨肉，男人是泥作的骨肉”与“汉”字“满”字有关系也；我国古代哲学以阴阳二字说明一切对待之事物，《易·坤卦彖传》曰：“地道也，妻道也，臣道也。”是以夫妻君臣分配于阴阳也，《石头记》即用其义。第三十一回……翠缕说：“知道了！姑娘（史湘云）是阳，我就是阴。……人家说主子为阳，奴才为阴。我连这个大道理也不懂得！”……清制，对于君主，满人自称奴才，汉人自称臣。臣与奴才，并无二义。以民族之对待言之，征服者为主，被征服者为奴。本书以男女影满、汉，以此。（页九～十）。

这些是蔡先生的根本主张。

……

蔡先生这部书的方法是：每举一人，必先举他的事实，然后引《红楼梦》中情节来配合。我这篇文里，篇幅有限，不能表示他的引书之多和用心之勤，这是我很抱歉的。但我总觉得蔡先生这么多的心力都是白白地浪费了，因为我总觉得他这部书到底还只是一种很牵强的附会。我记得从前有个灯谜，用杜诗“无边落木萧萧下”来打一个“日”字。

这个谜，除了做谜的人自己，是没有人猜得中的。因为做谜的人先想着南北朝的齐和梁两朝都是姓萧的；其次，把“萧萧下”的“萧萧”解作两个姓萧的朝代；其次，二萧的下面是那姓陈的陈朝。想着了“陈”字，然后把偏旁去掉（无边）；再把“东（繁体）”字里的“木”字去掉（落木），剩下的“日”字，才是谜底！你若不能绕这许多弯子，休想猜谜！

假使作《红楼梦》的人当日真个用王熙凤来影余国柱，真个想着“王即柱字偏旁之省，国（繁体）字俗写作国，故熙凤之夫曰琏，言二王字相连也”——假使他真如此思想，他岂不真成了一个大笨伯了吗？

他费了那么大气力，到底只做了“国”字和“柱”字的一小部分；还有这两个字的其余部分和那最重要的“余”字，都不曾做到“谜面”里去！这样做的谜可不是笨谜吗？用麒麟来影“其年”的其，“迦陵”的陵；用三姑娘来影“乾学”的乾，假使真有这种影射法，都是同样的笨谜！假使一部《红楼梦》真是一串这么样的笨谜，那就真不值得猜了。

我且再举一条例来说明这种“索隐”（猜谜）法的无益。蔡先生引蒯若木先生的话，说刘姥姥即是汤潜庵：

潜庵受业于孙夏峰（孙奇逢，清初的理学家），凡十年。夏峰之学本以象山（陆九渊）、阳明（王守仁）为宗。《石头记》，“刘姥姥之女婿曰王狗儿，狗儿之父曰王成。其祖上曾与凤姐之祖、王夫人之父认识，因贪王家势利，便连了宗”，似指此。

其实《红楼梦》里的王家既不是专指王阳明的学派，此处似不应该忽然用王家代表王学。况且从汤斌想到孙奇逢，从孙奇逢想到王阳明学派，再从王阳明学派想到王夫人一家，又从王家想到王狗儿的祖上，又从王狗儿转到他的丈母刘姥姥，——这个谜可不是比那“无边落木萧萧下”的谜还更难猜吗？

蔡先生又说《石头记》第三十九回刘姥姥说的“抽柴”一段故事是影汤斌毁五通祠的事；刘姥姥的外孙板儿影的是汤斌买的一部《廿一史》；他的外孙女青儿影的是汤斌每天吃的韭菜！这种附会已是很滑稽的了。最妙的是第六回凤姐给刘姥姥二十两银子，蔡先生说这是影汤斌死后徐乾学赙送的二十金；又第四十二回凤姐又送姥姥八两银子，蔡先生说这是影汤斌死后惟遗俸银八两。这八两有了下落了，那二十两也有了下落了；但第四十二回王夫人还送了刘姥姥两包银子，每包五十两，共是一百两，这一百两可就没有下落了！因为汤斌一生的事实没有一件可恰合这一百两银子的，所以这一百两虽然比那二十八两更重要，到底没有“索隐”的价值！这种完全任意地去取，实在没有道理，故我说蔡先生的《〈石头记〉索隐》也还是一种很牵强的附会。

第三派的《红楼梦》附会家，虽然略有小小的不同，大致都主张《红楼梦》记的是纳兰成德的事。成德后改名性德，字容若，是康熙朝宰相明珠的儿子。陈康祺的《郎潜纪闻二笔》（即《燕下乡脞录》）卷五说：

先师徐柳泉先生云：“小说《红楼梦》一书即记故相明珠家事；金钗十二，皆纳兰侍卫（成德官侍卫）所奉为上客者也。宝钗影高澹人，妙玉即影西溟（姜宸英）。……”徐先生言之甚详，惜余不尽记忆。

又俞樾的《小浮梅闲话》（《曲园杂纂》卷三十八）说：

《红楼梦》一书，世传为明珠之子而作。……明珠子名成德，字容若。《通志堂经解》每一种有纳兰成德容若序，即其人也。恭读乾隆五十一年二月二十九日上谕：“成德于康熙十一年壬子科中式举人，十二年癸丑科中式进士，年甫十六岁。”（适按此谕不见于《东华录》。但载于《通志堂经解》之首。）然则其中举人止十五岁，于书中所述颇合也。

钱静方先生的《红楼梦考》（附在《〈石头记〉索隐》之后，页一二一～一三〇）也颇有赞成这种主张的倾向。钱先生说：

是书力写宝、黛痴情。黛玉不知所指何人。宝玉固全书之主人翁，即纳兰侍御也。使侍御而非深于情者，则焉得有此倩影？余读《饮水词抄》，不独于宾从间得訢合之欢，而尤于闺房内致缠绵之意。即黛玉葬花一段，亦从其词中脱卸而出。是黛玉虽影他人，亦实影侍御之德配也。

这一派的主张，依我看来，也没有可靠的根据，也只是一种很牵强的附会。

（1）纳兰成德生于顺治十一年（西历1654年），死于康熙二十四年（1685年），年三十一岁。他死时，他的父亲明珠正在极盛的时代（大学士加太子太傅，不久又晋太子太师。）我们如何可说那眼见贾府兴亡的宝玉是指他呢？

(2) 俞樾引乾隆五十一年上谕说成德中举人时止十五岁，其实连那上谕都是错的。成德生于顺治十一年；康熙壬子，他中举人时，年十八；明年癸丑，他中进士，年十九。徐乾学作的《墓志铭》与韩菼作的《神道碑》，都如此说。乾隆帝因为硬要否认《通志堂经解》的许多序是成德作的，故说他中进士时年止十六岁。（也许成德应试时故意减少三岁，而乾隆帝但依据履历上的年岁。）无论如何，我们不可用宝玉中举的年岁来附会成德。若宝玉中举的年岁可以附会成德，我们也可以用成德中进士和殿试的年岁来证明宝玉不是成德了！

(3) 至于钱先生说的纳兰成德的夫人即是黛玉，似乎更不能成立。成德原配卢氏，为两广总督兴祖之女，续配官氏，生二子一女。卢氏早死，故《饮水词》中有几首悼亡的词。钱先生引他的悼亡词来附会黛玉，其实这种悼亡的诗词，在中国旧文学里，何止几千首？况且大致都是千篇一律的东西。若几首悼亡词可以附会林黛玉，林黛玉真要成“人尽可夫”了！

(4) 至于徐柳泉说大观园里十二金钗都是纳兰成德所奉为上客的一班名士，这种附会法与《〈石头记〉索隐》的方法有同样的危险。即如徐柳泉说妙玉影姜宸英，那么，黛玉何以不可附会姜宸英？晴雯何以不可附会姜宸英？又如他说宝钗影高士奇，那么，袭人也可以影高士奇了，凤姐更可以影高士奇了。我们试读姜宸英祭纳兰成德的文：

> 兄一见我，怪我落落；转亦以此，赏我标格。……数兄知我，其端非一。我常箕踞，对客欠伸，兄不余傲，知我任真。我时嫚骂，无问高爵，兄不余狂，知余疾恶。激昂论事，眼睁舌挢，兄为抵掌，助之叫号。有时对酒，雪涕悲歌，谓余失志，孤愤则那？彼何人斯，实应且憎，余色拒之，兄门固扃。

妙玉可当得这种交情吗？这可不更像黛玉吗？我们又试读郭琇参劾

高士奇的奏疏：

……久之，羽翼既多，遂自立门户。……凡督抚藩臬道府厅县以及在内之大小卿员，皆王鸿绪等为之居停哄骗而夤缘照管者，馈至成千累万；即不属党护者，亦有常例，名之曰平安钱。然而人之肯为贿赂者，盖士奇供奉日久，势焰日张，人皆谓之门路真，而士奇遂自忘乎其为撞骗，亦居之不疑，曰，我之门路真。……以觅馆餬口之穷儒，而今忽为数百万之富翁，试问金从何来？无非取给于各官。然官从何来？非侵国帑，即剥民膏。夫以国帑民膏而填无厌之谿壑，是士奇等真国之蠹而民之贼也……（清史馆本传，《耆献类徵》卷六十。）

宝钗可当得这种罪名吗？这可不更像凤姐吗？我举这些例的用意是要说明这种附会完全是主观的，任意的，最靠不住的，最无益的。钱静方先生说得好：

“要之，《红楼》一书，空中楼阁。作者第由其兴会所至，随手拈来，初无成意。即或有心影射，亦不过若即若离，轻描淡写，如画师所绘之百像图，类似者固多，苟细按之，终觉貌是而神非也。”

二

我现在要忠告诸位爱读《红楼梦》的人：我们若想真正了解《红楼梦》，必须先打破这种种牵强附会的《红楼梦》谜学！

其实做《红楼梦》的考证，尽可以不用那种附会的法子。我们只须根据可靠的版本与可靠的材料，考定这书的著者究竟是谁，著者的事迹家世，著书的时代，这书曾有何种不同的本子，这些本子的来历如何。这些问题乃是《红楼梦》考证的正当范围。

我们先从“著者”一个问题下手。

本书第一回说这书原稿是空空道人从一块石头上抄写下来的，故名《石头记》；后来空空道人改名情僧，遂改《石头记》为《情僧录》；东鲁孔梅溪题为《风月宝鉴》；后因曹雪芹于悼红轩中，披阅十载，增删五次，纂成目录，分出章回，又题曰《金陵十二钗》，并题一绝，即此便是《石头记》的缘起。诗云：

满纸荒唐言，一把辛酸泪。都云作者痴。谁解其中味？

第百二十回又提起曹雪芹传授此书的缘由。大概“石头”与空空道人等名目都是曹雪芹假托的缘起，故当时的人多认这书是曹雪芹作的。袁枚的《随园诗话》卷二中有一条说：

康熙间，曹练亭（练当作楝）为江宁织造，每出拥八驺，必携书一本，观玩不辍。人问：“公何好学?”曰：“非也。我非地方官而百姓见我必起立，我心不安，故藉此遮目耳。”素与江宁太守陈鹏年不相中，及陈获罪，乃密疏荐陈。人以此重之。

其子雪芹撰《红楼梦》一书，备记风月繁华之盛。中有所谓大观园者，即余之随园也。明我斋读而羡之。（坊间刻本无此七字。）当时红楼中有某校书尤艳，我斋题云：（此四字坊间刻本作“雪芹赠云”，今据原刻本改正。）

病容憔悴胜桃花，午汗潮回热转加。

犹恐意中人看出，强言今日较差些。

威仪棣棣若山河，应把风流夺绮罗。

不似小家拘束态，笑时偏少默时多。

我们现在所有的关于《红楼梦》的旁证材料，要算这一条为最早。近人征引此条，每不全录。他们对于此条的重要，也多不曾完全懂得。这一条记载的重要，凡有几点：

（1）我们因此知道乾隆时的文人承认《红楼梦》是曹雪芹作的。

（2）此条说曹雪芹是曹楝亭的儿子。（又《随园诗话》卷十六也说“雪芹者，曹练亭织造之嗣君也。”但此说实是错的，说详后。）

（3）此条说大观园即是后来的随园。

俞樾在《小浮梅闲话》里曾引此条的一小部分，又加一注，说：

纳兰容若《饮水词集》有《满江红》词，为曹子清题其先人所构楝亭，即雪芹也。

俞樾说曹子清即雪芹，是大谬的。曹子清即曹楝亭，即曹寅。

我们先考曹寅是谁。吴修的《昭代名人尺牍小传》卷十二说：

曹寅，字子清，号楝亭，奉天人，官通政司使，江宁织造。校刊古书甚精，有扬州局刻《五韵、楝亭十二种》，盛行于世。著《楝亭诗抄》。

《扬州画舫录》卷二说：

曹寅，字子清，号楝亭，满洲人，官两淮盐院，工诗词，善书，著有《楝亭诗集》。刊秘书十二种，为《梅宛》、《声画集》、《法书考》、《琴史》、《墨经》、《砚笺》，刘后山（当作刘后村）《千家诗》、《禁扁》、《钓矶立谈》、《都城纪胜》、《糖霜谱》、《录鬼簿》。今之仪征余园门榜“江天传舍”四字，是所书也。

这两条可以参看。又韩菼的《有怀堂文稿》里有《楝亭记》一篇，说：

荔轩曹使君性至孝。自其先人董三服官江宁，于署中手植楝树一株，绝爱之，为亭其间，尝憩息于斯。后十余年，使君适自苏移节，如先生之任，则亭颇坏，为新其材，加垩焉，而亭复完。

据此可知曹寅又字荔轩，又可知《饮水词》中的楝亭的历史。

最详细的记载是章学诚的《丙辰札记》：

曹寅为两淮巡盐御史，刻古书凡十五种，世称“曹楝亭本”是也。康熙四十三年、四十五年、四十七年、四十九年，间年一任，与同旗李煦互相番代。李于四十四年、四十六年、四十八年，与曹互代；五十年、五十一年、五十二年、五十五年、五十六年，又连任，较曹用事为久矣。然曹至今为学士大夫所称，而李无闻焉。

不幸章学诚说的那“至今为学士大夫所称”的曹寅，竟不曾留下一篇传记给我们做考证的材料，《耆献类徵》与《碑传集》都没有曹寅的碑传。只有宋和的《陈鹏年传》（《耆献类徵》卷一六四，页一八以下）有一段重要的纪事：

乙酉（康熙四十四年），上南巡。（此康熙帝第五次南巡。）总督集有司议供张，欲于丁粮耗加三分。有司皆慑服，唯唯。独鹏年（江宁知府陈鹏年）不服，否否。总督怏怏，议虽寝，则欲抉去鹏年矣。

无何，车驾由龙潭幸江宁。行宫草创，（按此指龙潭之行宫）欲抉去之者因以是激上怒。时故庶人（按此即康熙帝的太子胤礽，至四十七年被废。）从幸，更怒，欲杀鹏年。车驾至江宁，驻跸织造府。一日，织造幼子嬉而过于庭，上以其无知也，曰：“儿知江宁有好官乎?”曰：“知有陈鹏年。”时有致政大学士张英来朝，上……使人问鹏年，英称其贤。而英则庶人之所傅，上乃谓庶人曰：“尔师傅贤之，如何杀之?”庶人犹欲杀之。

织造曹寅免冠叩头，为鹏年请。当是时，苏州织造李某伏寅后，为寅婣（婣字不见于字书，似有儿女亲家的意思），见寅血被额，恐触上怒，阴曳其衣，警之。寅怒而顾之曰：“云何也?”复叩头，阶有声，竟得请。出，巡抚宋荦逆之曰：“君不愧朱云折槛矣!”

又我的朋友顾颉刚在《江南通志》里查出江宁织造的职官如下表：

康熙二年至二十三年	曹玺
康熙二十三年至三十一年	桑格
康熙三十一年至五十二年	曹寅
康熙五十二年至五十四年	曹颙
康熙五十四年至雍正六年	曹頫
雍正六年以后	隋赫德

又苏州织造的职官如下表：

康熙二十九年至三十二年　　曹寅

康熙三十二年至六十一年　　李煦

这两表的重要，我们可以分开来说：

(1) 曹玺，字完璧，是曹寅的父亲。颉刚引《上元江宁两县志》道：

“织局繁剧，玺至，积弊一清。陛见，陈江南吏治极详，赐蟒服，加一品，御书‘敬慎’扁额。卒于位。子寅。”

(2) 因此可知曹寅当康熙二十九年至三十二年时，做苏州织造；三十一年至三十二年，他兼任江宁织造；三十二年以后，他专任江宁织造二十年。

(3) 康熙帝六次南巡的时代，可与上两表参看：

康熙二三年　一次南巡　曹玺为苏州织造

二十八年　　二次南巡

三十八年　　三次南巡　曹寅为江宁织造

四十二年　　四次南巡　同上

四十四年　　五次南巡　同上

四十六年　　六次南巡　同上

(4) 颉刚又考得“康熙南巡，除第一次到南京驻跸将军署外，余五次均把织造署当行宫”。这五次之中，曹寅当了四次接驾的差。又《振绮堂丛书》内有《圣驾五幸江南恭录》一卷，记康熙四十四年的第五次南巡，写曹寅既在南京接驾，又以巡盐御史的资格赶到扬州接驾；又记曹寅进贡的礼物及康熙帝回銮时赏他通政使司通政使的事，甚详细，可以参看。

(5) 曹颙与曹頫都是曹寅的儿子。曹寅的《楝亭诗抄别集》有“郭振基序”，内说“侍公函丈有年，今公子继任织部，又辱世讲”。是曹颙之为曹寅儿子，已无可疑。曹頫大概是曹颙的兄弟。

又《四库全书提要·谱录类·食谱》之属存目里有一条说：

《居常饮馔录》一卷。（编修程晋芳家藏本。）

国朝曹寅撰。寅字子清，号楝亭，镶蓝旗汉军。康熙中，巡视两淮盐政，加通政司衔。是编以前代所传饮膳之法汇成一编：一曰，宋王的《糖霜谱》；二三曰，宋东谿遯叟《粥品》及《粉面品》；四曰，元倪瓒《泉史》；五曰元海滨逸叟《制脯鲊法》；六曰，明王叔承《酿录》；七曰，明释智舷《茗笺》；八九曰，明灌畦老叟《蔬香谱》及《制蔬品法》。中间《糖霜谱》，寅已刻入所辑《楝亭十种》；其他亦颇散见于《说郛》诸书云。

又《提要》别集类存目里有一条：

《楝亭诗抄》五卷，附《词抄》一卷。（江苏巡抚采进本）

国朝曹寅撰。寅有《居常饮馔录》，已著录，其诗一刻于扬州，计盈千首；再刻于仪征，则寅自汰其旧刻，而吴尚中开雕于柬（楝）园者。此本即仪征刻也。其诗出入于白居易、苏轼之间。

《提要》说曹家是镶蓝旗人，这是错的。《八旗氏族通谱》有曹锡远一系，说他家是正白旗人，当据以改正。但我们因《四库提要》提起曹寅的诗集，故后来居然寻着他的全集，计《楝亭诗抄》八卷，《文抄》一卷，《词抄》一卷，《诗别集》四卷，《词别集》一卷（天津公园图书馆藏）。从他的集子里，我们得知他生于顺治十五年戊戌（1658 年）九月七日，他死时大概在康熙五十一年（1712 年）的下半年，那时他五十五岁。他的诗颇有好的，在八旗的诗人之中，他自然要算一个大家了（他的诗在铁保辑的《八旗人诗抄》——改名《熙朝雅颂集》——里，占一全卷的地位）。当时的文学大家，如朱彝尊、姜宸英等，都为《楝亭诗抄》作序。

以上关于曹寅的事实，总结起来，可以得几个结论：

(1)曹寅是八旗的世家，几代都在江南做官，他的父亲曹玺做了二十一年的江宁织造；曹寅自己做了四年的苏州织造，做了二十一年的江宁织造，同时又兼做了四次的两淮巡盐御史。他死后，他的儿子曹颙接着做了三年的江宁织造，他的儿子曹頫接下去做了十三年的江宁织造。他家祖孙三代四个人总共做了五十八年的江宁织造。这个织造真成了他家的“世职”了。

(2)当康熙帝南巡时，他家曾办过四次以上的接驾的差。

(3)曹寅会写字，会作诗词，有诗词集行世。他在扬州曾管领《全唐诗》的刻印，扬州的诗局归他管理甚久，他自己又刻有二十几种精刻的书。(除上举各书外，尚有《周易本义》、《施愚山集》等；朱彝尊的《曝书亭集》也是曹寅捐资倡刻的，刻未完而死。)他家中藏书极多，精本有三千二百八十七种之多(见他的《楝亭书目》，京师图书馆有抄本)。可见他的家庭富有文学美术的环境。

(4)他生于顺治十五年，死于康熙五十一年(1658～1712年)。

以上是曹寅的略传与他的家世。曹寅究竟是曹雪芹的什么人呢？袁枚在《随园诗话》里说曹雪芹是曹寅的儿子。这一百多年以来，大家多相信这话，连我在这篇《考证》的初稿里也信了这话。现在我们知道曹雪芹不是曹寅的儿子，乃是他的孙子，最初改正这个大错的是杨钟羲先生。杨先生编有《八旗文经》六十卷，又著有《雪桥诗话》三编，是一个最熟悉八旗文献掌故的人。他在《雪桥诗话》续集卷六，页二三页，说：

> 敬亭(清宗室敦诚字敬亭)……尝为《琵琶亭传奇》一折，曹雪芹(霑)题句有云：“白傅诗灵应喜甚，定教蛮素鬼排场。”雪芹为楝亭通政孙，平生为诗，大概如此，竟坎坷以终。敬亭挽雪芹诗有“牛鬼遗文悲李贺，鹿车荷锸葬刘伶”之句。

这一条使我们知道三个要点：

（一）曹雪芹名霑。

（二）曹雪芹不是曹寅的儿子，是他的孙子。（《中国人名大辞典》页九九〇作“名霑，寅子”，似是根据《雪桥诗话》而误改其一部分。）

（三）清宗室敦诚的诗文集内必有关于曹雪芹的材料。

敦诚字敬亭，别号松堂，英王之裔。他的逸事也散见《雪桥诗话》初、二集中。他有《四松堂集》诗二卷，文二卷，《鹪鹩轩笔麈》一卷。他的哥哥名敦敏，字子明，有《懋斋诗抄》。我从此便到处访求这两个人的集子，不料到如今还不曾寻到手。我今年夏间到上海，写信去问杨钟羲先生，他回信说，曾有《四松堂集》，但辛亥乱后遗失了。我虽然很失望，但杨先生既然根据《四松堂集》说曹雪芹是曹寅之孙，这话自然万无可疑。因为敦诚兄弟都是雪芹的好朋友，他们的证见自然是可信的。

我虽然未见敦诚兄弟的全集，但《八旗人诗抄》（《熙朝雅颂集》）里有他们兄弟的诗一卷。这一卷里有关于曹雪芹的诗四首，我因为这种材料颇不易得，故把这四首全抄于下：

赠曹雪芹敦敏

碧水青山曲径遐，薜萝门巷足烟霞。
寻诗人去留僧壁，卖画钱来付酒家。
燕市狂歌悲遇合，秦淮残梦忆繁华。
新愁旧恨知多少，都付酕醄醉眼斜。

访曹雪芹不值敦敏

野浦冻云深，柴扉晚烟薄。
山村不见人，夕阳寒欲落。

佩刀质酒歌敦诚

秋晓遇雪芹于槐园，风雨淋涔，朝寒袭袂。时主人未出，雪芹酒渴如狂，余因解佩刀沽酒而饮之。雪芹欢甚，作长歌以谢余。余亦作此答之。

我闻贺鉴湖，不惜金龟掷酒垆。又闻阮遥集，直卸金貂作鲸吸。嗟余本非二子狂，腰间更无黄金珰。秋气酿寒风雨恶，满园榆柳飞苍黄。主人未出童子睡，斝干甕涩何可当！相逢况是淳于辈，一石差可温枯肠。身外长物亦何有？鸾刀昨夜磨秋霜。且酤满眼作软饱……令此肝肺生角芒。曹子大笑称“快哉”！击石作歌声琅琅。知君诗胆昔如铁，堪与刀颖交寒光。我有古剑尚在匣，一条秋水苍波凉。君才抑塞倘欲拔，不妨斫地歌王郎。

寄怀曹雪芹敦诚

少陵昔赠曹将军，曾曰魏武之子孙。
嗟君或亦将军后，于今环堵蓬蒿屯。
扬州旧梦久已绝，且著临邛犊鼻裈。
爱君诗笔有奇气，直追昌谷披篱樊。
当时虎门数晨夕，西窗剪烛风雨昏。
接䍦倒著容君傲，高谈雄辨虱手扪。
感时思君不相见，蓟门落日松亭尊。
劝君莫弹食客铗，劝君莫叩富儿门。
残杯冷炙有德色，不如著书黄叶村。

我们看这四首诗，可想见他们弟兄与曹雪芹的交情是很深的。他们的证见真是史学家说的“同时人的证见”，有了这种证据，我们不能不认袁枚为误记了。

这四首诗中，有许多可注意的句子。

第一，如“秦淮残梦忆繁华”，如“于今环堵蓬蒿屯，扬州旧梦久已绝，且著临邛犊鼻裈”，如“劝君莫弹食客铗，劝君莫叩富儿门。残杯冷炙有德色，不如著书黄叶村”，都可以证明曹雪芹当时已很贫穷，穷得很不像样了，故敦诚有“残杯冷炙有德色”的劝诫。

第二，如“寻诗人去留僧壁，卖画钱来付酒家”，如“知君诗胆昔如铁”，如“爱君诗笔有奇气，直追昌谷披篱樊”，都可以使我们知道曹雪芹是一个会作诗又会绘画的人。最可惜的是曹雪芹的诗现在只剩得“白傅诗灵应喜甚，定教蛮素鬼排场”两句了。但单看这两句，也就可以想见曹雪芹的诗大概是很聪明的，很深刻的。敦诚弟兄比他作李贺，大概很有点相像。

第三，我们又可以看出曹雪芹在那贫穷潦倒的境遇里，很觉得牢骚抑郁，故不免纵酒狂歌，自寻排遣。上文引的如“雪芹酒渴如狂”，如“相逢况是淳于辈，一石差可温枯肠”，如“新愁旧恨知多少，都付酕醄醉眼斜”，如“鹿车荷锸葬刘伶”，都可以为证。

我们既知道曹雪芹的家世和他自身的境遇了，我们应该研究他的年代。这一层颇有点困难，因为材料太少了。敦诚有挽雪芹的诗，可见雪芹死在敦诚之前。敦诚的年代也不可详考。但《八旗文经》里有几篇他的文字，有年月可考：如《拙鹊亭记》作于辛丑初冬，如《松亭再征记》作于戊寅正月，如《祭周立厓》文中说：“先生与先公始交时在戊寅己卯间，是时先生……每过静补堂，……诚尝侍几杖侧。……迨庚寅先公即世，先生哭之过时而哀……诚追述平生……回念静补堂几杖之侧，已二十余年矣。”今作一表，如下：

乾隆二十三年，戊寅（1758年）。

乾隆二十四年，己卯（1759年）。

乾隆三十五年，庚寅（1770年）。

乾隆四十六年，辛丑（1781年）。自戊寅至此，凡二十三年。

清宗室永忠（臞仙）为敦诚作葛巾居的诗，也在乾隆辛丑。敦诚之父死于庚寅，他自己的死期大约在二十年之后，约当乾隆五十余年。纪昀为他的诗集作序，虽无年月可考，但纪昀死于嘉庆十年（1805年），而序中的语意都可见敦诚死已甚久了。故我们可以猜定敦诚大约生于雍

正初年（约1725年），死于乾隆五十余年。（约1785—1790年）

敦诚兄弟与曹雪芹往来，从他们赠答的诗看起来，大概都在他们兄弟中年以前，不像在中年以后。况且《红楼梦》当乾隆五十六七年时已在社会上流通了二十余年了（说详下）。以此看来，我们可以断定曹雪芹死于乾隆三十年左右（约1765年）。至于他的年纪，更不容易考定了。但敦诚兄弟的诗的口气，很不像是对一位老前辈的口气。我们可以猜想雪芹的年纪至多不过比他们大十来岁，大约生于康熙末叶（约1715～1720年）；当他死时约五十岁左右。

以上是关于著者曹雪芹的个人和他的家世的材料。我们看了这些材料，大概可以明白《红楼梦》这部书是曹雪芹的自叙传了。这个见解，本来并没有什么新奇，本来是很自然的。不过因为《红楼梦》被一百多年来的红学大家越说越微妙了，故我们现在对于这个极平常的见解反觉得它有证明的必要了。我且举几条重要的证据如下：

第一，我们总该记得《红楼梦》开端时，明明地说着：

作者自云曾历过一番梦幻之后，故将真事隐去，而借“通灵”说此《石头记》一书也。……自己又云：今风尘碌碌，一事无成，忽念及当日所有之女子，一一细考较去，觉其行止见识皆出我之上。我堂堂须眉，诚不若彼裙钗。……当此日，欲将已往所赖天恩祖德，锦衣纨绔之时，饫甘餍肥之日，背父兄教育之恩，负师友规训之德，以致今日一技无成半生潦倒之罪，编述一集，以告天下。

这话说得何等明白！《红楼梦》明明是一部“将真事隐去”的自叙的书。若作者是曹雪芹，那么，曹雪芹即是《红楼梦》开端时那个深自忏悔的“我”！即是书里的甄贾（真假）两个宝玉的底本！懂得这个道理，便知书中的贾府与甄府都只是曹雪芹家的影子。

第二，第一回里那石头说道：

我想历来野史的朝代，无非假借汉唐的名色；莫如我石头所记，不借此套，只按自己的事体情理，反倒新鲜别致。

又说：

更可厌者，“之乎者也”，非理即文，大不近情，自相矛盾，竟不如我这半世亲见亲闻的这几个女子，虽不敢说强似前代书中所有之人，但观其事迹原委，亦可消愁破闷。

他这样明白清楚地说“这书是我自己的事体情理”，“是我半世亲见亲闻的”；而我们偏要硬派这书是说顺治帝的，是说纳兰成德的，这岂不是作茧自缚吗？

第三，《红楼梦》第十六回有谈论南巡接驾的一大段，原文如下：

凤姐道：“……可恨我小几岁年纪，若早生二三十年，如今这些老人家也不薄我没见世面了。说起当年太祖皇帝仿舜巡的故事，比一部书还热闹，我偏偏的没赶上。”

赵嬷嬷（贾琏的乳母）道：“哎哟，那可是千载难逢的！那时候我才记事儿。咱们贾府正在姑苏扬州一带，监造海船，修理海塘。只预备接驾一次，把银子花得像是淌海水是的。说起来——”

凤姐忙接道：“我们王府里也预备过一次，那时我爷爷专管各国进贡朝贺的事，凡有外国人来，都是我们家养活。粤、闽、滇、浙所有的洋沿货物，都是我们家的。”

赵嬷嬷道：“那是谁不知道的？……如今还有现在江南的甄家——哎哟，好势派！——独他们家接驾四次。要不是我们亲眼看见，告诉谁也不信的。别讲银子成了粪土，凭是世上有的，没有不是堆山积海的，‘罪过可惜’四个字，竟顾不得了。”

凤姐道：“我常听见我们大爷说，也是这样的。岂有不信的？只纳罕他家怎么就这样富贵呢？”

赵嬷嬷道：“告诉奶奶一句话：也不过拿着皇帝家的银子往皇帝身上使罢了。谁家有那些钱买这个虚热闹去？”

此处说的甄家与贾家都是曹家。曹家几代在江南做官，故《红楼梦》里的贾家虽在“长安”，而甄家始终在江南。上文曾考出康熙帝南巡六次，曹寅当了四次接驾的差，皇帝就住在他的衙门里。《红楼梦》差不多全不提起历史上的事实，但此处却郑重地说起“太祖皇帝仿舜巡的故事”，大概是因为曹家四次接驾乃是很不常见的盛事，故曹雪芹不知不觉地——或是有意地——把他家这桩最阔的大典说了出来。这也是敦敏送他的诗里说的“秦淮旧梦忆繁华”了。但我们却在这里得着一条很重要的证据。因为一家接驾四五次，不是人人可以随便有的机会。大官如督抚，不能久任一处，便不能有这样好的机会。只有曹寅做了二十年江宁织造，恰巧当了四次接驾的差。这不是很可靠的证据吗？

第四，《红楼梦》第二回叙荣国府的世次如下：

自荣国公死后，长子贾代善袭了官，娶的是金陵世家史侯的小姐为妻，生了两个儿子：长名贾赦，次名贾政。如今代善早已去世，太夫人尚在。长子贾赦袭了官，为人平静中和，也不管理家务。次子贾政，自幼酷喜读书，为人端方正直，祖父钟爱，原要他以科甲出身的。不料代善临终时，遗本一上，皇上因恤先臣，即时令长子袭官外，问还有几子，立刻引见；遂又额外赐了这政老爷一个主事之职。令其入部学习，如今已升了员外郎。

我们可用曹家的世系来比较：

曹锡远，正白旗包衣人。世居沈阳地方，来归年月无考。

其子曹振彦，原任浙江盐法道。

孙：曹玺，原任工部尚书；曹尔正，原任佐领。

曾孙：曹寅，原任通政使司通政使；曹宜，原任护军参领兼佐领；曹荃，原任司库。

元孙：曹颙，原任郎中；曹頫，原任员外郎；曹颀，原任二等侍卫，兼佐领；曹天祐，原任州同。(《八旗氏族通谱》卷七十四。)

这个世系颇不分明。……

曹寅的《楝亭诗抄别集》中有“辛卯三月闻珍儿殇，书此忍恸，兼示四侄寄东轩诸友”诗三首，其二云：“世出难居长，多才在四三。承家赖犹子，努力作奇男。”四侄即颀，那排行第三的当是那小名珍儿的了。如此看来，颙与頫当是行一与行二。曹寅死后，曹颙袭织造之职。到康熙五十四年，曹颙或是死了，或是因事撤换了，故次子曹頫接下去做。织造是内务府的一个差事，故不算做官，故《氏族通谱》上只称曹寅为通政使，称曹頫为员外郎。但《红楼梦》里的贾政，也是次子，也是先不袭爵，也是员外郎。这三层都与曹頫相合。故我们可以认贾政即是曹頫：因此，贾宝玉即是曹雪芹，即是曹頫之子，这一层更容易明白了。

第五，最重要的证据自然还是曹雪芹自己的历史和他家的历史。《红楼梦》虽没有作完（详说下），但我们看了前八十回，也就可以断定：

（1）贾家必致衰败；

（2）宝玉必致沦落。

《红楼梦》开端便说，“风尘碌碌，一事无成”；又说，“一技无成，半生潦倒”；又说，“当此蓬牖茅椽，绳床瓦灶”。这是明说此书的著者——即是书中的主人翁——当著书时，已在那穷愁不幸的境地。况且第十三回写秦可卿死时在梦中对凤姐说的话，句句明说贾家将来必到“树倒猢狲散”的地步。所以我们即使不信后四十回（详说下）抄家和宝玉出家的话，也可以推想贾家的衰败和宝玉的流落了。我们再回看上文引的敦诚兄弟送曹雪芹的诗，可以列举雪芹一生的历史如下：

（1）他是做过繁华旧梦的人。

（2）他有美术和文学的天才，能做诗，能绘画。

（3）他晚年的境况非常贫穷潦倒。

这不是贾宝玉的历史吗？此外，我们还可以指出三个要点。

第一是曹雪芹家自从曹玺、曹寅以来，积成一个很富丽的文学美术的环境。他家的藏书在当时要算一个大藏书家，他家刻的书至今推为精刻的善本。富贵的家庭并不难得，但富贵的环境与文学美术的环境合在一家，在当日的汉人中是没有的，就在当日的八旗世家中，也很不容易寻找了。

第二，曹寅是刻《居常饮馔录》的人，《居常饮馔录》所收的书，如《糖霜谱》、《制脯鲊法》、《粉面品》之类，都是专讲究饮食糖饼的做法的。曹寅家做的雪花饼，见于朱彝尊的《曝书亭集》（卷二十一，页十二），有“粉量云母细，糁和雪糕匀”的称誉。我们读《红楼梦》的人，看贾母对于吃食的讲究，看贾家上下对于吃食的讲究，便知道《居常饮馔录》的遗风未泯，雪花饼的名不虚传！

第三，关于曹家衰落的情形，我们虽没有什么材料，但我们知道曹寅的亲家李煦在康熙六十一年已因亏空被革职查追了。雍正《朱批谕旨》第四十八册有雍正元年“苏州织造胡凤翚奏折”内称：

> 今查得李煦任内亏空各年余剩银两，现奉旨交督臣查弼纳查追外，尚有六十一年办六十年分应存剩银六万三百五十五两零，并无存库，亦系李煦亏空。……所有历年动用银两数目，另开细折，并呈御览。

又第十三册有“两淮巡盐御史谢赐履奏折”内称：

> 窃照两淮应解织造银两，历年遵奉已久。兹于雍正元年三月十六日，奉户部谘行，将江苏织造银两停其支给；两淮应解银两，汇行解部。……前任盐臣魏廷珍于康熙六十一年内未奉部文停止之先，两次解过苏州织造银五万两。……再本年六月内奉有停止江宁织造之文。查前盐臣魏廷珍经解过江宁织造银四万两，臣任内……解过江宁织造银四万五千一百二十两。……臣请将解过苏州织造银两在于审理李煦亏空案内并追；将解过江宁织造银两行令曹頫解还户部。

李煦做了三十年的苏州织造，又兼了八年的两淮盐政，到头来竟因亏空被查追。胡凤翚折内只举出康熙六十一年的亏空，已有六万两之多，加上谢赐履折内举出应退还两淮的十万两，这一年的亏空就是十六万两了！他历年亏空的总数之多，可以想见。这时候，曹頫（曹雪芹之父）虽然还未曾得罪，但谢赐履折内已提及两事：一是停止两淮应解织造银两，一是要曹頫赔出本年已解的八万一千余两。这个江宁织造就不好做了。我们看了李煦的先例，就可以推想曹頫的下场也必是因亏空而查追，因查追而抄没家产。

关于这一层，我们还有一个很好的证据。袁枚在《随园诗话》里说《红楼梦》里的大观园即是他的随园。我们考随园的历史，可以信此话不是假的。袁枚的《随园记》（《小仓山房文集》十二）说随园本名隋园，主人为康熙时织造隋公。此隋公即是隋赫德，即是接曹頫的任的人。袁枚误记为康熙时，实为雍正六年。袁枚作记在乾隆十四年己巳（1749年），去曹頫卸织造任时甚近，他应该知道这园的历史。我们从此可以推想曹頫当雍正六年去职时，必是因亏空被追赔，故这个园子就到了他的继任人的手里。从此以后，曹家在江南的家产都完了，故不能不搬回北京居住。这大概是曹雪芹所以流落在北京的原因。

我们看了李煦、曹頫两家败落的大概情形，再回头来看《红楼梦》里写的贾家的经济困难情形，便更容易明白了。如第七十二回凤姐夜间梦见人来找他，说娘娘要一百匹锦，凤姐不肯给，他就来夺。来旺家的笑道："这是奶奶日间操心常应候宫里的事。"一语未了，人回夏太监打发了一个小内监来说话。贾琏听了，忙皱眉道："又是什么活！一年他们也够搬了。"凤姐道："你藏起来，等我见他。"好容易凤姐弄了二百两银子把那小内监打发开去，贾琏出来，笑道："这一起外祟，何日是了？"凤姐笑道"刚说着，就来了一股子。"贾琏道："昨儿周太监来，张口就是一千两。我略慢应了些，他不自在。将来得罪人之处不少。这会子再发三二百万的财，就好了！"

又如第五十三回写黑山村庄头乌进孝来贾府纳年例，贾珍与他谈的一段话也很可注意：

贾珍皱眉道："我算定你至少也有五千银子来。这够做什么的！……真真是叫别过年了！"

乌进孝道："爷的地方还算好呢。我兄弟离我那里只有一百多里，竟又大差了。他现管着那府（荣国府）八处庄地，比爷这边多着几倍，今年也是这些东西，不过二三千两银子，也是有饥荒打呢。"

贾珍道："如何呢？我这边到可已，没什么外项大事，不过是一年的费用。……比不得那府里（荣国府），这几年添了许多花钱的事，一定不可免是要化的，却又不添银子产业。这一二年里赔了许多，不和你们要，找谁去？"

乌进孝笑道："那府里如今虽添了事，有去有来。娘娘和万岁爷岂不赏吗？"

贾珍听了，笑向贾蓉等道："你们听听，他说的可笑不可笑？"

贾蓉等忙笑道："你们山坳海沿子上的人，哪里知道这道理？娘娘难道把皇上的库给我们不成？……就是赏，也不过一百两金子，才值一千多两银子，够什么？这二年，哪一年不赔出几千两银子来？头一年省亲，连盖花园子，你算算那一注花了多少，就知道了。再二年，再省一回亲，只怕精穷了！"……

贾蓉又说又笑，向贾珍道："果真那府里穷了。前儿我听见二婶娘（凤姐）和鸳鸯悄悄商议，要偷老太太的东西去当银子呢。"

借当的事又见于第七十二回：

鸳鸯一面说，一面起身要走。贾琏忙也立起身来说道："好姐姐，略坐一坐儿，兄弟还有一事相求。"说着，便骂小丫头："怎么不泡好茶来！快拿干净盖碗，把昨日进上的新茶泡一碗来！"说着，向鸳鸯道："这两日因老太太千秋，所有的几千两都使完了。几处房租地租统在九月才得。这会子竟接不上。明儿又要送南安府里的礼，又要预备娘娘的重阳节，还有几家红白大礼，至少还要二三千两银子用，一时难去支借。俗语说的好，求人不如求己。说不得，姐姐担个不是，暂且把老太太查不着的金银家伙，偷着运出一箱子来，暂押千数两银子，支腾过去。”

因为《红楼梦》是曹雪芹“将真事隐去”的自叙，故他不怕琐碎，再三再四地描写他家由富贵变成贫穷的情形。我们看曹寅一生的历史，决不像一个贪官污吏；他家之所以后来衰败，他的儿子之所以亏空破产，大概都是由于他一家都爱挥霍，爱摆阔架子，讲究吃喝，讲究场面，收藏精本的书，刻行精本的书；交结文人名士，交结贵族大官，招待皇帝，至于四次五次；他们又不会理财，又不肯节省；讲究挥霍惯了，收缩不回来，以至于亏空，以至于破产抄家。《红楼梦》只是老老实实地描写这一个“坐吃山空”、“树倒猢狲散”的自然趋势。因为如此，所以《红楼梦》是一部自然主义的杰作。那班猜谜的红学大家不晓得《红楼梦》的真价值正在这平淡无奇的自然主义的上面，所以他们偏要绞尽心血去猜那想入非非的笨谜，所以他们偏要用尽心思去替《红楼梦》加上一层极不自然的解释。

总结上文关于“著者”的材料，凡得六条结论：

(1)《红楼梦》的著者是曹雪芹。

(2) 曹雪芹是汉军正白旗人，曹寅的孙子，曹频的儿子，生于极富贵之家，身经极繁华绮丽的生活，又带有文学与美术的遗传与环境。他会做诗，也能画，与一班八旗名士往来。但他的生活非常贫苦，他因为不得志，故流为一种纵酒放浪的生活。

(3) 曹寅死于康熙五十一年。曹雪芹大概即生于此时，或稍后。

(4) 曹家极盛时，曾办过四次以上的接驾的阔差，但后来家渐衰败，大概因亏空得罪被抄没。

(5)《红楼梦》一书是曹雪芹破产倾家之后，在贫困之中作的。作书的年代大概当乾隆初年到乾隆三十年左右，书未完而曹雪芹死了。

(6)《红楼梦》是一部隐去真事的自叙：里面的甄、贾两宝玉，即是曹雪芹自己的化身；甄、贾两府即是当日曹家的影子。（故贾府在“长安”都中，而甄府始终在江南。）

现在我们可以研究《红楼梦》的“本子”问题。现今市上通行的《红楼梦》虽有无数版本，然细细考较去，除了有正书局一本外，都是从一种底本出来的。这种底本是乾隆末年间程伟元的百二十回全本，我们叫它做“程本”。这个程本有两种本子，一种是乾隆五十七年壬子（1792年）的第一次活字排本，可叫作“程甲本”。一种也是乾隆五十七年壬子程家排本，是用“程甲本”来校改修正的，这个本子可叫作“程乙本”。“程甲本”我的朋友马幼渔教授藏有一部，“程乙本”我自己藏有一部。乙本远胜于甲本，但我仔细审察，不能不承认“程甲本”为外间各种《红楼梦》的底本。各本的错误矛盾，都是根据于“程甲本”的，这是《红楼梦》版本史上一件最不幸的事。

此外，上海有正书局石印的一部八十回本的《红楼梦》，前面有一篇德清戚蓼生的序，我们可叫它作“戚本”。有正书局的老板在这部书的封面上题着“国初抄本《红楼梦》”，又在首页题着“原本《红楼梦》”。那“国初抄本”四个字自然是大错的。那“原本”两字也不妥当。这本已有总评，有夹评，有韵文的评赞，又往往有“题”诗，有时又将评语抄入正文（如第二回），可见已是很晚的抄本，决不是“原本”了。但自程氏两种百二十回本出版以后，八十回本已不可多见。戚本大概是乾隆时无数辗转传抄本之中幸而保存的一种，可以用来参校程本，故自有他的相当价值，正不必假托“国初抄本”。

《红楼梦》最初只有八十回，直至乾隆五十六年以后始有百二十回的《红楼梦》。这是无可疑的。程本有程伟元的序，序中说：

《石头记》是此书原名。……好事者每传抄一部置庙市中，昂其值得数十金，可谓不胫而走者矣。然原本目录一百二十卷，今所藏只八十卷，殊非全本。即间有称全部者，及检阅仍只八十卷，读者颇以为憾。不佞以是书既有百二十卷之目，岂无全璧？爰为竭力搜罗，自藏书家甚至故纸堆中，无不留心。数年以来，仅积有二十余卷。一日，偶于鼓担上得十余卷，遂重价购之，欣然翻阅，见其前后起伏尚属接榫（榫音笋，削木入窍名榫，又名榫头。）。然漶漫不可收拾。乃同友人细加厘剔，截长补短，抄成全部，复为镌板，以公同好。《石头记》全书至是始告成矣。……小泉程伟元识。

我自己的程乙本还有高鹗的一篇序，中说：

予闻《红楼梦》脍炙人口者，几廿余年，然无全璧，无定本。……今年春，友人程子小泉过予，以其所购全书见示，且曰："此仆数年铢积寸累之苦心，将付剞劂，以公同好。子闲且惫矣，盍分任之？"予以是书虽稗官野史之流，然尚不谬于名教，欣然拜诺，正以波斯奴见宝为幸，遂襄其役。工既竣，并识端末，以告阅者。时乾隆辛亥（1791 年），冬至后五日铁岭高鹗叙，并书。

此序所谓"工既竣"，即是程序说的"同友人细加厘剔，截长补短"的整理工夫，并非指刻板的工程。我这部程乙本还有七条"引言"，比两序更重要，今节抄几条于下：

（一）是书前八十回，藏书家抄录传阅，几三十年矣。今得后四十回，合成完璧。缘友人借抄争睹者甚伙，抄录固难，刊板亦需时日，姑集活字刷印。因急欲公诸同好，故初印时不及细校，间有纰缪。今复聚集各原本，详加校阅，改订无讹。惟阅者谅之。

（二）书中前八十回，抄本各家互异，今广集核勘，准情酌理，补遗订讹。其间或有增损数字处，意在便于披阅，非敢争胜前人也。

（三）是书沿传既久，坊间缮本及诸家所藏秘稿，繁简歧出，前后错见。即如六十七回此有彼无，题同文异，燕石莫辨。兹惟择其情理较协者，取为定本。

（四）书中后四十回系就历年所得，集腋成裘，更无他本可考，惟按其前后关照者，略为修辑，使其有应接而无矛盾。至其原文，未敢臆改。俟再得善本，更为厘定，且不欲尽掩其本来面目也。

引言之末，有“壬子花朝后一日，小泉、兰墅又识”一行。兰墅即高鹗。我们看上文引的两序与引言，有应该注意的几点：

（一）高序说“闻《红楼梦》脍炙人口者，几廿余年”。引言说“前八十回，藏书家抄录传阅，几三十年”。从乾隆壬子上数三十年，为乾隆二十七年壬午（1762 年），今知乾隆三十年间此书已流行，可证我上文推测曹雪芹死于乾隆三十年左右之说大概无大差错。

（二）前八十回，各本互有异同。例如引言第三条说“六十七回此有彼无，题同文异”。我们试用戚本六十七回与程本及市上各本的六十七回互校，果有许多异同之处，程本所改的似胜于戚本。大概程本当日确曾经过一番“广集各本核勘，准情酌理，补遗订讹”的工夫，故程本一出即成为定本，其余各抄本多被淘汰了。

（三）程伟元的序里说，《红楼梦》当日虽只有八十回，但原本却有一百二十卷的目录。这话可惜无从考证（戚本目录并无后四十回）。我从前想当时各抄本中大概有些是有后四十回目录的，但我现在对于这一层很有点怀疑了。（说详下）

（四）八十回以后的四十回，据高、程两人的话，是程伟元历年杂凑起来的，——先得二十余卷，又在鼓担上得十余卷，又经高鹗费了几个月整理修辑的工夫，方才有这部百二十回本的《红楼梦》。他们自己说这四十回“更无他本可考”；但他们又说：“至其原文，未敢臆改。”

（五）《红楼梦》直到乾隆五十六年（1791 年）始有一百二十回的“全本”出世。

（六）这个百二十回的全本最初用活字版排印，是为乾隆五十七年壬子（1792 年）的程本。这本又有两种小不同的印本：

（1）初印本（即程甲本）“不及细校，间有纰缪”。此本我近来见过，果然有许多纰缪矛盾的地方。

（2）校正印本，即我上文说的程乙本。

（七）程伟元的一百二十回本的《红楼梦》，即是这一百三十年来的一切印本《红楼梦》的老祖宗。后来的翻本，多经过南方人的批注。书中京话的特别俗语往往稍有改换，但没有一种翻本（除了戚本）不是从程本出来的。

这是我们现有的一百二十回本《红楼梦》的历史。这段历史里有一个大可研究的问题，就是“后四十回的著者究竟是谁?”

俞樾的《小浮梅闲话》里考证《红楼梦》的一条说：

《船山诗草》有“赠高兰墅鹗同年”一首云：“艳情人自说《红楼》。”注云：“《红楼梦》八十回以后，俱兰墅所补。”然则此书非出一手。按乡会试增五言八韵诗，始乾隆朝。而书中叙科场事已有诗，则其为高君所补，可证矣。

俞氏这一段话极重要。他不但证明了程排本作序的高鹗是实有其人，还使我们知道《红楼梦》后四十回是高鹗补的。船山即是张船山，名问陶，是乾隆、嘉庆时代的一个大诗人。他于乾隆五十三年戊申（1788 年）中顺天乡试举人，五十五年庚戌（1790 年）成进士，选庶吉士。他称高鹗为同年，他们不是庚戌同年，便是戊申同年。但高鹗若是庚戌的新进士，次年辛亥他作《〈红楼梦〉序》不会有“闲且惫矣”的话，故我推测他们是戊申乡试的同年。后来我又在《郎潜纪闻二笔》卷一里发见一条关于高鹗的事实：

嘉庆辛酉京师大水，科场改九月，诗题“百川赴巨海”……闱中罕得解。前十本将进呈，韩城王文端公以通场无知出处为憾。房考高侍读鹗搜遗卷，得定远陈黻卷，亟呈荐，遂得南元。

辛酉（1801 年）为嘉庆六年。据此，我们可知高鹗后来曾中进士，为侍读，且曾做嘉庆六年顺天乡试的同考官。我想高鹗既中进士，就有法子考查他的籍贯和中进士的年份了。果然我的朋友顾颉刚先生替我在《进士题名碑》上查出高鹗是镶黄旗汉军人，乾隆六十年乙卯（1795 年）

科的进士，殿试第三甲第一名。这一件引起我注意《题名录》一类的工具，我就发愤搜求这一类的书。果然我又在清代《御史题名录》里，嘉庆十四年（1809年）下，寻得一条：

高鹗，镶黄旗汉军人，乾隆乙卯进士，由内阁侍读考选江南道御史，刑科给事中。

又《八旗文经》二十三有高鹗的《操缦堂诗稿跋》一篇，末署乾隆四十七年壬寅（1782年）小阳月。我们可以总合上文所得关于高鹗的材料，作一个简单的《高鹗年谱》，如下：

乾隆四十七年（1782年），高鹗作《操缦堂诗稿跋》。

乾隆五十三年（1788年），中举人。

乾隆五十六至五十七年（1791～1792年），补作《红楼梦》后四十回，并作序例。《红楼梦》百廿回全本排印成。

乾隆六十年（1795年），中进士，殿试三甲一名。

嘉庆六年（1801年），高鹗以内阁侍读为顺天乡试的同考官，闱中与张问陶相遇，张作诗送他，有“艳情人自说《红楼》”之句；又有诗注，使后世知《红楼梦》八十回以后是他补的。

嘉庆十四年（1809年），考选江南道御史，刑科给事中。——自乾隆四十七年至此，凡二十七年。大概他此时已近六十岁了。

后四十回是高鹗补的，这话自无可疑。我们可约举几层证据，如下：

第一，张问陶的诗及注，此为最明白的证据。

第二，俞樾举的“乡会试增五言八韵诗始乾隆朝，而书中叙科场事已有诗”一项，这一项不十分可靠，因为乡会试用律诗，起于乾隆二十一二年，也许那时《红楼梦》前八十回还没有作成呢。

第三，程序说先得二十余卷，后又在鼓担上得十余卷。此话便是作伪的铁证，因为世间没有这样奇巧的事！

第四，高鹗自己的序，说得很含糊，字里行间都使人生疑。大概他不愿完全埋没他补作的苦心，故引言第六条说："是书开卷略志数语，非云弁首，实因残缺有年，一旦颠末毕具，大快人心，欣然题名，聊以记成书之幸。"因为高鹗不讳他补作的事，故张船山赠诗直说他补作后四十回的事。

但这些证据固然重要，总不如内容的研究更可以证明后四十回与前八十回决不是一个人作的。我的朋友俞平伯先生曾举出三个理由来证明后四十回的回目也是高鹗补作的。

他的3个理由是：

(1) 和第一回自叙的话都不合。

(2) 史湘云的丢开。

(3) 不合作文时的程序。

这三层之中，第三层姑且不论。第一层是很明显的：《红楼梦》的开端明说"一技无成，半生潦倒"；明说"蓬牖茅椽，绳床瓦灶"，岂有到了末尾说宝玉出家成仙之理？第二层也很可注意。第三十一回的回目"因麒麟伏白首双星"，确是可怪！依此句看来，史湘云后来似乎应该与宝玉做夫妇，不应该此话全无照应。以此看来，我们可以推想后四十回不是曹雪芹作的了。

其实何止史湘云一个人？即如小红，曹雪芹在前八十回里极力描写这个攀高好胜的丫头；好容易他得着了凤姐的赏识，把他提拔上去了，但这样一个重要人才，岂可没有下场？况且小红同贾芸的感情，前面既经曹雪芹那样郑重描写，岂有完全没有结果之理？又如香菱的结果也决不是曹雪芹的本意，第五回的"十二钗副册"上写香菱结局道：

根并荷花一茎香，平生遭际实堪伤。自从两地生孤木，致使芳魂返故乡。

两地生孤木，合成"桂"字。此明说香菱死于夏金桂之手，故第八十回说香菱"血分中有病，加以气怨伤肝，内外挫折不堪，竟酿成干血之症，日渐羸瘦，饮食懒进，请医服药无效”。可见八十回的作者明明地要香菱被金桂磨折死。后四十回里却是金桂死了，香菱扶正：这岂是作者的本意吗？此外，又如第五回“十二钗册”上说凤姐的结局道：“一从二令三人木，哭向金陵事更哀”。这个谜竟无人猜得出，许多批《红楼梦》的人也都不敢下注解。所以后四十回里写凤姐的下场竟完全与这“二令三人木”无关，这个谜只好等上海灵学会把曹雪芹先生请来降坛时再来解决了！此外，又如写和尚送玉一段，文字的笨拙，令人读了作呕。又如写贾宝玉忽然肯作八股文，忽然肯去考举人，也没有道理。高鹗补《红楼梦》时，正当他中举人之后，还没有中进士。如果他补《红楼梦》在乾隆六十年之后，贾宝玉大概非中进士不可了！

以上所说，只是要证明《红楼梦》的后四十回确然不是曹雪芹作的。但我们平心而论，高鹗补的四十回，虽然比不上前八十回，也确然有不可埋没的好处。他写司棋之死，写鸳鸯之死，写妙玉的遭劫，写凤姐的死，写袭人的嫁，都是很有精彩的小品文字。最可注意的是这些人都写作悲剧的下场。

还有那最重要的“木石前盟”一件公案，高鹗居然忍心害理地教黛玉病死，教宝玉出家，作一个大悲剧的结束，打破中国小说的团圆迷信。这一点悲剧的眼光，不能不令人佩服。我们试看高鹗以后，那许多续《红楼梦》和补《红楼梦》的人，哪一人不是想把黛玉、晴雯都从棺材里扶出来，重新配给宝玉？哪一个不是想作一部“团圆”的《红楼梦》的？我们这样退一步想，就不能不佩服高鹗的补本了。我们不但佩服，还应该感谢他，因为他这部悲剧的补本，靠着那个“鼓担”的神话，居然打倒了后来无数的团圆《红楼梦》，居然替中国文字保存了一部有悲剧下场的小说！

以上是我对于《红楼梦》的“著者”和“本子”两个问题的答案。我觉得我们做《红楼梦》的考证，只能在这两个问题上着手；只能运用我们力所能搜集的材料，参考互证，然后抽出一些比较的最近情理的结论。这是考证学的方法。我在这篇文章里，处处想撇开一切先人的成见，处处存一个搜求证据的目的，处处尊重证据，让证据做向导，引我到相当的结论上去。我的许多结论也许有错误的——自从我第一次发表这篇《考证》以来，我已经改正了无数大错误了——也许有将来发见新证据后即须改正的。但我自信：这种考证的方法，除了《董小宛考》之外，是向来研究《红楼梦》的人不曾用过的。我希望我这一点小贡献，能引起大家研究《红楼梦》的兴趣，能把将来的《红楼梦》研究引上正当的轨道去：打破从前种种穿凿附会的“红学”，创造科学方法的《红楼梦》研究！

百二十回本《忠义水浒传》序

一、《水浒》版本出现的小史

这三百年来，大家都读惯了金圣叹的七十一回本《水浒传》，很少人知道《水浒传》的许多古本了。《水浒传》古本的研究只是这十年内的事。十年之中，居然有许多古本出现，这是最可喜的事。

十年前（民国九年七月）我开始做《水浒传考证》的时候，我只有金圣叹的七十一回本和坊间通行而学者轻视的《征四寇》。那时候我虽然参考了不少的旁证，我的许多结论都只可算是一些很大胆的假设，因为当时的证据实在太少了。（《胡适文存》初排本卷三，页八一～一四六）

但我的《水浒传考证》引起了一些学者的注意，遂开了搜求《水浒传》版本的风气。我的《考证》出版后十个月之内，我便收到了这些版本：

1. 李卓吾批点《忠义水浒传》百回本的第一回到第十回，日本冈岛璞翻明刻本（1728 年刻）。

2.《忠义水浒传》百回本的日文译本，冈岛璞译（1907 年排印）。

3.《忠义水浒传》百十五回本，与《三国志演义》合刻，名为《英雄谱》，坊间名为《汉宋奇书》(有熊飞的序，似初刻在崇祯末年)。

4. 百二十四回本《水浒传》(光绪己卯，即1879年，大道堂藏版，有乾隆丙午年的序)。

此外，我还知道两种版本：

5. 百十回本《忠义水浒传》，也是与《三国志》合刻的《英雄谱》本(日本铃木虎雄先生藏)。

6. 百二十回本《忠义水浒传》，明刻本(日本京都府立图书馆藏，有杨定见序)。

这两种我当时虽未见，却蒙日本学者青木正儿先生把他们的回目和序例都抄录了寄给我。

我有了这六种版本作根据，遂又作了一篇《水浒传后考》。(《胡适文存》初排本卷三，页一四七～一八四)这是民国十年六月的事。

民国十二年左右，我知道有三四部百二十回本《忠义水浒全书》出现，涵芬楼得了一部，我自己得了一部，还有别人收着这本子的。后来北京孔德学校收着一部精刻本，图画精致可爱。

民国十三年，李玄伯先生的侄儿兴秋在北京冷摊上得着一部百回本《忠义水浒传》。据玄伯说(《重刊忠义水浒传序》)：

> 观其墨色纸色，的是明本。且第一册图上每有新安刻工姓名，尤足证明即郭英。(适按，当作郭勋。)在嘉靖年间刻于新安者。明代《水浒》面目，遂得重睹。

我不曾见着兴秋先生的原本，但此书既名《忠义水浒传》，似非郭武定的旧本，因为我们从百二十回本的发凡上知道“忠义”二字是李卓吾加上去的。新安刻工姓名，算不得证据，因为近几百年的刻图工人，要算徽州工人为最精，至今还有刻墨印的专业。故我们只能认李先生的百回本是李卓吾的《忠义水浒传》的一种本子。(玄伯的本子没有“引首”一段，只从张天师祈禳起，与日本翻刻的李卓吾本稍不同，不知是否偶阙这几页。）

玄伯先生于民国十四年把这部百回本标点排印出来，于是国中遂有百回本的重印本。（北京锡拉胡同一号李宅发行，装五册，价二元七角。）

前年商务印书馆把涵芬楼所藏的百二十回本《水浒传》也排印出来，因为我的序迟迟不能交卷，遂延到今年方才出版。

总计近年所出的《水浒传》版本，共有下列各种：

1. 七十一回本（金圣叹本）；

2.《征四寇》本（亚东图书馆《水浒续集》本）；

3. 百十五回本（《英雄谱》本）；

4. 百十回本（《英雄谱》本，铃木虎雄藏）；

5. 百二十四回本（胡适藏）；

6. 李卓吾《忠义水浒传》百回本：

（1）李玄伯排印本；

（2）日本冈岛璞翻刻前二十回本；

（3）日本冈岛璞译本。

7.《忠义水浒全书》百二十回本。

二、十年来关于《水浒传》演变的考证

十年前我研究《水浒传》演变的历史，得着一些假设的结论，大致如下：

1. 南宋到元朝之间，民间有种种的宋江三十六人的故事。有《宣和遗事》和龚圣与的三十六人赞可证。

2. 元朝有许多“水浒”故事，但没有《水浒传》。有许多元人杂剧可证。

3. 明初有一部《水浒传》出现，这部书还是很幼稚的。我们叫它作“原百回本《水浒传》”。这部书也许是罗贯中作的。

4. 明朝中叶，约当弘治正德时期，另有一种七十回本《水浒传》出现。我假定这部书是用“原百回本”来重新改造过的，大致与现行的金圣叹本相同。这部书也许是“施耐庵”作的，但“施耐庵”似是改作《水浒传》者的托名。

5. 到了明嘉靖朝，武定侯郭勋家里传出一部定本《水浒传》来，有新安刻本，共一百回，我们叫它作“百回郭本”。我假定这部书的前七十回全采“七十回本”；后三十回是删改“原百回本”的后半部的。“原百回本”后半有“征田虎”和“征王庆”的两大部分，郭本都删去了，却加入“征辽国”一大段。据说旧本有“致语”，郭本也删去了。据说郭本还把阎婆事“移置”一番。这几点都是“百二十回本”的发凡里指出的郭本与旧本的不同之点。（郭本已不可得，我们只知道李卓吾的百回本。）

6. 明朝晚年有杨定见、袁无涯编刻的百二十回本《忠义水浒全书》出现。此本全采李卓吾百回本，而加入“征田虎”、“征王庆”两大段，但这两段都是改作之文，事实与回目皆与别本（《征四寇》，百十五回本，百十回本，百二十四回本）绝不相同；王庆的故事改变更大。

7. 到金圣叹才有七十一回本出现，没有招安和以后的事，却多卢俊义的一场梦，其他各本都没有这场梦。

8. 七十一回本通行之后，百回本与其他各本都渐渐稀少，于是书坊中人把旧本《水浒传》后半部印出单行，名为《征四寇》。我认《征四寇》是“原百回本”的后半，至少其中征田虎、王庆的两部分是“原百回本”留剩下来的。

这是我九年十年前的见解的大致。当时《水浒》版本的研究还在草创的时期，最重要的百回本和百二十回本，我都不曾见着，故我的结论不免有错误。最大的错误是我假定明朝中叶有一部七十回本的《水浒传》。（《胡适文存》初排本卷三，页一七一～一七六）但我举出的理由终不能叫大家心服；而我这一种假设却影响到其余的结论，使我对于

《水浒传》演变的历史不能有彻底的了解。

六七年来，修正我的主张的，有鲁迅先生、李玄伯先生、俞平伯先生。

鲁迅先生的主张是：

原本《水浒传》今不可得。……现存之《水浒传》，则所知者有六本，而最要者四。

一曰一百十五回本《忠义水浒传》，前署“东原罗贯中编辑”，明崇祯末与《三国演义》合刻为《英雄谱》，单行本未见。……文词蹇拙，体制纷纭，中间诗歌亦多鄙俗，甚似草创初就，未加润色者。虽非原本，盖近之矣。……又有一百十回之《忠义水浒传》，亦《英雄谱》本。……别有一百二十四回之《水浒传》，文词脱略，往往难读，亦此类。

二曰一百回本《忠义水浒传》，……武定侯郭勋家所传之本，……今未见。别有本，亦一百回，有李贽序及批点，殆即出郭氏本，而改题为“施耐庵集撰，罗贯中纂修”。……文辞乃大有增删，几乎改观，除去恶诗，增益骈语，描写亦愈入细微。如述林冲雪中行沽一节，即多于百十五回本者至一倍余。

三曰百二十回本《忠义水浒全书》，亦题“施耐庵集撰，罗贯中纂修”。……全书自首至受招安，事略全同百十五回本；破辽小异，且少诗词，平田虎、王庆，则并事略亦异。而收方腊又悉同。文词与百回本几无别，特于字句稍有更定。……诗词又较多，则为刊时增入。……

发凡云：“古本有罗氏致语，相传灯花婆婆等事，既不可复见，乃后人有因‘四大寇’之拘而酌损之者，有嫌一百廿回之繁而淘汰之者，皆失。郭武定本即旧本移置阎婆事，甚善。其于寇中去王、田而加辽国，犹是小家照应之法，不知大手笔者正不尔尔。”是知《水浒》有古本百回，当时“既不可复见”；又有旧本，似百二十回，中有“四大寇”，盖谓王、田、方及宋江，即柴进见于白屏风上御书者。郭氏本始破其拘，削王、田而加辽国，成百回；《水浒全书》又增王、田，仍存辽国，复为百二十回。……

总上五本观之，知现存之《水浒传》实有两种：其一简略，其一繁缛。胡应麟（《笔丛》卷四十一）云：

“余二十年前所见《水浒传》本，尚极足寻味。十数载来，为闽中坊贾刊落，止录事实，中间游词余韵神情寄寓处一概删之，遂不堪覆瓿。复数十年，无原本印证，此书将永废。”

应麟所见本，今莫知如何。若百十五回简本，则成就殆当先于繁本，以其用字造句，与繁本每有差违，倘是删存，无烦改作也。……

四曰七十回本《水浒传》。……为金人瑞字圣叹所传，自云得古本，止七十回，于宋江受天书之后，即以卢俊义梦全伙被缚于嵇叔夜终。……其书与百二十回本之前七十回无甚异，惟刊去骈语特多；百廿回本发凡有“旧本去诗词之繁累”语，颇似圣叹真得古本。然文中有因删去诗词而语气遂稍参差者，则所据殆仍是百回本耳。……（《中国小说史略》，页一四一～一四八）

鲁迅先生之说，很细密周到，我很佩服，故值得详细征引。他的主张，简单说来，约有几点：

1. 《水浒》古本有两种，其原百回本在晚明已不可复见，但还有一种百二十回的旧本，中有“四大寇”，谓王、田、方及宋江。

2. 也许还有一种古本，招安之后即接叙征方腊。

3. 这些古本的真相已不可考，但百十五回本的文字“虽非原本，盖近之矣”。

4. 一百回的郭刻本与李卓吾本，删田虎、王庆两大段，而加辽国。文字大有增删，几乎改观，描写也更细密。

5. 一百二十回本的文字，与百回本几乎无分别，加入改作的田虎、王庆两大段，仍保存征辽一大段。

6. 总而言之，《水浒传》有繁本与简本两大类：百十五回本，百十回本，与百二十四回本，属于简本；百回本与百二十回本，属于繁本。

明人胡应麟（生1551年，死在1600年以后）以为简本是后起的，是闽中坊贾刊落繁本的结果。鲁迅先生则以为简本近于古本，繁本是后人修改扩大的。

7. 七十回本是金圣叹依据百回本而截去后三十回的，为《水浒传》最晚出的本子。

俞平伯先生的《论〈水浒传〉七十回古本的有无》（《小说月报》十九卷四号，页五〇五～五〇八），即采用鲁迅先生的主张，不承认有七十回古本。鲁迅先生曾说：

又简本撰人止题罗贯中比郭氏本出，始著耐庵，因疑施乃演为繁本者之托名，当是后起，非古本所有。

平伯承认此说，列为下表：

简本百回　罗贯中

繁本百回　施耐庵　罗贯中

金本七十一回　施耐庵

平伯又指出圣叹七十一回本的特点，除掉伪作施耐庵序之外，只多了第七十一回的卢俊义的一场噩梦。平伯以为这一梦是圣叹添入的。他说：

依适之《后考》的说法，……是各本均无此梦也。适之以为圣叹曾有的古本，岂不成为孤本乎？

李玄伯先生（宗侗）重印百回本《水浒传》时，作了一篇很有价值的《读水浒记》，其中第一节是“《水浒》故事的演变”，很有独到的见解。玄伯先生说，《水浒》故事的演变，可分四个时期：

第一个时期，先有口传的故事，不久即变成笔记的《水浒》故事。这时期约当北宋末年以至南宋末年。玄伯说：

这种传说当然是没有系统的，在京东的注意梁山泺，在京西的注意太行山，在两浙的注意平方腊，并且各地还有他所喜爱的中心英雄。

这还是《水浒》故事口传的时期。这时期的经过不甚久，因为南宋时已经有了笔记的《水浒》故事了。

玄伯引龚圣与的《宋江三十六人赞序》和《宣和遗事》为证。他说：

但是那时的记载，……只是短篇的。这种本子现时固然逸失了，我却有几个间接的证据。

（一）现在《水浒传》内，常在一段大节目之后加一句“这个唤作……”，如……“这个唤作《智取生辰纲》”。大约以前有段短篇作品，唤作“智取生辰纲”，所以结成长篇以后，还留了这么一句。

（二）宋江等在梁山，忽然叙写他们去打华州，似乎非常的无道理，但是我们要明白了初一步的《水浒》是短篇的，是无系统的，就可明白了这无道理的理由。上边我说过，梁山左近有梁山的《水浒》故事，京西有京西的《水浒》故事。龚圣与的赞有四处“太行”字样，足可证说宋江等起于京西的，在当时颇盛行。华州事即京西故事之一。后人想综合京东京西各种为一长篇，想将宋江从京东搬到京西，只好牵出史进被陷……以作线索了。

玄伯又说：

这些短篇《水浒》故事，是与元代的杂剧同时或稍前的。元曲的《水浒》剧即取材于这些篇。因为他们的传说、作者、产地的不同，所以内容常异，杂剧内人物的性格也因取材的不同而不一致。

第二个时期，约在元明之间，“许多的短篇笔记，连贯成了长篇，截成一回一回的，变作章回体的长篇《水浒》故事”。玄伯很大胆地假定当时至少有所谓“水浒四传”：

第一传的事迹，约等于百回本的第一回至第八十回所包含的，就是从误走妖魔起，至招安止。

第二传是百回本的第八十回至第九十回，平辽一段。

第三传是百回本所无，征田虎、王庆一段。

第四传是百回本第九十回至一百回，平方腊一段。

为什么说“水浒四传”，而不说一传呢？

重要的理由是四传内的事迹互相冲突。在短篇的时候，各种故事的产生，地点不同，流传不同，互相冲突的地方在所不免。如果当时就直接的成为一传……自应删去冲突字句，前后照应。现在所以不如此者，恰因是经过四传分立的阶级，在合成一传则冲突者，在四传各身固不必皆冲突也。

玄伯举了几条证据：第一条即是我十年前指出王进即是王庆的化身。（《水浒传考证》页一二五，《后考》页一五九～一六一）玄伯不信我的主张，他的解释是“两卷或者同一蓝本”。第二条是我九年前指出智真和尚两次送给鲁智深的四句终身偈语，前后不同，我疑心前四句是七十回本所独有。（《后考》页一七三～一七四）玄伯说：“以前大约相传有智真长老赠四句言语的这回事，两传皆窃仿罢了。”第三条证据是前传的蓼儿洼是梁山泊的一部分，而方腊传里却把蓼儿洼认为楚州南门外的一块地方。

玄伯又说：

即以文体而论，四传亦不甚相同，且所用地名，亦多古今的分别，皆足证明各传非一人一时之所集，更足证各传集成时的先后。前传及征方腊传，征二寇传较老，征辽传次之。征方腊传所用宋代的地名最多。……前传经后人修改处似较多。

第三时期，约在明代，“即将《水浒》长篇故事，或二传，或三传，或四传，合成更长篇的《水浒传》。百回本即合三传（前传，征辽，征方腊）而成，百二十回本即合四传而成者。……因为他们是分开的，自成一段，所以合二传，三传，四传，皆无不成”。

第四时期，即清初以后，“田、王，征辽，方腊三传皆被删去，前传亦被删去七十一回以后的事迹，加了卢俊义的一梦，变作现行的七十回本。这种变化，完全是独出心裁。他虽假托古本，这个古本却似并未存在过”。

李玄伯先生之说，有很大胆的假设，有很细密的推论，我也很佩服，所以也详细摘抄在这里。

三、我的意见

玄伯先生的四期说，我最赞成他的第一时期。他指出最初的《水浒》故事是短篇的，没有系统的，不一致的，并且各地有各地最喜欢的英雄。玄伯是第一个人发现这种“地方性”，可以解决许多困难。元人杂剧里的《水浒》故事，便是从这种有地方性的短篇来的。

但玄伯说的第二时期，我却不敢完全赞同。他假定最早的长篇《水浒》故事曾经过所谓“四传”的过渡时期。他说：

> 如果当时就直接的成为一传……自应删去冲突字句，前后照应。

这个理由，我认为不充分。百回本是结合成一传的了，前后并不冲突，冲突的字句都删去了。百十五回本和百二十四回本也是结成一传的，其中便有前后冲突的地方，如既有王进被高俅陷害，又有王庆被高俅陷害；既有高俅投奔柳世权，又有高俅投奔柳世雄。可见冲突字句的有无，全靠改编的人的本事高低，并不关曾否经过四传的阶级。

况且四传之说，本身就很难成立。第一传从开篇说到招安，还可成一传。第二传单说征辽，第三传单记征田虎、王庆，第四传单记征方腊，似乎都不能单独存在罢？如果真有这三传，它们也不过是三种短篇，与《智取生辰纲》、《大闹江州》，有什么分别？既是独立的短篇，便应该属于玄伯所谓第一时期，不应该别立所谓第二时期了。故“四传”之说，我认为大可不必有，还不如鲁迅先生的“话本不同”说，可以免除更多的困难。

鲁迅先生与玄伯都主张一种“多元的”说法。鲁迅说：

后之小说，既以取舍不同而分歧，所取者，又以话本不同而违异。

这是说《水浒传》原本有各种“话本不同”，他假定有百回古本，有述“四大寇”的百二十回本，又有招安之后直接平方腊之别本，又有破辽的故事，其来源也许在明以前。——这便是四种或三种长篇古本了。这种多元的长篇全传说，似乎比玄伯的“四传”说满意得多。

大概最早的长篇，颇近于鲁迅先生假定的招安以后直接平方腊的本子，既无辽国，也无王庆、田虎。这个本子可叫作“X”本。

玄伯先生也认前传与征方腊传用的地名最为近古。不但如此，征辽与征田虎、王庆三次战事都没有损失一个水浒英雄，只有征方腊一役损失过三分之二。这可见征方腊一段成立在先，后人插入的部分若有阵亡的英雄，便须大大的改动原本了。为免除麻烦起见，插入的三大段只好保全一百零八人，一个不叫阵亡。这是一种证据。征田虎、王庆时收的降将，如马灵、乔道清之流，在征方腊一役都用不着了。这也可见征方腊一段是最早的，本来没有这些人，故不能把他们安插进去。这又是一种证据。

这个“X”本，也许就是罗贯中的原本。

后来便有人误读《宣和遗事》里的“三路之寇”一句话，硬加入田虎、王庆两大段，便成了一种更长的本子，也许真有百二十回之多。这个本子可叫作“Y”本。

后来又有一种本子出来，没有王庆、田虎两大段，却插入了征辽国的一大段。这个本子可叫作“Z”本。鲁迅先生疑心征辽的故事起于明以前，也许在南宋时。玄伯先生则以为征辽的一传最晚出。我想玄伯先生的话，似乎最近事实。

这三种古本的回数，现在已不可考了。大概“X”本不足百回，“Y”

本大概在百回以外，“Z”本大概不过百回。

到了明朝嘉靖时代，武定侯郭勋家里传出一部《水浒传》，有新安刻本，有汪太函（道昆）的序，托名“天都外臣”。（此据《野获编》）汪道昆，字伯玉，嘉靖二十六年（1547 年）进士，与王世贞齐名，是当时的一个大文学家。他是徽州人，此本又刻在徽州，也许汪道昆即是这个本子的编著者。当时武定侯郭勋喜欢刻书，故此本假托为郭家所传。郭勋死在嘉靖二十八年（1549 年），也许此本刻出时，他已死了，故更容易假托。其时士大夫还不敢公然出名著作白话小说，故此本假托于“施耐庵”。这个本子，因为号称郭勋所传，故我们也称为“郭本”。

近见邓之诚先生的《骨董琐记》卷三有云：

闻缪艺风丈云：光绪初叶，曾以白金八两得郭本于厂肆，书本阔大，至一尺五六寸，内赤发鬼尚作尺八腿，双枪将作一直撞云。（页二二）

缪先生死后，他的藏书多流传在外，但这部郭本《水浒传》至今无人提及，不知流落在何方了。百二十回本的发凡说：

郭武定本，即旧本，移置阎婆事甚善，其于寇中去王、田而加辽国，犹是小家照应之法，不知大手笔者正不尔尔。如本内王进开章而不复收缴，此所以异于诸小说，而为小说之圣也欤！

又说：

旧本去诗词之烦芜……颇直截清明。

又说：

订文音字，旧本亦具有功力，然淆讹舛驳处尚多。

总以上所说，郭本可知之点如下：

1. 王进开章，与今所见各本同。

2. 移置阎婆事，不知如何移置法。

3. 去王庆、田虎二段。

4. 加辽国一段。

5. 删去诗词。

6. 有订文音字之功。

7. 据缪荃孙所见，书本阔大，其中双枪将作一直撞，还保存《宣和遗事》的旧样子；赤发鬼作尺八腿，则和龚圣与《宋江三十六人赞》相同。

我们关于郭本，所知不过如此。胡应麟说：

余二十年前所见《水浒传》本，尚极足寻味。十数载来，为闽中坊贾刊落，止录事实，中间游词余韵神情寄寓处，一概删之，遂不堪覆瓿。后数十年，无原本印证，此书将永废。

胡应麟生于1551年（据王世贞《石羊生传》），当嘉靖三十年。他的死年不可考，他的文集（《少室山房类稿》，有《四库全书》本，有《续金华丛书》本）里无万历庚子（1600年）以后的文字，他死时大概年约五十岁。他说的“二十年前所见《水浒传》本”，当是他少年时，约当隆庆、万历之间，当西历1572年左右。他所见的本子，正是新安刻的所谓郭本。他说那种本子“尚极足寻味”，中间多有“游词余韵神情寄寓处”，更证以上文所引“王进开章”的话，我们可以断定郭本的文字必定和李贽批点的《忠义水浒传》百回本相差不远。

李贽（卓吾）死在万历三十年（1602年），年七十六。今世所传《忠义水浒传》，大概出于李贽死后，因为他爱批点杂书，故坊贾翻刻《水浒传》，也就借重这一位身死牢狱而名誉更大的名人。日本冈岛璞翻刻的《忠义水浒传》，有李贽的《读〈忠义水浒传〉序》一篇。此序虽收在《焚书》及《李氏文集》，但《焚书》与《文集》皆是李贽死后的辑本，不足为据。比如《三国演义》之有金圣叹的“外书”，似是书坊选家的假托。若李氏批点本《水浒传》出在1600年以前，胡应麟藏书最多，又很推崇《水浒传》，不应该不见此本。故我疑心李氏批点本是1600年以后刻印的，大概去李氏之死不很久，约当1605年左右。大概郭本流传不多，而闽中坊贾删节的本子却很盛行，当时文学家如胡应麟之流，都曾感觉惋惜，于是坊贾有翻刻郭本的必要，遂假托于李贽批点之本。试看冈岛璞翻刻本所保存的李贽批语，与百二十回本的批语，差不多没有一个字相同的。如第二回，两本各有十几条眉批，但只有一条相同。两本同是所谓李贽批点本，而有这样的大不同，故我们可以断定两本同是假托于李贽的。

这种李氏百回本，大概是根据于郭本的，故我们可以从这种本子上推论郭本的性质。

郭本似是用已有的“X”、“Y”、“Z”等本子来重新改造过的。“X”本的事迹大略，似乎全采用了。“Y”本的田虎、王庆两大段，太幼稚了，太荒唐了，实在没有采用的价值。但郭本的改作者却看中了王庆被高俅陷害的一小段，所以他把这一段提出来，把王庆改作了王进，柳世雄改作了柳世权，把称王割据的王庆改作了一个神龙见首不见尾的孝子，把一段无意识的故事改作了一段最悲哀动人又最深刻的《水浒》开篇。此外，王庆和田虎的两大段便全删去了。

郭本虽根据“X”、“Y”等本子，但其中创作的成分必然很多。这位改作者（施耐庵或汪道昆）起首确想用全副精力作一部伟大的小说，很想放手做去，不受旧材料的拘束，故起首的四十回（从王进写到大闹江州），真是绝妙的文字。这四十回可以完全算是创作的文字，是《水浒传》最精彩的部分。但作者到了四十回以后，气力渐渐不佳了，渐渐地回到旧材料里去，草草地把一百零八人都挤进来，草草地招安他们，草草地送他们出去征方腊。这些部分都远不如前四十回的精彩了。七十回以下更潦草得厉害，把元曲里许多幼稚的《水浒》故事，如李逵乔坐衙、李逵负荆、燕青射雁等等，都穿插进去。拼来凑去，还凑不满一百回。王庆、田虎两段既全删了，只好把“Z”本中篇幅较短的征辽国一段故事加进去。

故郭本和所谓李卓吾批点的百回本《水浒传》，是用“X”本事迹的全部而大加改造，加上“Z”本的征辽故事，又加上从“Y”本借来重新改造过的王进与高俅的故事作为开端，但完全删除了王庆、田虎两大部分。

但据胡应麟所说，十六世纪的晚年，闽中坊贾刻有删节本的《水浒传》（其说引见上文）。邓之诚先生《骨董琐记》卷三引金坛王氏《小品》说：

此书每回前各有楔子，今俱不传。予见建阳书坊中所刻诸书，节缩纸板，求其易售，诸书多被刊削。此书亦建阳书坊翻刻时删落者。

每回前各有楔子，是不可能的事；此与周亮工《书影》所说“一百回各以妖异语引其首”，同是以讹传讹，后文我另有讨论。王彦泓所记建阳书坊删削《水浒》事，可与胡应麟所记互相印证，同是当时人士的记载。此种删节的《水浒传》，我们现在所见的，有百十五回本，有百二十四回本，虽未见而知道的，有百十回本。这些本子都比李卓吾批点本简略的多。

鲁迅先生称这些本子为“简本”，但他不信百十五回本就是胡应麟说的闽中坊贾删节本。他以为百十五回简本“文词蹇拙，体制纷纭，中间诗歌亦多鄙俗，甚似草创初就，未加润色者。虽非原本，盖近之矣”。鲁迅主张百十五回简本的成就“殆当先于繁本”。他的理由是：“以其用字造句，与繁本每有差违，倘是删存，无烦改作也。”

鲁迅先生所举的理由，颇不能使我心服。他论金圣叹七十回本时，曾说：

然文中有因删去诗词而语气遂稍参差者，则所据殆仍是百回本耳。

这可见“倘是删存，无烦改作”之说不能完全成立。再试看我所得的百二十四回本，删节更厉害了，但改作之处更多。如鲁迅所引林冲雪中行沽的一段：

在百回本（日本翻明本） 有六百零一字（百二十回本同）

在百十五回本 有二百四十八字

在百二十四回本 只有一百四十一字

可见百二十四回本是删节最甚的本子，然而这个本子也有很分明的改作之处。如林冲在天王堂遇着酒生儿李小二，小二夫妻在酒店里偷听得陆虞侯同管营差拨的阴谋，他们报告林冲，劝他注意，林冲因此带了刀，每日上街去寻他的仇人，以后才是接管草料场的文章。这一大段在百回本和百二十回本里都有二千字之多，在百十五回本里也有一千一百多字。但在百二十四回本里，李小二夫妻同他们的酒店都没有了。只说有一天，一个酒保来请管营与差拨吃酒，他们到了店里，见两个军官打扮的人，自称陆谦、富安，把高太尉的书信给管营与差拨看了，他们定下计策，分手而去。全文只有三百五十多个字。故若添上李小二夫妻的故事，须有一千一百到二千字；若删了他们，改造一番，三百多字便够用了。这可见删节也往往正有改作的必要，故鲁迅先生“删存无烦改作”之说不能证明百十五回本之近于古本，也不能证明此种简本成于百回繁本之先。俞平伯先生也主张此说，同一错误。

今日市上最风行的每页插图的节本小说多种，专为小孩子和下流社会做的，俗名“画书”。每页上图画差不多占全页，图画上方印着四五十个字的本文，其中有《水浒传》、《西游记》、《薛仁贵征东》等等，删节之处最多，有时因删节上的需要，往往改动原文，以便删节。看了这些本子，便知“删存无烦改作”之说是不能成立的。

故我主张，百十回本和百二十四回本等等简本大概都是胡应麟所说的坊贾删节本：其中从误走妖魔到招安后征辽的部分，和后文征方腊到卷末，都是删节百回郭本的；其中间插入征田虎、王庆的部分，是采用百回郭本以前的旧本（上文叫作“Y”本）的。加入这两大段，又不曾删去征辽一段，便不止百回了。故有百十回到百二十四回的参差。

外面通行的《征四寇》，即是从这些坊贾删节本出来的。我从前认《征四寇》是从“原百回本”出来的，那是我的误解。

四、论百二十回本

这种有田虎、王庆两段的删节本《水浒传》，自然比那些精刻的郭本、李本流行更广，于是一般读者总觉得百回本少了田、王两寇，像是一部不完全的《水浒传》。所以不久便有百二十回本出现，即是现在商务印书馆翻印的“绣像评点《忠义水浒全书》”。因为大家感觉百回本的不完全，故这部书叫作“全书”。

这部百二十回本又叫作“新镌李氏藏本《忠义水浒全书》”，卷首有“楚人凤里杨定见”的小引，自称是“事卓吾先生”的，又说“先生殁而名益尊，道益广，书益播传，即片牍单词留向人间者，靡不珍为瑶草，俨然欲倾宇内”。李贽死在万历三十年，此书之刻，当在崇祯初期，去明亡不很远了。

杨序又说，他在吴中，遇着袁无涯，遂取李贽“所批定《水浒传》”付无涯。大概杨定见是改造百二十回本的人，袁无涯是出钱刻印这书的人，可惜都不可考了。

此本有“发凡”十条，其中颇多可供考证的材料，故我在《水浒传后考》里，鲁迅先生在《中国小说史略》里，往往征引“发凡”的话。但十年以来，新材料稍稍出现，可以证明“发凡”中的话有很不可信之处，如第六条说：

> 古本有罗氏致语，相传“灯花婆婆”等事，既不可复见；乃后人有因四大寇之拘而酌损之者，有嫌一百廿回之繁而淘汰之者，皆失。

这些话，十年来我们都信以为真，故我同鲁迅先生都信古本《水浒》有罗氏致语，有相传“灯花婆婆”等事，鲁迅又相信古本真有百二十回本。我现在看来，这些话都没有多大根据，杨定见并不曾见“古本”，他说“古本”怎样怎样，大概都是信口开河，假托一个古本，作为他的百二十回改造本的根据而已。

罗氏致语之说，除此本“发凡”之外，还有周亮工《书影》说的：

故老传闻，罗氏《水浒传》一百回，各以妖异语冠其首。嘉靖时，郭武定重刻其书，削其致语，独存本传。

又《王氏小品》也说：

此书每回前各有楔子，今俱不传。

这都是以讹传讹的话。每回前各有妖异的致语，这是不可能的事。《水浒传》的前面有“洪太尉误走妖魔”的一段，这便是《水浒传》的“致语”。全书只有这一段“妖异语”的“致语”，别没有什么“灯花婆婆”等事。“灯花婆婆”的故事乃是《平妖传》的致语，其书现存，可以参证。这是因为《水浒传》和《平妖传》相传都是罗贯中作的，两书各有一段妖异的致语，后来有人记错了，遂说“灯花婆婆”的故事是古本《水浒传》的致语。后来的人更张大其词，遂说一百回各有妖异的致语了。（参看胡适《宋人话本八种序》页一～四又页二七～三〇。）

至于古本有百二十回之说，也是“托古改制”的话头，不足凭信。大概古本不止一种，上文所考，“X”本无征辽及王、田二寇，必没有一百回；“Y”本有王、田而无辽国，“Z”本有辽国而无王、田，大概至多不过在百回上下，都没有百二十回之多。坊间的删节本，始合王、田二寇与辽国为一书，文字被删节了，事实却增多了，故有超过百十回的本子。杨定见改造王、田二寇，文字增加不少，成为百二十回本，所以要假托古本有百二十回，以抬高其书；其实他所谓“古本”，不过是建阳书坊的删节本罢了。

百二十回本的大贡献在于完全改造旧本的田虎、王庆两大寇。原有的田虎、王庆两部分是很幼稚的，我们看《征四寇》或百十五回本，都可以知道这两部分没有文学的价值。郭本与李卓吾本都删去这两部分，大概是因为这些部分太不像样了，不值得保存。况且王庆的故事既然提出来改作了王进，后面若还保留王庆，重复矛盾的痕迹就太明显了，所以更有删除的必要。后来杨定见要想保留田虎、王庆两大段，却也感觉这两段非大大地改作过，不能保存。于是杨定见便大胆把旧有的田虎、王庆两段完全改作了。

……

旧本写征田虎一役，全无条理，只是无数琐碎的战阵而已。改本认定几个关键的人物，如乔道清，孙安，琼英郡主，用他们作中心，删去了许多不相干的小战阵，故比旧本精密的多。旧本又有许多不近情理的地方，改本也都设法矫正了。试举张清匹配琼英的故事作例。旧本中此事也颇占重要的地位，但张清所以去假投降者，不过是要打救被乔道清捉去的四将而已。改本看定张清、琼英的故事可作为破田虎的关键，故在第九三回即在李逵的梦里说出神人授与的“要夷田虎族，须谐琼矢镞”十个字，又加入张清梦中被神人引去教授琼英飞石的神话，这便是把这段姻缘提作田虎故事的中心部分了。这是一不同。

旧本既说琼英是乌利国舅的女儿，后文乔道清又说她是“田虎亲妹”，这种矛盾是很明显的。况且无论她是田虎的亲妹或表妹，她的背叛田虎，总于她的人格有点损失，至于张清买通医士，毒死她的亲父，也未免太残忍。

改本认清了此二点，故不但说琼英“原非邬梨亲生的”，并且说田虎是杀她的父母的仇人。这样一来，琼英的背叛，变成了替父母报仇，毒死邬梨也只是报仇，琼英的身份便抬高多了。这是二不同。

旧本写张清配合琼英，完全是一种军事策略，毫无情义可说。改本借安道全口中说出张清梦中见了琼英，醒来“痴想成疾”，后来琼英在阵上飞石连打宋将多人，张清听说赶到阵前，要认那女先锋，那边她早已收兵回去了，张清只得“立马怅望”。这很像受了当时风行的牡丹亭故事的影响，但也抬高张清的身份不少。这是三不同。

这一个故事的改作，很可以表示杨定见改本用力的方向与成绩。此外如乔道清，如孙安，性格描写上都很有进步。田虎部下的将领中有王庆，有范全，都和下文王庆故事中的王庆、范全重复了，所以改本把这些人都删去了。这些地方都是进步。

王庆的故事改造更多。这是因为这里的材料比较更容易改造。田虎一段，只有征田虎的事，而没有田虎本人的历史。百十五回本叙田虎的历史，只有寥寥一百个字。百二十回本稍稍扩大了一点，也只有四百二十字。王庆个人的故事，在百十五回里，便占了四回之多，足足有一万三千多字。材料既多，改造也比较容易了。

不但如此，上文我曾指出王庆故事的原本太像王进的故事了，这分明是百回本《水浒传》的改造者（施耐庵?）把王庆的故事提出来，改成了《水浒传》的开篇，剩下的糟粕便完全抛弃了。百二十回本的改造者也看到了这一点，故他要保存王庆的故事，便不能不根本改造这一大段的故事。

原本的王庆故事的大纲如下：

1. 高俅未遇时，流落在灵璧县，曾受军中都头柳世雄的恩惠。

2. 高俅做殿前太尉时，柳世雄已升指挥使，来见高俅。高俅要报他的大恩，叫八十万禁军教头王庆把他该升补的总管之职让给柳世雄。

3. 高俅教王庆比武时让柳世雄一枪。王庆心中不愿，比枪时把柳世雄的牙齿打落。

4. 高俅怀恨，要替柳世雄报仇，亲自到十三营点名，王庆迟到，诉说家中有香桌香炉飞动进门的怪事，他打碎香桌，闪了臂膊，赎药调治，误了点名。高俅判他捏造妖言，不遵节制，斥去官职，杖二十，刺配淮西李州牢城营安置。

这是王庆故事的第一段，是他刺配淮西的原因。这段故事有几点和王进故事相像：（1）两个故事同说高俅贫贱时流落淮西；（2）高俅的恩人柳世雄，在王进故事里作柳世权，明明是一个人；（3）王庆、王进同是八十万禁军教头，明明是一个人的化身；（4）王庆、王进同因点名不到，得罪高俅。因为这些太相像之点，这两个故事不能同时存在，故百回本索性把王庆故事删了，故百二十回本决定把这个故事完全改作。

这一段的改本的大纲是：

1. 王庆不是八十万禁军教头，只是开封府的一个副排军，是一个赌钱宿娼的无赖。

2. 王庆在艮岳见着蔡攸的儿媳妇，是童贯的侄女，小名唤作娇秀。他们彼此留情，就勾搭上了。

3. 一日王庆醉后把娇秀的事泄漏出去，风声传到童贯耳朵里。童贯大怒，想寻罪过摆布他。

4. 他在家乘凉，一条板凳忽然四脚走动，走进门来。王庆喝声："奇怪！"一脚踢去，用力太猛，闪了胁肋，动弹不得。

5. 王庆因腰痛误了点名，被开封府府尹屈打成招，定了个捏造妖言，谋为不轨的死罪。后来童贯、蔡京怕外面的议论，教府尹速将王庆刺配远恶军州。于是王庆便被刺配到陕州牢城。

这里面高俅不见了，柳世雄也不见了，八十万禁军教头换成了一个副排军，于是旧本的困难都解决了。

……

又如写定山堡、段家庄的戏台下的情形：

那时粉头还未上台，台下四面有三四十只桌子，都有人围挤着在那里掷骰赌钱。那掷骰的名儿非止一端，乃是六风儿，五么子，火燎毛，朱窝儿。

又有那撷钱的，蹲踞在地上，共有二十余簇人。那撷钱的名儿也不止一端，乃是浑沌儿，三背间，八叉儿。

那些掷骰的在那里呼么喝六，撷钱的在那里唤字叫背；或夹笑带骂，或认真厮打。那输了的，脱衣典裳，褫巾剥袜，也要去翻本。……那赢的，意气扬扬，东摆西摇，南闯北踅的寻酒头儿再做；身边便袋里，搭膊里，衣袖里，都是银钱；到后来捉本算账，原来赢不多；赢的都被把梢的，放囊的，占了头儿去。（百四回，页三三）

这样细密的描写，都是旧本的王庆故事里没有的。

旧本于征王庆的一段之中，忽然插入“宋公明夜游玩景，吴学究帷幄谈兵”一回，前半宋江和卢俊义，吴用，乔道清诸人各言其志，后半吴用背诵《武侯新书》，全是文言的，迂腐的可厌。百二十回本把这一回全删去了。

但征讨王庆的战事，无论如何彻底改造，总不见怎样出色；不过比旧本稍胜而已。

我在上文举的这些例子，大概可以表示百二十回本的性质了。百二十回本的改作者，大概就是作序的楚人杨定见，他想把田虎、王庆两部分提高，要使这两段可以和其他的部分相称，故极力修改田虎故事；又发愤改造王庆故事，避免了旧本里所有和百回本重复或矛盾之处，改正了地理上的错误，删除了一切潦草的、幼稚的记载（如王庆与六国使臣比枪），提高了书中主要人物的性格（如张清、琼英等），统一了本书对王庆一群人的见解，（王庆在旧本里并不算小人，此本始放手把他写成一个无赖。）并且抬高了人物描写的技术。——这是百二十回本的用意和成绩。

但《水浒传》的前半部实在太好了，其他的各部分都赶不上。最末的部分——平方腊班师以后——还有几段很感动人的文字：如写鲁智深之死、燕青之去、宋江之死、徽宗之梦，都还有点文学的意味。百回本里的征辽一段，实在是百回本的最弱部分，毫没有精彩。碣石天文以后，征辽以前，那一长段也无甚精彩。征方腊的部分也不很高明。至于田虎、王庆两大段，无论是旧本，或百二十回的改本，总不能叫人完全满意。

如果《水浒传》单是一部通俗演义书，那么，百二十回的改本已可算是很成功的了。但《水浒传》在明朝晚年已成了文人共同欣赏赞叹的一部文学作品，故其中各部分的优劣，很容易引起文人的注意。后来删削《水浒传》七十回以下的人，即是最崇拜《水浒传》的金圣叹。圣叹曾说：

天下之文章无出《水浒》右者！

他删去《水浒》的后半部，正是因为他最爱《水浒》，所以不忍见《水浒》受“狗尾续貂”的耻辱。

也许还有时代上的原因。我曾说：

圣叹生在流贼遍天下的时代，眼见张献忠、李自成一班强盗流毒全国，故他觉得强盗是不可提倡的，是应该口诛笔伐的。……圣叹又亲见明末的流贼伪降官兵，后复叛去，遂不可收拾，所以他对于《宋史》侯蒙请赦宋江使讨方腊的事，大不满意，极力驳他，说他“一语有八失”；所以他又极力表章那没有招安以后事的七十回本。（《水浒传考证》）

金圣叹的文学眼光能认识《水浒》七十回以下的文笔远不如前半部，他的时代背景又使他不能赞成招安强盗的政策，所以他大胆地把七十回以下的文字全删了，又加上卢俊义的一个梦，很明显地教人知道强盗灭绝之后天下方得太平。这便是圣叹的七十一回本产生的原因。

圣叹的辩才是无敌的，他的笔锋是最能动人的。他在当日有才子之名，他的被杀又是当日震动全国的一件大惨案。他死后名誉更大，在小说批评界，他的权威直推翻了王世贞、李贽、钟惺等等有名的批评家。那部假托“圣叹外书”的《三国演义》尚且风行三百年之久，何况这部真正的圣叹评本的七十回本《水浒传》呢？无怪乎三百年来，我们只知道七十回本，而忘记了其他种种版本的存在了。

我们很感谢李玄伯先生，使我们得见百回本的真相；我们现在也很感谢商务印书馆，使许多读者得见百二十回本的真相。我个人很感谢商务印书馆要我作序，使我有机会把这十年来考证《水浒》的公案结一笔总账。万一将来还有真郭本出现的一天，我们对于《水浒传》的历史的种种假设的结论，就可以得着更有力的证实了。

胡适讲哲学

第一章

我的哲学观

《中国哲学史大纲》导言

哲学的定义

哲学的定义从来没有一定的。我如今也暂下一个定义："凡研究人生切要的问题，从根本上着想，要寻一个根本的解决：这种学问叫作哲学。"例如行为的善恶，乃是人生一个切要问题。平常人对着这问题，或劝人行善去恶，或实行赏善罚恶，这都算不得根本的解决。哲学家遇着这问题，便去研究什么叫作善，什么叫作恶；人的善恶还是天生的呢，还是学得来的呢；我们何以能知道善恶的分别，还是生来有这种观念，还是从阅历经验上学得来的呢；善何以当为，恶何以不当为；还是因为善事有利所以当为，恶事有害所以不当为呢；还是只论善恶，不论利害呢；这些都是善恶问题的根本方面。必须从这些方面着想，方可希望有一个根本的解决。

因为人生切要的问题不止一个，所以哲学的门类也有许多种。例如：

一、天地万物怎样来的。(宇宙论)

二、知识思想的范围、作用及方法。(名学及知识论)

三、人生在世应该如何行为?(人生哲学旧称“伦理学”)

四、怎样才可使人有知识、能思想、行善去恶呢?(教育哲学)

五、社会国家应该如何组织、如何管理?(政治哲学)

六、人生究竟有何归宿?(宗教哲学)

哲学史

这种种人生切要问题,自古以来,经过了许多哲学家的研究。往往有一个问题发生以后,各人有各人的见解,各人有各人的解决方法,遂致互相辩论。有时一种问题过了几千百年,还没有一定的解决法。例如孟子说人性是善的,告子说性无善无不善,荀子说性是恶的。到了后世,又有人说性有上中下三品,又有人说性是无善无恶可善可恶的。若有人把种种哲学问题的种种研究法和种种解决方法,都依着年代的先后和学派的系统一一记叙下来,便成了哲学史。

哲学史的种类也有许多:

一、通史。例如《中国哲学史》、《西洋哲学史》之类。

二、专史。

(一)专治一个时代的,例如《希腊哲学史》、《明儒学案》。

(二)专治一个学派的,例如《禅学史》、《斯多亚派哲学史》。

(三)专讲一人的学说的,例如《王阳明的哲学》、《康德的哲学》。

(四)专讲哲学的一部分的历史,例如《名学史》、《人生哲学史》、《心理学史》。

哲学史有三个目的:

(一)明变。哲学史第一要务,在于使学者知道古今思想沿革变迁的线索。

例如孟子、荀子同是儒家,但是孟子、荀子的学说和孔子不同,孟子又和荀子不同。又如宋儒、明儒也都自称孔氏，但是宋明的儒学，并不是孔子的儒学，也不是孟子、荀子的儒学。但是这个不同之中，却也有个相同的所在，又有个一线相承的所在。这种同异沿革的线索，非有哲学史不能明白写出来。

（二）求因。哲学史目的，不但要指出哲学思想沿革变迁的线索，还须要寻出这些沿革变迁的原因。例如程子、朱子的哲学，何以不同于孔子、孟子的哲学？陆象山、王阳明的哲学，又何以不同于程子、朱子呢？这些原因，约有三种：

（甲）个人才性不同。

（乙）所处的时势不同。

（丙）所受的思想学术不同。

（三）评判。既知思想的变迁和所以变迁的原因了，哲学史的责任还没有完，还须要使学者知道各家学说的价值：这便叫作评判。但是我说的评判，并不是把做哲学史的人自己的眼光，来批评古人的是非得失。那种"主观的"评判，没有什么大用处。如今所说，乃是"客观的"评判。这种评判法，要把每一家学说所发生的效果表示出来。这些效果的价值，便是那种学说的价值。这些效果大概可分为三种：

（甲）要看一家学说在同时的思想和后来的思想上发生何种影响。

（乙）要看一家学说在风俗政治上发生何种影响。

（丙）要看一家学说的结果可造出什么样的人格来。

例如古代的"命定主义"，说得最痛切的，莫如庄子。庄子把天道看作无所不在无所不包，故说："庸讵知吾所谓天之非人乎？所谓人之非天乎？"因此他有"乘化以待尽"的学说。这种学说，在当时遇着荀子，便发生一种反动力。荀子说"庄子蔽于天而不知人"，所以荀子的《天论》极力主张征服天行，以利人事。但是后来庄子这种学说的影响，养成一种乐天安命的思想，牢不可破。在社会上，好的效果，便是一种达观主义；不好的效果，便是懒惰不肯进取的心理。造成的人才，好的便是陶渊明、苏东坡，不好的便是刘伶一类达观的废物了。

中国哲学在世界哲学史上的位置

世界上的哲学大概可分为东西两支。东支又分印度、中国两系。西支也分希腊、犹太两系。初起的时候，这四系都可算作独立发生的。到了汉以后，犹太系加入希腊系，成了欧洲中古的哲学。印度系加入中国系，成了中国中古的哲学。到了近代，印度系的势力渐衰，儒家复起，遂产生了中国近世的哲学，历宋元明清直到于今。欧洲的思想，渐渐脱离了犹太系的势力，遂产生欧洲的近世哲学。到了今日，这两大支的哲学互相接触、互相影响。五十年后，一百年后，或竟能发生一种世界的哲学，也未可知。

附世界哲学统系图

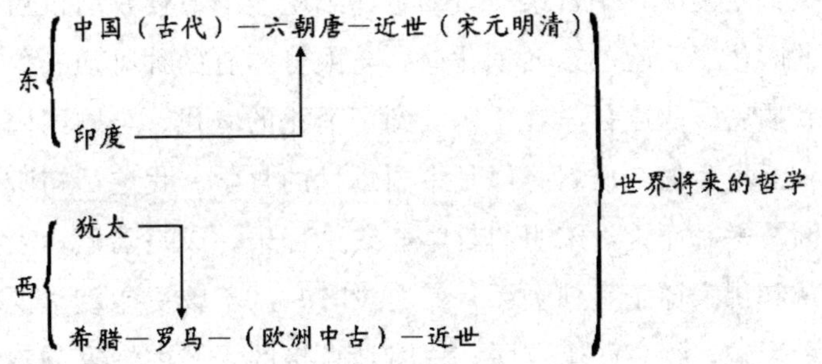

中国哲学史的区分

中国哲学史可分为三个时代：

（一）古代哲学。自老子至韩非，为古代哲学。这个时代，又名“诸子哲学”。

（二）中世哲学。自汉至北宋，为中世哲学。这个时代，大略又可分作两个时期：

（甲）中世第一时期。自汉至晋，为中世第一时期。这一时期的学派，无论如何不同，都还是以古代诸子的哲学作起点的。例如《淮南子》是折中古代各家的；董仲舒是儒家的一支；王充的天论得力于道家，性论折中于各家；魏晋的老庄之学，更不用说了。

（乙）中世第二时期。自东晋以后，直到北宋，这几百年中间，是印度哲学在中国最盛的时代。印度的经典，次第输入中国。印度的宇宙论、人生观、知识论、名学、宗教哲学，都能于诸子哲学之外，别开生面，别放光彩。此时凡是第一流的中国思想家、如智、玄奘、宗密、窥基，多用全副精力，发挥印度哲学。那时的中国系的学者，如王通、韩愈、李翱诸人，全是第二流以下的人物。他们所有的学说，浮泛浅陋，全无精辟独到的见解。故这个时期的哲学，完全以印度系为主体。

（三）近世哲学。唐以后，印度哲学已渐渐成为中国思想文明的一部分。譬如吃美味，中古第二时期是仔细咀嚼的时候，唐以后便是胃里消化的时候了。吃的东西消化时，与人身本有的种种质料结合，别成一些新质料。印度哲学在中国，到了消化的时代，与中国固有的思想结合，所发生的新质料，便是中国近世的哲学。我这话初听了好像近于武断。平心而论，宋明的哲学，或是程朱，或是陆王，表面上虽都不承认和佛家禅宗有何关系，其实没有一派不曾受印度学说的影响的。这种影响，约有两个方面：一面是直接的。如由佛家的观心，回到孔子的“操心”，到孟子的“尽心”、“养心”，到《大学》的“正心”：是直接的影响。一面是反动的。佛家见解尽管玄妙，终究是出世的，是“非伦理的”。宋明的儒家，攻击佛家的出世主义，故极力提倡“伦理的”入世主义。明心见性，以成佛果，终是自私自利；正心诚意，以至于齐家、治国、平天下，便是伦理的人生哲学了。这是反动的影响。

明代以后，中国近世哲学完全成立。佛家已衰，儒家成为一尊。于是又生反动力，遂有汉学宋学之分。清初的汉学家，嫌宋儒用主观的见解，来解古代经典，有“望文生义”、“增字解经”种种流弊。故汉学的方法，只是用古训、古音、古本等等客观的根据，来求经典的原意。故嘉庆以前的汉学宋学之争，还只是儒家的内讧。但是汉学家既重古训古义，不得不研究与古代儒家同时的子书，用来作参考互证的材料。故清初的诸子学，不过是经学的一种附属品，一种参考书。不料后来的学者，越研究子书，越觉得子书有价值。故孙星衍、王念孙、王引之、顾广圻、俞樾诸人，对于经书与子书，简直没有上下轻重和正道异端的分别了。到了最近世，如孙诒让、章炳麟诸君，竟都用全副精力发明诸子学。于是从前作经学附属品的诸子学，到此时代，竟成专门学。一般普通学者崇拜子书，也往往过于儒书。岂但是“附庸蔚为大国”，简直是“婢作夫人”了。

综观清代学术变迁的大势，可称为古学昌明的时代。自从有了那些汉学家考据、校勘、训诂的工夫，那些经书子书，方才勉强可以读得。这个时代，有点像欧洲的“再生时代”（再生时代，西名 Renaissance，旧译文艺复兴时代）。欧洲到了“再生时代”昌明古希腊的文学哲学，故能推翻中古“经院哲学”（旧译烦琐哲学，极不通。原文为 Scholasticism，今译原义）的势力，产出近世的欧洲文化。我们中国到了这个古学昌明的时代，不但有古书可读，又恰当西洋学术思想输入的时代，有西洋的新旧学说可供我们的参考研究。我们今日的学术思想，有这两个大源头：一方面是汉学家传给我们的古书；一方面是西洋的新旧学说。这两大潮流汇合以后，中国若不能产生一种中国的新哲学，那就真是辜负了这个好机会了。

哲学史的史料

上文说哲学史有三个目的：一是明变，二是求因，三是评判。但是哲学史先须做了一番根本工夫，方才可望达到这三个目的。这个根本工夫，叫作述学。述学是用正确的手段、科学的方法、精密的心思从所有的史料里面，求出各位哲学家的一生行事，思想渊源沿革和学说的真面目。为什么说“学说的真面目”呢？因为古人读书编书最不细心，往往把不相干的人的学说并入某人的学说（例如《韩非子》的第一篇是张仪说秦王的书。又如《墨子·经》（上、下）、《经说》（上、下）、《大取》、《小取》诸篇，决不是墨翟的书）；或把假书作为真书（如《管子》、《关尹子》、《晏子春秋》之类）；或把后人加入的篇章，作为原有的篇章（此弊诸子书皆不能免。试举《庄子》为例，《庄子》书中伪篇最多，世人竟有认《说剑》、《渔父》诸篇为真者。其他诸篇，更无论矣）；或不懂得古人的学说，遂致埋没了（如《墨子·经上》诸篇）；或把古书解错了，遂失原意（如汉人用分野、爻辰、卦气说《易经》，宋人用太极图、先天卦位图说《易经》。又如汉人附会《春秋》，来说灾异。宋人颠倒《大学》，任意补增，皆是其例）；或各用己意解古书，闹得后来众说纷纭，糊涂混乱（如《大学》中“格物”两字，解者多至七十余家。又如老庄之书，说者纷纷，无两家相同者）。有此种种障碍，遂把各家学说的真面日大半失掉了。至于哲学家的一生行事和所居的时代，古人也最不留意。老子可见杨朱；庄周可见鲁哀公；管子能说毛嫱、西施；墨子能见吴起之死和中山之灭；商鞅能知长平之战；韩非能说荆、齐、燕、魏之亡。此类笑柄，不可胜数。《史记》说老子活了一百六十多岁，或言二百余岁，又说孔子死后一百二十九年，老子还不曾死。那种神话，更不足论了。哲学家的时代，既不分明，如何能知道他们思想的传授沿革？最荒谬的是汉朝的刘歆、班固说诸子的学说都出于王官；又说“合其要归，亦六经之支与流裔”（《汉书·艺文志》。看胡适《诸子不出于王官论》、《太平洋》杂志第一卷第七号）。诸子既都出于王官与六经，还有什么别的渊源传授可说？

以上所说，可见“述学”之难。述学的所以难，正为史料或不完备，或不可靠。哲学史的史料，大概可分为两种：一为原料，一为副料。今分说于下：

（一）原料。哲学史的原料，即是各哲学家的著作。近世哲学史对于这一层，大概没有什么大困难。因为近世哲学发生在印书术通行以后，重要的哲学家的著作，都有刻板流传；偶有散失埋没的书，终究不多。但近世哲学史的史料，也不能完全没有疑窦。如谢良佐的《上蔡语录》里，是否有江民表的书？如朱熹的《家礼》是否可信为他自己的主张？这都是可疑的问题。又宋儒以来，各家都有语录，都是门弟子笔记的。这些语录，是否无误记误解之处，也是一个疑问。但是大致看来，近世哲学史料还不至有大困难。到了中世哲学史，便有大困难了。汉代的书，如贾谊的《新书》，董仲舒的《春秋繁露》，都有后人增加的痕迹。又如王充的《论衡》，是汉代一部奇书，但其中如《乱龙》篇极力为董仲舒作土龙求雨一事辩护，与全书的宗旨恰相反。篇末又有"《论衡》终之，故曰乱龙。乱者，终也"的话，全无道理。明是后人假造的。此外重复的话极多。伪造的书定不止这一篇。又如仲长统的《昌言》，乃是中国政治哲学史上有数的书，如今已失，仅存三篇。魏晋人的书，散失更多。《三国志》、《晋书》、《世说新语》所称各书，今所存的，不过几部书。如《世说新语》说魏晋注《庄子》的有几十家，今但有郭象注完全存在。《晋书》说鲁胜有《墨辩注》，今看其序，可见那注定极有价值，可惜现在不传了。后人所编的汉魏六朝人的集子，大抵多系东抄西摘而成的，那原本的集子大半都散失了。故中古哲学史料最不完全。我们不能完全恢复魏晋人的哲学著作，是中国哲学史最不幸的事。到了古代哲学史，这个史料问题更困难了。表面上看来，古代哲学史的重要材料，如孔、老、墨、庄、孟、荀、韩非的书，都还存在。仔细研究起来，这些书差不多没有一部是完全可靠的。大概《老子》里假的最少。《孟子》或是全真，或是全假（宋人疑《孟子》者甚多）。依我看来，大约是真的。称"子曰"或"孔子曰"的书极多，但是真可靠的实在不多。《墨子》、《荀子》两部书里，很多后人杂凑伪造的文字。《庄子》一书，大概十分之八九是假造的。

《韩非子》也只有十分之一二可靠。此外如《管子》、《列子》、《晏子春秋》诸书，是后人杂凑成的。《关尹子》、《鹖冠子》、《商君书》，是后人伪造的。《邓析子》也是假书。《尹文子》似乎是真书，但不无后人加入的材料。《公孙龙子》有真有假，又多错误。这是我们所有的原料。更想到《庄子·天下篇》和《荀子·非十二子篇》、《天论篇》、《解蔽篇》所举它嚣、魏牟、陈仲（即《孟子》之陈仲子）、宋钘（即《孟子》之宋）、彭蒙、田骈、慎到（今所传《慎子》五篇是佚文）、惠施、申不害；和王充《论衡》所举的世硕、漆雕开、宓子贱、公孙龙子，都没有著作遗传下来。更想到孔门一脉的儒家，所著书籍，何止大小戴《礼记》里所采的几篇？如此一想，可知中国古代哲学的史料于今所存不过十分之一二。其余的十分之八九，都不曾保存下来。古人称“惠施多方，其书五车”。于今惠施的学说，只剩得一百多个字。若依此比例，恐怕现存的古代史料，还没有十分之一二呢！原著的书既散失了这许多，于今又无发见古书的希望，于是有一班学者，把古书所记各人的残章断句一一搜集成书。如汪继培或孙星衍的《尸子》，如马国翰的《玉函山房辑佚书》。这种书可名为“史料钩沉”，在哲学史上也极为重要。如惠施的五车书都失掉了，幸亏有《庄子·天下篇》所记的十事，还可以考见他的学说的性质。又如告子与宋钘的书，都不传了，今幸亏有《孟子》的《告子》篇和《荀子》的《正论篇》，还可以考见他们的学说的大概。又如各代历史的列传里，也往往保存了许多中古和近世的学说。例如《后汉书》的《仲长统传》保存了三篇《昌言》；《梁书》的《范缜传》保存了他的《神灭论》。这都是哲学史的原料的一部分。

（二）副料。原料之外，还有一些副料，也极重要。凡古人所作关于哲学家的传记、轶事、评论、学案、书目都是哲学史的副料。例如《礼记》中的《檀弓》，《论语》中的十八、十九两篇，《庄子》中的《天下篇》，《荀子》中的《正论篇》、《吕氏春秋》，《韩非子》的《显学》篇，《史记》中各哲学家的列传，皆属于此类。近世文集里有许多传状序跋，也往往可供参考。至于黄宗羲的《明儒学案》及黄宗羲、黄百家、全祖望的《宋元学案》，更为重要的哲学史副料。若古代中世的哲学都有这一类的学案，我们今日编哲学史便不至如此困难了。副料的重要，约有三端，第一，各哲学家的年代、家世、事迹，未必在各家著作之中，往往须靠这种副料，方才可以考见。第二，各家哲学的学派系统，传授源流几乎全靠这种副料作根据。例如《庄子·天下篇》与《韩非子·显学篇》论墨家派别，为他书所无。《天下篇》说墨家的后人，"以坚白同异之辩相訾，以《觭》偶不仵之辞相应"，可考证后世俗儒所分别的"名家"，原不过是墨家的一派。不但"名家出于礼官之说"不能成立，还可证明古代本无所谓"名家"（说详见本书第八篇）。第三，有许多学派的原著已失，全靠这种副料里面，论及这种散佚的学派，借此可以考见他们的学说大旨。如《庄子·天下篇》所论宋钘、彭蒙、田骈、慎到、惠施、公孙龙、桓团及其他辩者的学说；如《荀子·正论篇》所称宋钘的学说，都是此例。上节所说的"史料钩沉"，也都全靠这些副料里所引的各家学说。

以上论哲学史料是什么。

史料的审定

中国人作史，最不讲究史料。神话官书，都可作史料，全不问这些材料是否可靠。却不知道史料若不可靠，所作的历史便无信史的价值。孟子说，"尽信书则不如无书。"孟子何等崇拜孔子，但他对于孔子手定之书，还持怀疑态度。何况我们生在今日，去古已远，岂可一味迷信古书，甘心受古代作伪之人的欺骗？哲学史最重学说的真相，先后的次序和沿革的线索。若把那些不可靠的材料信为真书，必致（一）失了各家学说的真相；（二）乱了学说先后的次序；（三）乱了学派相承的系统。我且举《管子》一部书为例。《管子》这书，定非管仲所作，乃是后人把战国末年一些法家的议论和一些儒家的议论（如《内业篇》，如《弟子职篇》）和一些道家的议论（如《白心》、《心术》等篇），还有许多夹七夹八的话，并作一书；又伪造了一些桓公与管仲问答诸篇，又杂凑了一些纪管仲功业的几篇，遂附会为管仲所作。今定此书为假造的，证据甚多，单举三条：

（一）《小称篇》记管仲将死之言，又记桓公之死。管仲死于西历前643年。《小称篇》又称毛嫱、西施，西施当吴亡时还在。吴亡在西历前472年，管仲已死百七十年了。此外如《形势解》说“五伯”，《七臣七主》说“吴王好剑，楚王好细腰”，皆可见此书为后人伪作。

（二）《立政篇》说：“寝兵之说胜，则险阻不守；兼爱之说胜，则士卒不战。”《立政九败解》说“兼爱”道：“视天下之民如其民，视人国如吾国。如是则无并兼攘夺之心。”这明指墨子的学说，远在管仲以后了（《法法篇》亦有求废兵之语）。

（三）《左传》纪子产铸刑书（西历前536），叔向极力反对。过了二十几年，晋国也作刑鼎、铸刑书，孔子也极不赞成（西历前531）。这都在管仲死后一百多年。若管仲生时已有了那样完备的法治学说，何以百余年后，贤如叔向、孔子，竟无一毫法治观念？（或言孔子论晋铸刑鼎一段，不很可靠。但叔向谏子产书，决不是后人能假造的）何以子产答叔向书，也只能说“吾以救世而已”？为什么不能利用百余年前已发挥尽致的法治学说？这可见《管子》书中的法治学说，乃是战国末年的出产物，决不是管仲时代所能突然发生的。全书的文法笔势也都不是老子、孔子以前能产生的。即以论法治诸篇看来，如《法法》篇两次说“《春秋》之记，臣有弑其君，子有弑其父者矣”。可见是后人伪作的了。

《管子》一书既不是真书，若用作管仲时代的哲学史料，便生出上文所说的三弊：

（一）管仲本无这些学说，今说他有，便是张冠李戴，便是无中生有。

（二）老子之前，忽然有《心术》、《白心》诸篇那样详细的道家学说；孟子、荀子之前数百年，忽然有《内业》那样深密的儒家心理学；法家之前数百年，忽然有《法法》、《明法》、《禁藏》诸篇那样发达的法治主义。若果然如此，哲学史便无学说先后演进的次序，竟变成了灵异记、神秘记了！

（三）管仲生当老子孔子之前一百多年，已有那样规模广大的哲学。这与老子以后一步一步、循序渐进的思想发达史，完全不合。故认《管子》为真书，便把诸子学直接间接的渊源系统一齐推翻。

以上用《管子》作例，表示史料的不可不审定。读古书的人，须知古书有种种作伪的理由。第一，有一种人实有一种主张，却恐怕自己的人微言轻，不见信用，故往往借用古人的名字。《庄子》所说的“重言”，即是一种借重古人的主张。康有为称这一种为“托古改制”，极有道理。古人言必称尧舜，只因为尧舜年代久远，可以由我们任意把我们理想中的制度一概推到尧舜的时代。即如《黄帝内经》假托黄帝、《周髀算经》假托周公，都是这个道理。韩非说得好：

> 孔子、墨子俱道尧舜，而取舍不同，皆自谓真尧舜。尧舜不复生，将谁使定儒墨之诚乎？（《显学篇》）

正为古人死无对证，故人多可随意托古改制。这是作伪书的第一类。第二，有一种人为了钱财，有意伪作古书。试看汉代求遗书的令和诸王贵族求遗书的竞争心，便知作假书在当时定可发财。这一类造假书的，与造假古董的同一样心理。他们为的是钱，故东拉西扯，篇幅越多，越可多卖钱。故《管子》、《晏子春秋》诸书，篇幅都极长。有时得了真本古书，因为篇幅太短，不能多得钱，故又东拉西扯，增加许多卷数。如《庄子》、《韩非子》都属于此类。但他们的买主，大半是一些假弃内行的收藏家，没有真正的赏鉴本领。故这一类的假书，于书中年代事实，往往不曾考校正确。因此庄子可以见鲁哀公，管子可以说西施。这是第二类的伪书。大概这两类之中，第一类“托古改制”的书，往往有第一流的思想家在内。第二类“托古发财”的书，全是下流人才，思想既不高尚，心思又不精密，故最容易露出马脚来。如《周礼》一书，是一种托古改制的国家组织法。我们虽可断定他不是“周公致太平”之书，却不容易定他是什么时代的人假造的。至于《管子》一类的书，说了作者死后的许多史事，便容易断定了。

审定史料之法

审定史料乃是史学家第一步根本工夫。西洋近百年来史学大进步，大半都由于审定史料的方法更严密了。凡审定史料的真伪，须要有证据，方能使人心服。这种证据大概可分五种（此专指哲学史料）：

（一）史事。书中的史事，是否与作书的人的年代相符。如不相符，即可证那一书或那一篇是假的。如庄子见鲁哀公，便太前了；如管仲说西施，便太后了。这都是作伪之证。

（二）文字。一时代有一时代的文字，不致乱用。作伪书的人，多不懂这个道理，故往往露出作伪的形迹来。如《关尹子》中所用字：“术咒”、“诵咒”、“役神”，“豆中摄鬼、杯中钓鱼、画门可开、土鬼可语”，“婴儿蕊女、金楼绛宫、青蛟白虎、宝鼎红炉”，是道士的话。“石火”、“想”、“识”、“五识并驰”、“尚自不见我，将何为我所”，是佛家的话。这都是作伪之证。

（三）文体。不但文字可作证，文体也可作证。如《管子》那种长篇大论的文体，决不是孔子前一百多年所能作的。后人尽管仿古，古人决不仿今。如《关尹子》中“譬犀望月，月影入角，特因识生，始有月形，而彼真月，初不在角”；又譬如“水中之影，有去有来，所谓水者，实无去来”：这决不是佛经输入以前的文体。不但一个时代有一个时代的文体，一个人也有一个人的文体。如《庄子》中《说剑》、

《让王》、《渔父》、《盗跖》等篇，决不是庄周的文体。《韩非子》中《主道》、《扬榷》（今作《扬权》）等篇和《五蠹》、《显学》等篇，明是两个人的文体。

（四）思想。凡能著书立说成一家言的人，他的思想学说，总有一个系统可寻，决不致有大相矛盾冲突之处。故看一部书里的学说是否能连络贯串，也可帮助证明那书是否真的。最浅近的例，如《韩非子》的第一篇，劝秦王攻韩，第二篇，劝秦王存韩，这是绝对不相容的。司马光不仔细考察，便骂韩非请人灭他自己的祖国，死有余辜，岂不是冤煞韩非了！大凡思想进化有一定的次序，一个时代有一个时代的问题，即有那个时代的思想。如《墨子》里《经上、下》、《经说上、下》、《大取》、《小取》等篇，所讨论的问题，乃是墨翟死后百余年才发生的，决非墨翟时代所能提出。因此可知这六篇书决不是墨子自己做的。不但如此，大凡一种重要的新学说发生以后决不会完全没有影响。若管仲时代已有《管子》书中的法治学说，决不会二三百年中没有法治观念的影响。又如《关尹子》说："即吾心中，可作万物"；又说："风雨雷电，皆缘气而生。而气缘心生，犹如内想大火，久之觉热；内想大水，久之觉寒。"这是极端的万物唯心论。若老子、关尹子时代已有这种唯心论，决无毫不发生影响之理。周秦诸子竟无人受这种学说的影响，可见《关尹子》完全是佛学输入以后的书，决不是周秦的书。这都是用思想来考证古书的方法。

（五）旁证。以上所说四种证据，史事、文字、文体、思想，皆可叫作内证。

因这四种都是从本书里寻出来的。还有一些证据，是从别书里寻出的，故名为旁证。旁证的重要，有时竟与内证等。如西洋哲学史家，考定柏拉图（Plato）的著作，凡是他的弟子亚里士多德（Aristotle）书中所曾称引的书，都定为真是柏拉图的书。又如清代惠栋、阎若璩诸人考证梅氏《古文尚书》之伪，所用方法，几乎全是旁证（看阎若璩

《古文尚书疏证》及惠栋《古文尚书考》)。又如《荀子·正论》篇引宋子曰:“明见侮之不辱,使人不斗。”又曰:“人之情欲寡(欲是动词),而皆以己之情为欲多,是过也。”《尹文子》说:“见侮不辱,见推不矜,禁暴息兵,救世之斗。”《庄子·天下》篇合论宋钘、尹文的学说道:“见侮不辱,救民之斗;禁攻寝兵,救世之战。”又说:“以禁攻寝兵为外,以情欲寡小为内。”又孟子记宋牼(即宋钘)听见秦楚交战,便要去劝他们息兵。以上四条,互相印证,即互为旁证,证明宋钘、尹文实有这种学说。

以上说审定史料方法的大概。

今人谈古代哲学,不但根据《管子》、《列子》、《鬻子》、《晏子春秋》、《鹖冠子》等书,认为史料。甚至于高谈“邃古哲学”、“唐虞哲学”,全不问用何史料。最可怪的是竟有人引《列子·天瑞篇》“有太易,有太初,有太始”一段,及《淮南子》“有始者,有未始有有始者”一段,用作“邃古哲学”的材料,说这都是“古说而诸子述之。吾国哲学思想初萌之时,大抵其说即如此”!(谢无量《中国哲学史》第一编第一章,页六)。这种办法,似乎不合作史的方法。韩非说得好:

> 无参验而必之者,愚也。弗能必而据之者,诬也。故明据先王必定尧舜者,非愚即诬也。(《显学篇》)

参验即是我所说的证据。以现在中国考古学的程度看来,我们对于东周以前的中国古史,只可存一个怀疑的态度。至于“邃古”的哲学,更难凭信了。唐、虞、夏、商的事实,今所根据,止有一部《尚书》。但《尚书》是否可作史料,正难决定。梅赜伪古文,固不用说。即二十八篇之“真古文”,依我看来,也没有信史的价值。如《皋陶谟》的“凤皇来仪”,“百兽率舞”,如《金縢》的“天大雷电以风,禾尽偃,大木斯拔。……王出郊,天乃雨,反风。禾则尽起。二公命邦人，凡大木所偃，尽起而筑之，岁则大孰”，这岂可用作史料？我以为《尚书》或是儒家造出的“托古改制”的书，或是古代歌功颂德的官书。无论如何，没有史料的价值。古代的书，只有一部《诗经》可算得是中国最古的史料。《诗经·小雅》说：

十月之交，朔日辛卯，日有食之。

后来的历学家都推定此次日食在周幽王六年，十月，辛卯朔，日入食限。清朝阎若璩、阮元推算此日食也在幽王六年。近来西洋学者，也说《诗经》所记月日（西历纪元前776年8月29日），中国北部可见日蚀。这不是偶然相合的事，乃是科学上的铁证。《诗经》有此一种铁证，便使《诗经》中所说的国政、民情、风俗、思想，一一都有史料的价值了。至于《易经》更不能用作上古哲学史料。《易经》除去《十翼》，只剩得六十四个卦，六十四条卦辞，三百八十四条爻辞，乃是一部卜筮之书，全无哲学史料可说。故我以为我们现在作哲学史，只可从老子、孔子说起。用《诗经》作当日时势的参考资料。其余一切“无征则不信”的材料，一概阙疑。这个办法，虽比不上别的史家的淹博，或可免“非愚即诬”的讥评了。

整理史料之法

哲学史料既经审定，还须整理。无论古今哲学史料，都有须整理之处。但古代哲学书籍，更不能不加整理的工夫。今说整理史料的方法，约有三端：

（一）校勘。古书经了多少次传写，遭了多少兵火虫鱼之劫，往往有脱误、损坏种种缺点。校勘之学，便是补救这些缺点的方法。这种学问，从古以来，多有人研究，但总不如清朝王念孙、王引之、卢文、孙星衍、顾广圻、俞樾、孙诒让诸人的完密谨严，合科学的方法。孙诒让论诸家校书的方法道：

综论厥善，大氐以旧刊精校为据依，而究其微恉，通其大例，精研博考，不参成见。其正文字讹舛，或求之于本书，或旁证之他籍，及援引之类书，而以声类通转为之键。(《札迻》序)

大抵校书有3种根据：

（1）是旧刊精校的古本。例如《荀子·解蔽篇》，“不以己所臧害所将受。”宋钱佃本，元刻本，明世德堂本，皆作“所已臧”，可据以改正。

（2）是他书或类书所援引。例如《荀子·天论篇》，“修道而不贰”。王念孙校曰：“修当为循。贰当为。字之误也。与忒同。……《群书治要》作循道而不忒。”

（3）是本书通用的义例。例如《墨子·小取篇》：“辟也者，举也物而以明之也。”毕沅删第二“也”字，便无意思。王念孙说：“也与他同。举他物以明此物，谓之譬。……《墨子》书通以也为他。说见《备城门篇》。”这是以本书的通例作根据。又如《小取篇》说：“此与彼同类，世有彼而不自非也。墨者有此而非之，无故也焉。”王引之曰：“无故也焉，当作无也故焉。也故即他故。下文云，此与彼同类，世有彼而不自非也。墨者有此而罪非之，无也故焉。文正与此同。”这是先用本篇构造相同的文句，来证“故也”当作“也故”；又用全书以也为他的通例来证“也故”即“他故”。

（二）训诂。古书年代久远，书中的字义，古今不同。宋儒解书，往往妄用己意，故常失古义。清代的训诂学，所以超过前代，正因为戴震以下的汉学家，注释古书，都有法度，都用客观的佐证，不用主观的猜测。三百年来，周秦两汉的古书所以可读，不单靠校勘的精细，还靠训诂的谨严。今述训诂学的大要，约有三端：

（1）根据古义或用古代的字典（如《尔雅》、《说文》、《广雅》之类），或用古代笺注（如《诗》的毛、郑，如《淮南子》的许、高）作根据，或用古书中相同的字句作印证。今引王念孙《读书杂记余编》

上一条为例：

《老子》五十三章："行于大道，唯施是畏。"王弼曰："唯施为之是畏也。"河上公注略同。念孙按二家以"施为"释施字，非也。施读为迆。迆，邪也。言行于大道之中，唯惧其入于邪道也。……《说文》："迆，衺行也。"引《禹贡》"东迆北会于汇。"《孟子·离娄篇》："施从良人之所之。"赵注，"施者，邪施而行。"丁公著音迆。《淮南·齐俗篇》："去非者，非批邪施也。"高注曰："施微曲也。"《要略篇》，"接径直施。"高注曰："施邪也。"是施与迆通。《史记·贾生传》，"庚子日施兮。"《汉书》施作斜。斜亦邪也。《韩子·解老篇》释此章之义曰："所谓大道也者，端道也。所谓貌施也者，邪道也。"此尤其明证矣。

这一则中引古字典一条，古书类似之例五条，古注四条。这都是根据古义的注书法。

（2）根据文字假借、声类通转的道理。古字通用，全由声音。但古今声韵有异，若不懂音韵变迁的道理，便不能领会古字的意义。自顾炎武、江永、钱大昕、孔广森诸人以来，音韵学大兴。应用于训诂学，收效更大。今举二例。《易·系辞传》："旁行而不流。"又《乾·文言》："旁通情也。"旧注多解旁为边旁。王引之说："旁之言溥也。遍也。《说文》：'旁，溥也'。旁、溥、遍一声之转。《周官》男巫曰：'旁招以茅'，谓遍招于四方也。《月令》曰：'命有司大难、旁磔'，亦谓遍磔于四方也。……《楚语》曰：武丁使以梦象'旁求四方之贤'，谓遍求四方之贤也。"又《书·尧典》"汤汤洪水方割"；《微子》"小民方兴，相为敌仇"；《立政》"方行天下，至于海表"《吕刑》："方告无辜于上"。旧说方字都作四方解。王念孙说："方皆读为旁。旁之言溥也，遍也。《说文》曰：'旁，溥也。'旁与方古字通（《尧典》'共工方鸠僝功'，《史记》引作旁。《皋陶谟》，'方施象刑惟明'，新序引作旁)。《商颂》‘方命厥后’,郑笺曰:‘谓遍告诸侯。’是方为遍也。……‘方告无辜于上’,《论衡·变动篇》引此,方作旁,旁亦遍也。”以上两例说方旁两字皆作溥、遍解。今音读方为轻唇音,旁为重唇音。不知古无轻唇音,故两字同音,相通。与溥字、遍字,皆为同纽之字。这是音韵学帮助训诂学的例。

(3)根据文法的研究。古人讲书最不讲究文法上的构造,往往把助字、介字、连字、状字等都解作名字、代字等等的实字。清朝训诂学家最讲究文法的,是王念孙王引之父子两人。他们的《经传释词》用归纳的方法,比较同类的例句,寻出各字的文法上的作用,可算得《马氏文通》之前的一部文法学要书。这种研究法,在训诂学上别开一新天地。今举一条例如下:

《老子》三十一章:“夫佳兵者不祥之器。”《释文》:“佳、善也。”河上云:“饰也。”念孙案,善饰二训,皆于义未安。……今案佳字当作佳字之误也。隹,古唯字也。唯兵为不祥之器,故有道者不处。上言“夫唯”,下言“故”,文义正相承也。八章云:“夫唯不争,故无尤。”十五章云:“夫唯不可识,故强为之容。”又云:“夫唯不盈。故能蔽不新成。”二十二章云:“夫唯不争,故天下莫能与之争。”皆其证也。古钟鼎文,唯安作隹。石鼓文亦然。

……

以上所述三种根据,乃是训诂学的根本方法。

(三)贯通。上文说整理哲学史料之法,已说两种。校勘是书的本子上的整理,训诂是书的字义上的整理。没有校勘,我们定读误书;没有训诂,我们便不能懂得书的真意义。这两层虽极重要,但是作哲学史还须有第三层整理的方法。这第三层,可叫作“贯通”。贯通便是把每一部书的内容要旨融会贯串,寻出一个脉络条理,演成一家有头绪有条理的学说。宋儒注重贯通,汉学家注重校勘训诂。但是宋儒不明校勘训诂之学（朱子稍知之，而不甚精），故流于空疏，流于臆说。清代的汉学家，最精校勘训诂，但多不肯做贯通的工夫，故流于支离碎琐。校勘训诂的工夫，到了孙诒让的《墨子闲诂》，可谓最完备了（此书尚多缺点，此所云最完备，乃比较之辞耳）。但终不能贯通全书，述墨学的大旨。到章太炎方才于校勘训诂的诸子学之外，别出一种有条理系统的诸子学。太炎的《原道》、《原名》、《明见》、《原墨》、《订孔》、《原法》、《齐物论释》都属于贯通的一类。《原名》、《明见》、《齐物论释》三篇，更为空前的著作。今细看这三篇，所以能如此精到，正因太炎精于佛学，先有佛家的因明学、心理学、纯粹哲学，作为比较印证的材料，故能融会贯通，于墨翟、庄周、惠施、荀卿的学说里面寻出一个条理系统。于此可见整理哲学史料的第三步，必须于校勘训诂之外，还要有比较参考的哲学资料。为什么呢？因为古代哲学去今太远，久成了绝学。当时发生那些学说的特别时势，特别原因，现在都没有了。当时讨论最激烈的问题现在都不成问题了。当时通行的学术名词，现在也都失了原意了。但是别国的哲学史上，有时也曾发生那些问题，也曾用过那些名词，也曾产出大同小异或小同大异的学说。我们有了这种比较参考的材料，往往能互相印证，互相发明。今举一个极显明的例。《墨子》的《经上、下》、《经说上、下》、《大取》、《小取》六篇，从鲁胜以后，几乎无人研究。到了近几十年之中，有些人懂得几何算学了，方才知道那几篇里有几何算学的道理。后来有些人懂得光学力学了，方才知道那几篇里又有光学力学的道理。后来有些人懂得印度的名学心理学了，方才知道这几篇里又有不少知识论的道理。到了今日，这几篇二千年没人过问的书，竟成中国古代的第一部奇书了！我做这部哲学史的最大奢望，在于把各家的哲学融会贯通，要使他们各成有头绪条理的学说。我所用的比较参证的材料，便是西洋的哲学。但是我虽用西洋哲学作参考资料，并不以为中国古代也有某种学说，便可以自夸自喜。做历史的人，千万不可存一毫主观的成见。须知东西的学术思想的互相印证，互相发明，至多不过可以见得人类的官能心理大概相同，故遇着大同小异的境地时势，便会产出大同小异的思想学派。东家所有，西家所无，只因为时势境地不同，西家未必不如东家，东家也不配夸炫于西家。何况东西所同有，谁也不配夸张自豪。故本书的主张，但以为我们若想贯通整理中国哲学史的史料，不可不借用别系的哲学，作一种解释演述的工具。此外别无他种穿凿附会、发扬国光、自己夸耀的心。

史料结论

以上论哲学史料：先论史料为何，次论史料所以必须审定，次论审定的方法，次论整理史料的方法。前后差不多说了一万字。我的理想中，以为要做一部可靠的中国哲学史，必须要用这几条方法。

第一步须搜集史料。

第二步须审定史料的真假。

第三步须把一切不可信的史料全行除去不用。

第四步须把可靠的史料仔细整理一番：先把本子校勘完好，次把字句解释明白，最后又把各家的书贯串领会，使一家一家的学说，都成有条理有统系的哲学。做到这个地位，方才做到“述学”两个字。然后还须把各家的学说，笼统研究一番，依时代的先后看他们传授的渊源，交互的影响，变迁的次序：这便叫作“明变”。然后研究各家学派兴废沿革变迁的原故：这便叫作“求因”。然后用完全中立的眼光，历史的观念，一一寻求各家学说的效果影响，再用这种种影响效果来批评各家学说的价值，这便叫作“评判”。

这是我理想中的《中国哲学史》，我自己深知道当此初次尝试的时代，我这部书定有许多未能做到这个目的和未能谨守这些方法之处。所以，我特地把这些做哲学史的方法详细写出。一来呢，我希望国中学者用这些方法来评判我的书；二来呢，我更希望将来的学者用这些方法来做一部更完备更精确的《中国哲学史》。

哲学与人生

前次承贵会邀我演讲关于佛学的问题，我因为对于佛学没有充分的研究，拿浅薄的学识来演讲这一类的问题，未免不配；所以现在讲“哲学与人生”，希望对于佛学也许可以贡献点参考。不过我所讲的有许多地方和佛家意见不合，佛学会的诸君态度很公开，大约能够容纳我的意见的！讲到“哲学与人生”，我们必先研究它的定义：什么叫哲学？什么叫人生？然后才知道他们的关系。

我们先说人生。这六月来，国内思想界，不是有玄学与科学的笔战么？国内思想界的老将吴稚晖先生，就在《太平洋杂志》上发表一篇《一个新信仰的宇宙观及人生观》。其中下了一个人生定义。他说：“人是哺乳动物中的有二手二足用脑的动物。”人生即是这种动物所演的戏剧，这种动物在演时，就有人生；停演时就没人生。所谓人生观，就是演时对于所演之态度，譬如：有的喜唱花面，有的喜唱老生，有的喜唱小生，有的喜摇旗呐喊；凡此种种两脚两手在演戏的态度，就是人生观。不过单是登台演剧，红进绿出，有何意义？想到这层，就发生哲学问题。哲学的定义，我们常在各种哲学书籍上见到；不过我们尚有再找一个定义的必要。我在《中国哲学史大纲》上卷上所下的哲学定义说：“哲学是研究人生切要的问题，从根本上着想，去找根本的解决。”但是根本两字意义欠明，现在略加修改，重新下了一个定义说：“哲学是研究人生切要的问题，从意义上着想，去找一个比较可普遍适用的意义。”现在举两个例来说明它：要晓得哲学的起点是由于人生切要的问题，哲学的结果，是对于人生的适用。人生离开了哲学，是无意义的人生；哲学离了人生，是想入非非的哲学。现在哲学家多凭空臆说，离得人生问题太远，真是上穷碧落，愈闹愈糟！

现在且说第一个例：二千五百年前在喜马拉雅山南部有一个小国——迦叶里，街上倒卧着一个病势垂危的老丐，当时有一个王太子经过，在别人看到，将这老丐赶开，或是毫不经意的走过去了；但是那王太子是赋有哲学的天才的人，他就想人为什么逃不出老、病、死这三个大关头，因此他就弃了他的太子爵位、妻孥、便嬖、皇宫、财货，遁迹入山，去静想人生的意义。后来忽然在树下想到一个解决，就是将人生一切问题拿主观去看，假定一切多是空的，那末，老、病、死，就不成问题了。这种哲学的合理与否，姑不具论，但是那太子的确是研究人生切要的问题，从意义上着想去找他以为比较普遍适用的意义。

我们再举一个例：譬如我们睡到夜半醒来，听见贼来偷东西，我那就将他捉住，送县究办。假如我们没有哲性，就这么了事，再想不到“人为什么要作贼”等等的问题；或者那贼竟然苦苦哀求起来，说他所以作贼的原故，因为母老、妻病、子女待哺，无处谋生，迫于不得已而为之，假如没关哲性的人，对丁这种叮求，也不见有甚良心上的反动。至于富于哲性的人就要问了，为什么不得已而为之？天下不得已而为之的事有多少？为什么社会没得给他做工？为什么子女这样多？为什么老病死？这种偷窃的行为，是由于社会的驱策，还是由于个人的堕落？为什么不给穷人偷？为什么他没有我有？他没有我有是否应该？拿这种问题，逐一推思下去，就成为哲学。由此看来，哲学是由小事放大，从意义着想而得来的，并非空说高谈能够了解的。推论到宗教哲学、政治哲学、社会哲学等，也无非多从活的人生问题推衍阐明出来的。

我们既晓得什么叫人生，什么叫哲学，而且略会看到两者的关系，现在再去看意义在人生上占的什么地位？现在一般的人饱食终日，无所用心。思想差不多是社会的奢侈品。他们看人生种种事实，和乡下人到城里来看见五光十色的电灯一样。只看到事实的表面，而不了解事实的意义。因为不能了解意义的原故，所以连事实也不能了解了。这样说来，人生对于意义，极有需要，不知道意义，人生是不能了解的。宋朝朱子这班人，终日对物格物，终于找不到着落，就是不从意义上着想的原故。又如平常人看见病人种种病象，他单看见那些事实而不知道那些事实的意义，所以莫明其妙。至于这些病象一到医生眼里，就能对症下药；因为医生不单看病象，还要晓得病象的意义的原故。因此，了解人生不单靠事实，还要知道意义！

那末，意义又从何来呢？有人说：意义有两种来源，一种是从积累得来，是愚人取得意义的方法；一种是由直觉得来，是大智取得意义的方法。积累的方法，是走笨路；用直觉的方法是走捷径。据我看来，欲求意义唯一的方法，只有走笨路，就是日积月累的去做刻苦的工夫，直觉不过是熟能生巧的结果，所以直觉是积累最后的境界，而不是豁然贯通的。大发明家爱迪生有一次演说，他说，天才百分之九十九是汗，百分之一是神，可见得天才是下了番苦功才能得来，不出汗决不会出神的。所以有人应付环境觉得难，有人觉得易，就是日积日累的意义多寡而已。哲学家并不是什么，只是对于人生所得的意义多点罢了。

欲得人生的意义，自然要研究哲学史，去参考已往死的哲理。不过还有比较更重的，是注意现在的活的人生问题，这就是做人应有的态度。现在我举两个可模范的大哲学家来做我的结论，这两大哲学家一个是古代的苏格拉底，一个是现代的笛卡尔。

苏格拉底是希腊的穷人，他觉得人生醉生梦死，毫无意义，因此到公共市场，见人就盘问，想借此得到人生的解决。有一次，他碰到一个人去打官司，他就问他，为什么要打官司？那人答道，为公理。他复问道，什么叫公理？那人便瞠目结舌不能作答。苏氏笑道：我知道我不知你，却不知道你不知呵！后来又有一个人告他的父亲不信国教，他又去盘问，那人又被问住了。因此希腊人多恨他，告他两大罪，说他不信国教，带坏少年，政府就判他的死刑。他走出来的时候，对告他的人说："未经考察过的生活，是不值得活的。你们走你们的路，我走我的路罢!"后来他就从容就刑，为找寻人生的意义而牺牲他的生命!

笛卡尔旅行的结果，觉到在此国以为神圣的事，在他国却视为下贱；在此国以为大逆不道的事，在别国却奉为天经地义，因此他觉悟到贵贱善恶是因时因地而不同的。他以为从前积下来的许多观念知识是不可靠的，因为他们多是趁他思想幼稚的时候侵入来的。如若欲过理性的生活，必得将从前积得的知识，一件一件用怀疑的态度去评估他们的价值，重新建设一个理性的是非。这怀疑的态度，就是他对于人生与哲学的贡献。

现在诸君研究佛学，也应当用怀疑的态度去找出它的意义，是否真正比较得普遍适用？诸君不要怕，真有价值的东西，决不为怀疑所毁；而能被怀疑所毁的东西，决不会真有价值。我希望诸君实行笛卡尔的怀疑态度，牢记苏格拉底所说的"未经考察过的生活，是不值得活的"这句话。那末，诸君对于明阐哲学，了解人生，不觉其难了。

介绍我自己的思想

我在这十年之中，出版了三集《胡适文存》，约计有一百四五十万字。我希望少年学生能读我的书，故用报纸印刷，要使定价不贵。但现在三集的书价已在七元以上，贫寒的中学生已无力全买了。字数近百五十万，也不是中学生能全读的了。

所以我现在从这三集里选出了二十二篇论文，印作一册，预备给国内的少年朋友们作一种课外读物。如有学校教师愿意选我的文字作课本的，我也希望他们用这个选本。

我选的这二十二篇文字，可以分作五组。

第一组六篇，泛论思想的方法。

第二组三篇，论人生观。

第三组三篇，论中西文化。

第四组六篇，代表我对于中国文学的见解。

第五组四篇，代表我对于整理国故问题的态度与方法。

为读者的便利起见，我现在给每一组作一个简短的提要，使我的少年朋友们容易明白我的思想的路径。

一

第一组收的文字是：

《演化论与存疑主义》

《杜威先生与中国》

《杜威论思想》

《问题与主义》

《新生活》

《新思潮的意义》

我的思想受两个人的影响最大：一个是赫胥黎，一个是杜威先生。赫胥黎教我怎样怀疑，教我不信任一切没有充分证据的东西。杜威先生教我怎样思想，教我处处顾到当前的问题，教我把一切学说理想都看作待证的假设，教我处处顾到思想的结果。这两个人使我明了科学方法的性质与功用，故我选前三篇介绍这两位大师给我的少年朋友们。

从前陈独秀先生曾说实验主义和辩证法的唯物史观是近代两个最重要的思想方法，他希望这两种方法能合作一条联合战线。这个希望是错误的。辩证法出于海格尔的哲学，是生物进化论成立以前的玄学方法。实验主义是生物进化论出世以后的科学方法。这两种方法所以根本不相容，只是因为中间隔了一层达尔文主义。达尔文的生物演化学说给了我们一个大教训：就是教我们明了生物进化，无论是自然的演变，或是人为的选择，都由于一点一滴的变异，所以是一种很复杂的现象，决没有一个简单的目的地可以一步跳到，更不会有一步跳到之后可以一成不变。辩证法的哲学本来也是生物学发达以前的一种进化理论；依他本身的理论，这个一正一反相毁相成的阶段应该永远不断的呈现。但狭义的共产主义者却似乎忘了这个原则，所以武断的虚悬一个共产共有的理想境界，以为可以用阶级斗争的方法一蹴即到，既到之后又可以用一阶级专政方法把持不变。这样的化复杂为简单，这样的根本否定演变的继续便是十足的达尔文以前的武断思想，比那顽固的海格尔更顽固了。

实验主义从达尔文主义出发，故只能承认一点一滴的不断的改进是真实可靠的进化。我在《问题与主义》和《新思潮的意义》两篇里，只发挥这个根本观念。我认定民国六年以后的新文化运动的目的是再造中国文明，而再造文明的途径全靠研究一个个的具体问题。我说：

文明不是笼统造成的，是一点一滴的造成的。进化不是一晚上笼统进化的，是一点一滴的进化的。现今的人爱谈“解放”与“改造”，须知解放不是笼统解放，改造也不是笼统改造。解放是这个那个制度的解放，这种那种思想的解放，这个那个人的解放：都是一点一滴的解放。改造是这个那个制度的改造，这种那种思想的改造，这个那个人的改造：都是一点一滴的改造。

再造文明的下手工夫是这个那个问题的研究。再造文明的进行是这个那个问题的解决。（页六八）

我这个主张在当时最不能得各方面的了解。当时（民国八年）承“五四”“六三”之后，国内正倾向于谈主义，我预料到这个趋势的危险，故发表《多研究些问题，少谈些主义》的警告。我说：

凡是有价值的思想，都是从这个那个具体的问题下手的。先研究了问题的种种方面的种种事实，看看究竟病在何处，这是思想的第一步工夫。然后根据于一生的经验学问，提出种种解决的方法，提出种种医病的丹方，这是思想的第二步工夫。然后用一生的经验学问，加上想象的能力，推思每一种假定的解决法应该可以有什么样的效果，更推想这种效果是否真能解决眼前这个困难问题。推想的结果，拣定一种假定的（最满意的）解决，认为我的主张，这是思想的第三步工夫。凡是有价值的主张，都是先经过这三步工夫来的。（页三六）

我又说：

一切主义，一切学理，都该研究。但只可认作一些假设的（待证的）见解，不可认作天经地义的信条；只可认作参考印证的材料，不可奉为金科玉律的宗教；只可用作启发心思的工具，切不可用作蒙蔽聪明，停止思想的绝对真理。如此方才可以渐渐养成人类的创造的思想力，方才可以渐渐使人类有解决具体问题的能力，方才可以渐渐解放人类对于抽象名词的迷信。（页五〇）

这些话是民国八年七月写的。于今已隔了十几年，当日和我讨论的朋友，一个已被杀死了，一个也颓唐了，但这些话字字句句都还可以应用到今日思想界的现状。十几年前我所预料的种种危险——“目的热”而“方法盲”，迷信抽象名词，把主义用作蒙蔽聪明停止思想的绝对真理——一都显现在眼前了。所以我十分诚恳的把这些老话贡献给我的少年朋友们，希望他们不可再走错了思想的路子。

《新生活》一篇，本是为一个通俗周报写的；十几年来，这篇短文走进了中小学的教科书里，读过的人应该在一千万以上了。但我盼望读过此文的朋友们把这篇短文放在同组的五篇里重新读一遍。赫胥黎教人记得一句“拿证据来！”我现在教人记得一句“为什么？”少年的朋友们，请仔细想想：你进学校是为什么？你进一个政党是为什么？你努力做革命工作是为什么？革命是为了什么而革命？政府是为了什么而存在？

请大家记得：人同畜生的分别，就在这个“为什么”上。

二

第二组的文字只有三篇：

《〈科学与人生观〉序》

《不朽》

《易卜生主义》

这三篇代表我的人生观，代表我的宗教。

《易卜生主义》一篇写的最早，最初的英文稿是民国三年在康奈尔大学哲学会宣读的，中文稿是民国七年写的，易卜生最可代表十九世纪欧洲的个人主义的精华，故我这篇文章只写得一种健全的个人主义的人生观。这篇文章在民国七八年间所以能有最大的兴奋作用和解放作用，也正是因为它所提倡的个人主义在当日确是最新鲜又最需要的一针注射。

娜拉抛弃了家庭丈夫儿女，飘然而去，只因为她觉悟了她自己也是一个人，只因为她感觉到她“无论如何，务必努力做一个人”。这便是易卜生主义，易卜生说：

> 我所最期望于你的是一种真实纯粹的为我主义，要使你有时觉得天下只有关于你的事最要紧，其余的都算不得什么。……你要想有益于社会，最好的法子莫如把你自己这块材料铸造成器。……有的时候我真觉得全世界都像海上撞沉了船，最要紧的还是救出自己。（页一三〇）

这便是最健全的个人主义。救出自己的唯一法子便是把你自己这块材料铸造成器。

把自己铸造成器，方才可以希望有益于社会。真实的为我，便是最有益的为人。把自己铸造成了自由独立的人格，你自然会不知足，不满意于现状，敢说老实话，敢攻击社会上的腐败情形，做一个“贫贱不能移，富贵不能淫，威武不能屈”的斯铎曼医生。斯铎曼医生为了说老实话，为了揭穿本地社会的黑幕，遂被全社会的人喊作“国民公敌”。但他不肯避“国民公敌”的恶名，他还要说老实话，他大胆的宣言：

世上最强有力的人就是那最孤立的人！

这也是健全的个人主义的真精神。

这个个人主义的人生观一面教我们学娜拉，要努力把自己铸造成个人；一面教我们学斯铎曼医生，要特立独行，敢说老实话，敢向恶势力作战。少年的朋友们，不要笑这是十九世纪维多利亚时代的陈腐思想！我们去维多利亚时代还老远哩。欧洲有了十八九世纪的个人主义！造出了无数爱自由过于面包，爱真理过于生命的特立独行之士，方才有今日的文明世界。

现在有人对你们说：“牺牲你们个人的自由，去求国家的自由！”我对你们说：“争你们个人的自由，便是为国家争自由！争你们自己的人格，便是为国家争人格！自由平等的国家不是一群奴才建造得起来的！”

《〈科学与人生观〉序》一篇略述民国十二年的中国思想界里的一场大论战的背景和内容。（我盼望读者能参读《文存三集》里《几个反理学的思想家》的吴敬恒一篇，页一五一～一八六）。在此序的末段，我提出我所谓“自然主义的人生观”（页九二～九五）。这不过是一个轮廓，我希望少年的朋友们不要仅仅接受这个轮廓，我希望他们能把这十条都拿到科学教室和实验室里去细细证实或否证。

这十条的最后一条是：

根据于生物学及社会学的知识，叫人知道个人——“小我”——是要死灭的，而人类——“大我”——是不死的，不朽的；叫人知道

“为全种万世而生活”就是宗教；就是最高的宗教，而那些替个人谋死后的天堂净土的宗教乃是自私自利的宗教。

这个意思在这里说得太简单了，读者容易起误解。所以我把《不朽》一篇收在后面，专说明这一点。

我不信灵魂不朽之说，也不信天堂地狱之说，故我说这个小我是会死灭的。死灭是一切生物的普遍现象，不足怕，也不足惜。但个人自有他的不死不灭的部分：他的一切作为，一切功德罪恶，一切语言行事，无论大小，无论善恶，无论是非，都在那大我上留下不能磨灭的结果和影响。他吐一口痰在地上，也许可以毁灭一村一族。他起一个念头，也许可以引起几十年的血战。他也许“一言可以兴邦，一言可以丧邦”。善亦不朽，恶亦不朽；功盖万世固然不朽，种一担谷子也可以不朽，喝一杯酒，吐一口痰也可以不朽。古人说：“一出言而不敢忘父母，一举足而不敢忘父母。”我们应该说：“说一句话而不敢忘这句话的社会影响，走一步路而不敢忘这步路的社会影响。”这才是对于大我负责任。能如此做，便是道德，便是宗教。

这样说法，并不是推崇社会而抹煞个人。这正是极力抬高个人的重要。个人虽渺小，而他的一言一动都在社会上留下不朽的痕迹，芳不止流百世，臭也不止遗万年，这不是绝对承认个人的重要吗？成功不必在我，也许在我千百年后，但没有我也决不能成功。毒害不必在眼前，“我躬不阅，遑恤我后！”后而我岂能不负这毒害的责任？今日的世界便是我们的祖宗积的德，造的孽。未来的世界全看我们自己积什么德或造什么孽。世界的关键全在我们手里，真如古人说的“任重而道远”，我们岂可错过这绝好的机会，放下这绝重大的担子？

有人对你说，“人生如梦”。就算是一场梦罢，可是你只有这一个做梦的机会，岂可不振作一番，做一个痛痛快快轰轰烈烈的梦？

有人对你说，“人生如戏”。就说是做戏罢，可是，吴稚晖先生说的好，“这唱的是义务戏，自己要好看才唱的；谁便无端的自己扮做跑龙套，辛苦的出台，止算做没有呢？”

其实人生不是梦，也不是戏，是一件最严重的事实。你种谷子，便有人充饥；你种树，便有人砍柴，便有人乘凉；你拆烂污，便有人遭瘟；你放野火，便有人烧死。你种瓜便得瓜，种豆便得豆，种荆棘便得荆棘。少年的朋友们，你爱种什么？你能种什么？

三

第三组的文字，也只有三篇：

《我们对于西洋近代文明的态度》

《漫游的感想》

《请大家来照照镜子》

在这三篇里，我很不客气的指摘我们的东方文明，很热烈的颂扬西洋的近代文明。

人们常说东方文明是精神的文明，西方文明是物质的文明，或唯物的文明。这是有夸大狂的妄人捏造出来的谣言，用来遮掩我们的羞脸的。其实一切文明都有物质和精神的两部分：材料都是物质的，而运用材料的心思才智都是精神的。木头是物质；而刳木为舟，构木为屋，都靠人的智力，那便是精神的部分。器物越完备复杂，精神的因子越多。一只蒸汽锅炉，一辆摩托车，一部有声电影机器，其中所含的精神因子比我们老祖宗的瓦罐、大车、毛笔多的多了。我们不能坐在舢板船上自夸精神文明，而嘲笑五万吨大汽船是物质文明。

但物质是倔强的东西，你不征服他，他便是征服你。东方人在过去的时代，也曾制造器物，做出一点利用厚生的文明。但后世的懒惰子孙得过且过，不肯用手用脑去和物质抗争，并且编出“不以人易天”的懒人哲学，于是不久便被物质战胜了。天旱了，只会求雨；河决了，只会拜金龙大王；风浪大了，只会祷告观音菩萨或天后娘娘。荒年了，只好逃荒去；瘟疫来了，只好闭门等死；病上身了，只好求神许愿。

树砍完了，只好烧茅草；山都精光了，只好对着叹气。这样又愚又懒的民族，不能征服物质，便完全被压死在物质环境之下，成了一分像人九分像鬼的不长进民族。所以我说：

这样受物质环境的拘束与支配，不能跳出来，不能运用人的心思智力来改造环境改良现状的文明，是懒惰不长进的民族的文明，是真正唯物的文明。（页一五四）

反过来看看西洋的文明，

这样充分运用人的聪明智慧来寻求真理以解放人的心灵，来制服天行以供人用，来改造物质的环境，来改革社会政治的制度，来谋人类最大多数的最大幸福——这样的文明是精神的文明。（页一五五）

这是我的东西文化论的大旨。

少年的朋友们，现在有一些妄人要煽动你们的夸大狂，天天要你们相信中国的旧文化比任何国高，中国的旧道德比任何国好。还有一些不曾出国门的愚人鼓起喉咙对你们喊道："往东走！往东走！西方的这一套把戏是行不通的了！"

我要对你们说：不要上他们的当！不要拿耳朵当眼睛！睁开眼睛看看自己，再看看世界。我们如果还想把这个国家整顿起来，如果还希望这个民族在世界上占一个地位——只有一条生路，就是我们自己要认错。我们必须承认我们自己百事不如人，不但物质机械上不如人，不但政治制度不如人，并且道德不如人，知识不如人，文学不如人，音乐不如人，艺术不如人，身体不如人。

肯认错了，方才肯死心塌地的去学人家。不要怕模仿，因为模仿是创造的必要预备工夫。不要怕丧失我们自己的民族文化，因为绝大多数人的惰性已尽够保守那旧文化了，用不着你们少年人去担心。你们的职务在进取，不在保守。

请大家认清我们当前的紧急问题。我们的问题是救国，救这衰病的民族，救这半死的文化。在这件大工作的历程里，无论什么文化，凡可以使我们起死回生，返老还童的，都可以充分采用，都应该充分收受。我们救国建国，正如大匠建屋，只求材料可以应用，不管他来自何方。

四

第四组的文字有六篇：

《建设的文学革命论》

《〈尝试集〉自序》

《文学进化观念》

《国语的进化》

《文学革命运动》

《〈词选〉自序》

这里有一部分是叙述文学革命运动的经过的，有一部分是我自己对于文学的见解。

我在这十几年的中国文学革命运动上，如果有一点点贡献，我的贡献只在：

（1）我指出了“用白话作新文学”的一条路子。（页一九四～二〇三；页二三八～二四〇；页二七七～二八三）（2）我供给了一种根据于历史事实的中国文学演变论，使人明了国语是古文的进化，使人明了白话文学在中国文学史上占什么地位。（页二四二～二八四；页三〇四～三〇九）（3）我发起了白话新诗的尝试。（页二一七～二四一）

这些文字都可以表出我的文学革命论也只是进化论和实验主义的一种实际应用。

五

第五组的文字有四篇：

《古史讨论的读后感》

《〈红楼梦〉考证》

《治学的方法与材料》

这都是关于整理国故的文字。

《季刊宣言》是一篇整理国故的方法总论，有三个要点：

第一，用历史的眼光来扩大研究的范围。

第二，用系统的整理来部勒研究的资料。

第三，用比较的研究来帮助材料的整理与解释。

这一篇是一种概论，故未免觉的太悬空一点。以下的两篇便是两个具体的例子，都可以说明历史考证的方法。

《古史讨论》一篇，在我的《文存》里要算是最精采的方法论。这里面讨论了两个基本方法：一个是用历史演变的眼光来追求传说的演变，一个是用严格的考据方法来评判史料。

顾颉刚先生在他的《古史辨》的自序里曾说他从我的《〈水浒传〉考证》和《井田辨》等文字里得着历史方法的暗示。这个方法便是用历史演化的眼光来追求每一个传说演变的历程。我考证《水浒》的故事，包公的传说，狸猫换太子的故事，井田的制度，都用这个方法。顾先生用这方法来研究中国古史，曾有很好的成绩。顾先生说的最好："我们看史迹的整理还轻而看传说的经历却重。凡是一件史事，应看他最先是怎样，以后逐步逐步的变迁是怎样。"其实对于纸上的古史迹，追求其演变的步骤，便是整理他了。

在这篇文字里，我又略述考证的方法，我说：

我们对于"证据"的态度是：一切史料都是证据。但史家要问：

（1）这种证据是在什么地方寻出的？

（2）什么时候寻出的？

（3）什么人寻出的？

（4）依地方和时候上看起来，这个人有做证人的资格吗？

（5）这个人虽有证人资格，而他说这句话时有作伪（无心的，或有

意的）的可能吗？（页三四八～三四九）

《〈红楼梦〉考证》诸篇只是考证方法的一个实例。我说：

我觉得我们做《红楼梦》的考证，只能在“著者”和“本子”两个问题上着手；只能运用我们力所能搜集的材料，参考互证，然后抽出一些比较的最近情理的结论。这是考证学的方法。我在这篇文章里，处处想撇开一切先人的成见，处处存一个搜求证据的目的，处处尊重证据，让证据做向导，引我到相当的结论上去。（页四一一～四一二）

这不过是赫胥黎、杜威的思想方法的实际应用。我的几十万字的小说考证，都只是用一些“深切而著明”的实例来教人怎样思想。

试举曹雪芹的年代一个问题作个实例。民国十年，我收得了一些证据，得着这些结论：

我们可以断定曹雪芹死于乾隆三十年左右（约西历 1765）。……我们可以猜想雪芹大约生于康熙末叶，（约 1715～1720）当他死时，约五十岁左右。（页三八三）

民国十一年五月，我得着了《四松堂集》的原本见敦诚挽曹雪芹的诗题下注“甲申”二字，又诗中有“四十年华”的话，故修正我的结论如下：

曹雪芹死在乾隆二十九年甲申（1764）……他死时只有“四十年华”，我们可以断定他的年纪不能在四十五岁以上。假定他死时年四十五岁，他的生时当康熙五十八年（1719）。（页四二〇）

但到了民国十六年，我又得了脂砚斋评本《石头记》，其中有“壬午除夕，书未成，芹为泪尽而逝”的话。壬午为乾隆二十七年，除夕当西历 1763 年 2 月 12 日，和我七年前的断定“乾隆三十年左右，约西历 1765”只差一年多。又假定他活了四十五岁，他的生年大概在康熙五十六年（1717），这也和我七年前的猜测正相符合。（页四三三）

考证两个年代，经过七年的时间，方才得着证实。证实是思想方法的最后又最重要的一步。不曾证实的理论，只可算是假设；证实之后，才是定论，才是真理。我在别处（《文存三集》，页二七三）说过：

我为什么要考证《红楼梦》?

在消极方面，我要教人怀疑王梦阮、徐柳泉一班人的谬说。

在积极方面，我要教人一个思想学问的方法。我要教人疑而后信，考而后信，有充分证据而后信。

我为什么要替《水浒传》作五万字的考证？我为什么要替庐山一个塔作四千字的考证?

我要教人知道学问是平等的，思想是一贯的。……肯疑问“佛陀耶舍究竟到过庐山没有”的人，方才肯疑问“夏禹是神是人”。有了不肯放过一个塔的真伪的思想习惯，方才敢疑上帝的有无。

少年的朋友们，莫把这些小说考证看作我教你们读小说的文字。这些都只是思想学问的方法的一些例子。在这些文字里，我要读者学得一点科学精神，一点科学态度，一点科学方法。科学精神在于寻求事实，寻求真理。科学态度在于撇开成见，搁起感情，只认得事实，只跟着证据走。科学方法只是“大胆的假设，小心的求证”十个字。没有证据，只可悬而不断，证据不够，只可假设，不可武断；必须等到证实之后，方才奉为定论。

少年的朋友们，用这个方法来做学问，可以无大差失，用这种态度来做人处事，可以不至于被人蒙着眼睛牵着鼻子走。

从前禅宗和尚曾说：“菩提达摩东来，只要寻一个不受人惑的人。”我这里千言万语，也只是要教人一个不受人惑的方法。被孔丘、朱熹牵着鼻子走，固然不算高明；被马克思、列宁、斯大林牵着鼻子走，也算不得好汉。我自己决不想牵着谁的鼻子走。我只希望尽我的微薄的能力，教我的少年朋友们学一点防身的本领，努力做一个不受人惑的人。

抱着无限的爱和无限的希望，我很诚挚的把这一本小书贡献给全国的少年朋友！

杜威先生与中国

杜威先生今天离开北京，起程归国了。杜威先生于民国八年五月一日——“五四”的前三天——到上海，在中国共住了两年零两月。中国的地方他到过并且讲演过的，有奉天、直隶、山西、山东、江苏、江西、湖北、湖南、浙江、福建、广东十一省。他在北京的五种长期讲演录已经过第十版了，其余各种小讲演录——如山西的，南京的，北京学术讲演会的——几乎数也数不清楚了！我们可以说，自从中国与西洋文化接触以来，没有一个外国学者在中国思想界的影响有杜威先生这样大的。

我们还可以说，在最近的将来几十年中，也未必有别个西洋学者在中国的影响可以比杜威先生还大的。这句预言初听了似乎太武断了。但是我们可以举两个理由：

第一，杜威先生最注重的是教育的革新，他在中国的讲演也要算教育的讲演为最多。当这个教育破产的时代，他的学说自然没有实行的机会。但他的种子确已散布不少了。将来各地的“试验学校”渐渐的发生，杜威的教育学说有了试验的机会，那才是杜威哲学开花结子的时候呢！现在的杜威，还只是一个盛名；十年二十年后的杜威，变成了无数杜威式的试验学校，直接或间接影响全中国的教育，那种影响不应该比现在更大千百倍吗？

第二，杜威先生不曾给我们一些关于特别问题的特别主张——如共产主义、无政府主义、自由恋爱之类——他只给了我们一个哲学方法，使我们用这个方法去解决我们自己的特别问题。他的哲学方法，总名叫作“实验主义”；分开来可作两步说：

（一）历史的方法——“祖孙的方法”。他从来不把一个制度或学说，看作一个孤立的东西，总被他看作一个中段；一头是他所以发生的原因，一头是他自己发生的效果；上头有他的祖父，下头有他的孙子。捉住了这两头，他再也逃不出去了！这个方法的应用，一方面是很忠厚宽恕的，因为他处处指出一个制度或学说所以发生的原因，指出他历史的背景，故能了解他在历史上的地位和价值，故不致有过分的苛责。一方面，这个方法又是很严厉的，最带有革命性质的。因为他处处拿一个学说或制度发生的结果，来评判他本身的价值，故最公平，又最利害。这种方法，是一切带有评判（Critical）精神的运动的一个武器。

（二）实验的方法。实验的方法，至少注重3件事：(1) 从具体的事实与境地下手；(2) 一切学说理想，一切知识，都只是待证的假设，并非天经地义；(3) 一切学说与理想，都须用实行来试验过。实验是真理的唯一试金石。第一件——注意具体的境地——使我们免去许多无谓的问题，省去许多无意识的争论。第二件——一切学理都看作假设——可以解放许多“古人的奴隶”。第三件——实验——可以稍稍限制那上天下地的妄想冥想。实验主义只承认那一点一滴做到的进步，步步有智慧的指导，步步有自动的实验——才是真进化。

特别主张的应用是有限的，方法的应用是无穷的。杜威先生虽去了，他的方法将来一定会得更多的信徒。国内敬爱杜威先生的人若都能注意于推行他所提倡的这两种方法，使历史的观念与实验的态度渐渐的变成思想界的风尚与习惯，那时候，这种哲学的影响之大，恐怕我们最大胆的想象力也还推测不完呢。

因为这两种理由，我敢预定，杜威先生虽去，他的影响仍旧永永存在，将来还要开更灿烂的花，结更丰盛的果。

杜威先生真爱中国，真爱中国人；他这两年之中，对我们中国人，他是我们的良师好友；对于国外，他还替我们做了两年的译人与辩护士。他在《新共和国》（The New Republic）和《亚细亚》（Asia）两个杂志上发表的几十篇文章，都是用最忠实的态度对于世界为我们做解释的。因为他的人格高尚，故世界的人对于他的评判几乎没有异议。（除了朴兰德 Bland 一流的妄人！）杜威这两年来对中国尽的这种义务，真应该受我们很诚恳的感谢。

我们对于杜威先生一家的归国，都感觉很深挚的别意。我们祝他们海上平安！

第二章

哲学研究与方法论

逻辑与哲学

哲学是受它的方法制约的，也就是说，哲学的发展是决定于逻辑方法的发展的。这在东方和西方的哲学史中都可以找到大量的例证。欧洲大陆和英格兰的近代哲学就是以《方法论》和《新工具》开始的。而中国的近代哲学史则提供了更多有教益的事例。

宋代（960～1279）的哲学家，特别是程颢（1032～1085）和他的弟弟程颐（1033～1108）要振兴孔子的哲学，曾发现一篇篇幅不多的名叫《大学》的小书（是上千年留下来的《礼记》这本集子里四十多篇中的一篇，约有一千七百五十字，作者不明）。他们把它从《礼记》中抽出来，后来便成为儒家经典《四书》中的一部。这桩有趣的事情的产生，在于这些哲学家是很着意于找寻方法论。他们在这小书中找到了那提供他们认为可行的逻辑方法的儒家唯一著作。这本书的主旨摘录如下：

物格而后知至，知至而后意诚，意诚而后心正，心正而后身修，身修而后家齐，家齐而后国治，国治而后天下平。

这段叙述由开头三句组成最重要部分。宋学以程氏兄弟及朱熹（1129～1200）为主要代表，主张物必有理，格物在于寻求特殊事物中的理。（《大学》）“所谓致知在格物者，言欲致吾之知，在即物而穷其理也。盖人心之灵，莫不有知，而天下之物，莫不有理。惟于理有未穷，故其知有不尽也。是以大学始教，必使学者即凡天下之物，莫不因其已知之理而益穷之，以求至乎其极。至于用力之久，而一旦豁然贯通焉，则众物之表里精粗无不到，而吾心之全体大用无不明矣。”

以积蓄学问开始引导至豁然贯通的最后阶段的方法，在明代（1368～1644）王阳明（1472～1529）加以反对之前，一直是新儒学的逻辑方法。王阳明说：“初年与钱友同论做圣贤要格天下之物，如今安得这等大的力量。因指亭前竹子令去格看。钱子早夜去穷格竹子的道理，竭其心思至于三日，便致劳神成疾。当初说他这是精力不足。某因自去穷格，早夜不得其理，到七日，亦以劳思致疾，遂相与叹：‘圣贤是做不得的，无他大力量去格物了。’”

因此，王阳明反对宋学的方法，创立他所认为是《大学》本义的新学。他的新学认为“天下之物本无可格者，其格物之功只在身心上做。”离开心，即无所谓理，也无所谓物。“身之主宰便是心，心之所发便是意，意之本体便是知，意之所在便是物。如意在于事亲，即事亲便是一物。”这样，王阳明认为“格物”中的“格”字，并不是宋儒所主张的“穷究”，而是“正”的意思，有如孟子所说的“大人格君心”的“格”。所以，“格物”并不是指研究事物，而是“去心之不正，以全其本体之正”。简单地说，就是心之“良知”，“知是心之本体，心自然会知……用致知格物之功胜私复理，即心之良知更无障碍，得以充塞流行便是致其知，知致则意诚”。

总之，中国近代哲学的全部历史，从十一世纪到现在，都集中在这作者不明的一千七百五十字的小书的解释上。确实可以这样说，宋学与明学之间的全部争论，就是关于“格物”两字应作“穷究事物”或“正心致良知”的解释问题的争论。

我回顾九百年来的中国哲学史，不能不深感哲学的发展受到逻辑方法的制约影响。最重要的事实是在这长期的争论中，哲学家在找寻方法中已发现了提供某种方法或看来是某种方法（而没有论及其细致用法）的轮廓的一篇短文，这就使得哲学家们能对他们所能设想的任何程序作出解释。

很明显，程氏兄弟及朱熹给“格物”一语的解释十分接近归纳方法：即从寻求事物的理开始，旨在借着综合而得最后的启迪。但这是没有对程序作出详细规定的归纳方法。上面说到的王阳明企图穷究竹子之理的故事，就是表明缺乏必要的归纳程序的归纳方法而终归无效的极好例证。这种空虚无效迫使王阳明凭借良知的理论，把心看作与天理同样广大，从而避免了吃力不讨好的探究天下事物之理。

但是宋、明哲学家也有一点是一致的。朱熹和王阳明都同意把“物”作“事”解释。这一个字的人文主义的解释，决定了近代中国哲学的全部性质与范围。它把哲学限制于人的“事务”和关系的领域。王阳明主张“格物”只能在身心上做。即使宋学探求事事物物之理，也只是研究“诚意”以“正心”。他们对自然客体的研究提不出科学的方法，也把自己局限于伦理与政治哲学的问题之中。因此，在近代中国哲学的这两个伟大时期中，都没有对科学的发展作出任何贡献。可能还有许多其他原因足以说明中国之所以缺乏科学研究，但可以毫不夸张地说，哲学方法的性质是其中最重要的原因之一。

对近代中国哲学方法论的发展的这种似乎不需要的冗长说明，就是目前我从事写作关于中国古代的逻辑方法的发展这篇论文的理由。我认为最不幸的是在十一、十二及十六世纪哲学思辨大复兴的障碍是那篇不明作者的，也许是公元前四、三世纪的某一儒家所写的著作，实际上是近代中国哲学的所有学派的《新工具》，它宣布了致知在格物，这或者是受当时科学倾向的不自觉的影响。但因为科学的影响最多只是不自觉地感到的，因为格物的科学方法为当时的非儒学派所发展却从未被清楚地说明过，又因为《大学》的整个精神以及其他儒家著作都是纯理性的和伦理的，所以，近代中国哲学与科学的发展曾极大地受害于没有适当的逻辑方法。

现在，中国已与世界的其他思想体系有了接触，那么，近代中国哲学中缺乏的方法论，似乎可以用西方自亚里士多德直至今天已经发展了的哲学的和科学的方法来填补。假如中国满足于把方法论问题仅仅看作是学校里的“精神修养”的一个问题，或看作获致实验室的一种工作方法的问题，这就足够了。但就我看来，问题并不真正如此简单。我认为这只是新中国必须正视的，更大的、更根本的问题的一个方面。

这个较大的问题就是：我们中国人如何能在这个骤看起来同我们的固有文化大不相同的新世界里感到泰然自若？一个具有光荣历史以及自己创造了灿烂文化的民族，在一个新的文化中决不会感到自在的。如果那新文化被看作是从外国输入的，并且因民族生存的外在需要而被强加于它的，那么这种不自在是完全自然的，也是合理的。

如果对新文化的接受不是有组织的吸收的形式，而是采取突然替换的形式，因而引起旧文化的消亡，这确实是全人类的一个重大损失。因此，真正的问题可以这样说：我们应怎样才能以最有效的方式吸收现代文化，使它能同我们的固有文化相一致、协调和继续发展？

这个较大的问题本身是出现在新旧文化间冲突的各方面。一般说来，在艺术、文学、政治和社会生活方面，基本的问题是相同的。这个大问题的解决，就我所能看到的，唯有依靠新中国知识界领导人物的远见和历史连续性的意识，依靠他们的机智和技巧，能够成功地把现代文化的精华与中国自己的文化精华联结起来。

我们当前较为特殊的问题是：我们在哪里能找到可以有机地联系现代欧美思想体系的合适的基础，使我们能在新旧文化内在调和的新的基础上建立我们自己的科学和哲学？这就不只是介绍几本学校用的逻辑教科书的事情。我对这个问题的揣测就是这样。儒学已长久失去它的生命力，宋明的新学派用两种不属于儒家的逻辑方法去解释死去很久的儒学，并想以此复兴儒学，这两种方法就是：宋学的格物致知；王阳明的致良知。我一方面充分地认识到王阳明学派的价值，同时也不得不认为他的逻辑理论是与科学的程序和精神不两立的。而宋代哲学家对“格物”的解释虽然是对的，但是他们的逻辑方法却是没有效果的，因为：(1) 缺乏实验的程序，(2) 忽视了心在格物中积极的、指导的作用，(3) 最不幸的是把“物”的意义解释为“事”。

除了这两个学派，儒学久已消失，我确信中国哲学的将来，有赖于从儒学的道德伦理和理性的枷锁中得到解放。这种解放，不能只用大批西方哲学的输入来实现，而只能让儒学回到它本来的地位；也就是恢复它在其历史背景中的地位。儒学曾经只是盛行于古代中国的许多敌对的学派中的一派，因此，只要不把它看作精神的、道德的、哲学的权威的唯一源泉，而只是在灿烂的哲学群星中的一颗明星，那末，儒学的被废黜便不成问题了。

换句话说，中国哲学的未来，似乎大有赖于那些伟大的哲学学派的恢复，这些学派在中国古代一度与儒家学派同时盛行。这种需要已被我们有思考力的人朦胧地或半自觉地觉察到，这可以从这样的事实看出来：尽管反动的运动在宪法上确立儒学，或者把它作为国教，或者把它作为国家道德教育的制度，但都受到国会内外一切有思想的领导人物的有力反对，而对知识分子有影响的期刊在最近几年中几乎没有一期发表关于非儒学各派的哲学学说的论文。

就我自己来说，我认为非儒学派的恢复是绝对需要的，因为在这些学派中可望找到移植哲学和科学最佳成果的合适土壤。关于方法论问题，尤其是如此。如为反对独断主义和唯理主义而强调经验，在各方面的研究中充分地发展科学的方法，用历史的或者发展的观点看真理和道德，我认为这些都是西方现代哲学的最重要的贡献，都能在公元前五、

四、三世纪中那些伟大的非儒学派中找到遥远而高度发展了的先驱。因此，新中国的责任是借鉴和借助于现代西方哲学去研究这些久已被忽略了的本国的学派。如果用现代哲学去重新解释中国古代哲学，又用中国固有的哲学去解释现代哲学，这样，也只有这样，才能使中国的哲学家和哲学研究在运用思考与研究的新方法与工具时感到心安理得。

我不想被误认为我之所以主张复兴中国古代哲学学派是由于我要求中国在发现那些方法和理论中的优先荣誉这一欲望所促成——那些方法和理论直至今天都被认为发源于西方。我最不赞成以此自傲。仅仅发明或发现在先，而没有后继的努力去改进或完善雏形的东西，那只能是一件憾事，而不能引以为荣。当我看到水手们的指南针，并想到欧洲人借以作出的神奇的发现，便不禁想起我亲眼看到的我国古代天才的这一伟大发明被用于迷信活动而感到羞愧。

我对中国古代逻辑理论与方法的重现的兴趣，就像上面所重复说过的，主要是教学方面的。我渴望我国人民能看到西方的方法对于中国的心灵并不完全是陌生的。相反，利用和借助于中国哲学中许多已经失去的财富就能重新获得。更重要的还是我希望因这种比较的研究可以使中国的哲学研究者能够按照更现代的和更完全的发展成果批判那些前导的理论和方法，并了解古代的中国人为什么没有因而获得现代人所获得的伟大成果。例如：为什么古代中国的自然的和社会的进化理论没有获致革命的效果，而达尔文的理论却产生了现代的思想。进一步说，我希望这样一种比较的研究，可以使中国避免因不经批判地输入欧洲哲学而带来的许多重大错误——诸如在中国学校里教授形式逻辑的古老教科书或者在信赖达尔文进化论的同时，信赖斯宾塞的政治哲学。

这些就是我写中国先秦名学史的理由。但愿它成为用中文以外的任何语言向西方介绍古代中国各伟大学派的第一本书！

从历史上看哲学是什么

这个题目很重要，从人类历史上看哲学是什么，一方面要修正我在中国哲学史上卷里所下哲学的定义，一方面要指示给学哲学的人一条大的方向，引起大家研究的兴味。

我在今年一二月《晨报副刊》上发表杜威先生哲学改造的论文，今天所讲，大部分是根据杜威先生的学说；他的学说原是用来解释西洋哲学的，但杜威先生是一个实验主义者，他的学说要能够解释中国或印度的哲学思想，才能算是成立。

杜威先生的意思，以为哲学的来源，是人类最初的历史传说或跳舞诗歌迷信等等幻想的材料，经过两个时期，才成为哲学。

（一）整齐统一的时期，传说神话变成了历史，跳舞诗歌变成了艺术，迷信变成了宗教，个人的想象与暗示，跟了一定法式走，无意识的习惯与有意识的褒贬，合成一种共同的风尚。造成了种种制度仪节。

（二）冲突调和的时期，人类渐渐进步，经验多了，事实的知识分量增加，范围扩大。于是幻想的礼俗及迷信传统的学说，与实证的人生日用的常识，起了冲突，因而批评的调和的哲学发生，例如希腊哲人“Sophist”之勃兴，便是西洋哲学的起源。“Sophist”对于一切怀疑，一切破坏，当时一般人颇发生反感，斥哲人为诡辩，为似是而非。“Sophist”一字，至今成了恶名。有人觉得哲人过于激烈，将传统的东西保存一部分，如 Socrates 辈。但社会仍嫌他过激，法庭宣告他的死刑。后来经过柏拉图、亚里士多德等的调和变化，将旧信仰洗刷一番，加上些论理学、心理学等等，如卫道护法的工具，于是成了西洋的正统哲学。

归纳起来说，正统哲学有 3 大特点：

（1）调和新旧思想，替旧思想旧信仰辩护，带一点不老实的样子。

（2）产生辨证的方法，造成论理的系统，其目的在护法卫道。

（3）主张二元的世界观，一个是经验世界，一个是超经验的世界，在现实世界里不能活动的，尽可以在理想的世界里玩把戏。

现在要拿杜威先生关于正统哲学的解释，来看是否适用于中国。我研究的结果，觉得中国哲学完全可以适用杜威的学说。

中国古代的正统哲学是儒墨两大派，中古时代是儒教，近世自北宋至今是宋明理学，尤其是程朱的理学。

现在分论古代中古近世三期。

中国古代的哲学原料，诗歌载在《诗经》，卜筮迷信载在《易经》，礼俗仪容载在《礼记》，历史传说载在《尚书》。在西历纪元前二千五百年，初民思想已经过一番整齐统一。一切旧迷信旧习惯传说已成了经典。

纪元前五六百年老子孔子等出，正当新旧思潮冲突调和的时期，古代正统哲学才算成立。老子是旧思想的革命家，过激党，攻击旧文化，攻击当时政治制度。古代以天为有意志有赏罚，而老子说天地不仁，将有意志的天变为无往而不在，无为而无不为的天，是一个自然主义的天道观。老子这样激烈的态度，自然为当世所不容。他很高明，所以自行隐遁。邓析比老子更激烈，致招杀身之祸，没有书籍流传后世，可见当时两种思想冲突的厉害。

于是调和论出来了，孔子一方面承认自然主义的天道观，他说："天何言哉。四时行焉，百物生焉，天何言哉。"一方面又承认有鬼神，他说："敬鬼神而远之。""祭如在，祭神如神在。""洋洋乎如在其上，如在其左右。"他总舍不得完全去掉旧信仰，舍不得完全去掉传统的宗教态度。但在一般人看来，他仍然是偏向革命党。偏向革命党的苏格拉底不免于死刑，偏向革命党的孔子不免厄于陈蔡，终身栖栖皇皇。这是第一派的调和论。

第二派的调和论是墨子，墨子明白提倡有鬼，有意志的天，非命，完全容纳旧迷信，完全是民间宗教的原形。但究竟旧思想经过动摇，不容易辩护，于是不得不发明辨证的方法，以逻辑为武器。我们看他用逻辑最多的地方，是《明鬼》和《非命》两篇。他提出论辩的三个标准：

（甲）我们曾经耳闻目见否；

（乙）古人说过没有；

（丙）有用没有用。

譬如说有鬼，第一曾经有人看见过鬼，或听见鬼叫的。第二古书载鬼的地方很不少，故古人是相信有鬼的。第三我们相信有鬼，则我们敬爱的人死了，我们尚可得到安慰，而且可以少作坏事。信鬼有利无弊是有用的。因此墨子是当时的正统哲学。

中古时代之整齐统一期分两个步骤，第一步是秦时，李斯别黑白，定一尊。第二步是汉初，宗教迷信统一于长安，秦巫晋巫各代表一个民间宗教，汉武封泰山，禅梁父，一般方士术士都来了，这是道教与古代迷信冲突时期。

带上儒家帽子的墨教出来调和，便是董仲舒所创之新儒教。以天人感应为基本观念，替民间宗教作辩护，可谓古代迷信传说之复活，故中古期的正统哲学是新儒教。

从东汉到北宋，儒释道三教都来了，没有十分冲突。唐时以老子姓李，道教几乎成为国教。到了北宋真宗，崇道教，拜天书，封禅老子庙。道教之盛，达于极点，以至仁宗神宗时代，产生了许多怀疑派。如欧阳修、苏轼、王安石、李觏等，对于思想制度古书都怀疑。对于迷信的道教是一种反动，对于极端个人主义的禅宗是一种调和。于是在古代诸大思想系统中找出儒家，以《五经》为旧经典，《四书》为新经典，《大学》里找出方法论，《中庸》里找出心理学。静坐不是学佛，是求敬，是注意，是为自己的修养。故自北宋以来，正统哲学是理学。理学调和的分子极多，以儒家为根据，容纳道家佛家一部分思想，且兼容古代的宗教。为涵养须用敬之“敬”，完全是宗教的态度。

结论：我所以讲这个题目，是要使大家知道，无论以中国历史或西洋历史来看，哲学是新旧思想冲突的结果。而我们研究哲学，是要教哲学当成应付冲突的机关。现在梁漱溟、梁任公、张君劢诸人所提倡的哲学，完全迁就历史的事实，是中古时代八百年所遗留的传统思想、宗教态度，以为这便是东方文明。殊不知西洋中古时代也有与中国同样的情形，注重内心生活，并非中国特有的。所以我们要认清楚哲学是什么，研究哲学的职务在那里，才能寻出一条大道。这是我们研究哲学的人应有的觉悟。

哲学的将来（提要）

（一）哲学的过去。

过去的哲学只是幼稚的、错误的或失败了的科学。

宇宙论→天文学、物理学、生物学、生物化学。

本体论→物理、化学、生物、物理化学、生物化学。

知识论→物理学、心理学、科学方法。

道德哲学→社会学、人类学、心理学、生物学、遗传学。

政治哲学→经济学、统计学、社会学、史学……

（二）过去的哲学学派只可在人类知识史与思想史上占一个位置，如此而已。

哲学既是幼稚的科学，自然不当自别于人类知识体系之外。最早的Democritus以及Epicurus一派的元子论既可在哲学史上占地位，何以近世发明九十元子的化学家，与伟大的Mendelief的元子周期律不能在哲学史上占更高的地位？

最早乱谈阴阳的古代哲人既列在哲学史，何以三四十年来发现阴电子（Electron）的Thomson与发现阳电子Prooon的Rutherford不能算作更伟大的哲学家？

最早乱谈性善恶的孟子、荀子既可算是哲学家，何以近世创立遗传学的 George J. Mendel 不能在哲学史上占一个更高的地位?

最早谈井田均产的东西哲学家都列入哲学史，何以马克思、布鲁东、亨利乔治（Henry George）那样更伟大的社会学说不能在哲学史占更高的地位?

（三）哲学的将来。

1. 问题的更换。

问题的解决有两途（1）解决了。（2）知道不成问题，就抛弃了。

凡科学已解决的问题，都应承受科学的解决。

凡科学认为暂时不能解决的问题，都成为悬案。

凡科学认为成问题的问题，都应抛弃。

2. 哲学的根本取消。

问题可解决的，都解决了。一时不能解决的，还得靠科学实验的帮助与证实。科学不能解决的，哲学也休想解决。即使提出解决，也不过是一个待证的假设，不足于取信现代的人。

故哲学家自然消灭，变成普通思想的一部分。在生活的各方面，自然总不免有理论家继续出来，批评已有的理论或解释已发现的事实，或指摘其长短得失，或沟通其冲突矛盾，或提出新的解释，请求专家的试验与证实。这种人都可称为思想家，或理论家。自然科学有自然科学的理论学，这种人便是将来的哲学家。

但他们都不能自外于人类的最进步的科学知识思想，而自夸不受科学制裁的哲学家。他们的根据必须是已证实的事实；自然科学的材料或社会科学的统计调查。他们的方法必须是科学实验的方法。

若不如此，但他们不是将来的思想家，只是过去的玄学鬼。

将来只有一种知识，科学知识。

将来只有一种知识思想方法：即科学实证方法。

将来只有思想家，而无哲学家；他们的思想，已证实的便成为科学的一部分，未证实的叫作待证的假设（Hypothesis）。

墨子的哲学方法

儒墨两家根本上不同之处，在于两家哲学的方法不同，在于两家的“逻辑”不同。《墨子·耕柱篇》有一条最形容得出这种不同之处。

叶公子高问政于仲尼，曰：“善为政者若之何?”仲尼对曰：“善为政者，远者近之，而旧者新之。”(《论语》作“近者悦，远者来”。)

子墨子闻之曰：“叶公子高未得其问也，仲尼亦未得其所以对也。叶公子高岂不知善为政者之远者近之而旧者新之哉?问所以为之若之何也。……”

这就是儒墨的大区别，孔子所说是一种理想的目的，墨子所要的是一个“所以为之若之何”的进行方法。孔子说的是一个“什么”，墨子说的是一个“怎样”，这是一个大分别。《公孟篇》又说：

子墨子问于儒者，曰：“何故为乐?”曰：“乐以为乐也。”子墨子曰：“子未我应也。今我问曰：‘何故为室?’曰：‘冬避寒焉，夏避暑焉，室以为男女之别也。’则子告我为室之故矣。今我问曰：‘何故为乐?’曰：‘乐以为乐也。’是犹曰：‘何故为室?’曰：‘室以为室也。’”

儒者说的还是一个“什么”，墨子说的是一个“为什么”。这又是一个大分别。

这两种区别，皆极重要。儒家最爱提出一个极高的理想的标准，作为人生的目的，如论政治，定说“君君、臣臣、父父、子子”；或说“近者悦，远者来”；这都是理想的目的，却不是进行的方法。如人生哲学则高悬一个“止于至善”的目的，却不讲怎样能使人止于至善。所说细目，如“为人君，止于仁；为人臣，止于敬；为人父，止于慈；为人子，止于孝；与国人交，止于信。”全不问为什么为人子的要孝，为什么为人臣的要敬；只说理想中的父子君臣朋友是该如此如此的。所以儒家的议论，总要偏向“动机”一方面。“动机”如俗话的“居心”。

孟子说的“君子之所以异于人者，以其存心也，君子以仁存心，以礼存心”。存心是行为的动机。《大学》说的诚意，也是动机。儒家只注意行为的动机，不注意行为的效果。推到了极端，便成董仲舒说的“正其谊不谋其利，明其道不计其功”。只说这事应该如此做，不问为什么应该如此做。

墨子的方法，恰与此相反。墨子处处要问一个“为什么”。例如造一所房子，先要问为什么要造房子。知道了“为什么”，方才可知道“怎样做”。知道房子的用处是“冬避寒焉，夏避暑焉，室以为男女之别”，方才可以知道怎样布置构造始能避风雨寒暑，始能分别男女内外。人生的一切行为，都是如此。如今人讲教育，上官下属都说应该兴教育，于是大家都去开学堂，招学生。大家都以为兴教育就是办学堂，办学堂就是兴教育，从不去问为什么该兴教育。因为不研究教育是为什么的，所以办学和视学的人也无从考究教育的优劣，更无从考究改良教育的方法。我去年回到内地，有人来说，我们村里，该开一个学堂。我问他为什么我们村里该办学堂呢？他说：某村某村都有学堂了，所以我们这里也该开一个。这就是墨子说的“是犹曰：何故为室？曰：室以为室也”的理论。

墨子以为无论何种事物、制度、学说、观念，都有一个“为什么”。换言之，事事物物都有一个用处。知道那事物的用处，方才可以知道他的是非善恶。为什么呢？因为事事物物既是为应用的，若不能应用，便失了那事那物的原意了，便应该改良了。例如墨子讲“兼爱”，便说：

> 用而不可，虽我亦将非之。且焉有善而不可用者？（《兼爱下》）

这是说能应“用”的便是“善”的；“善”的便是能应“用”的。譬如我说这笔“好”，为什么“好”呢？因为能中写，所以“好”。又如我说这会场“好”，为什么“好”呢？因为他能最合开会讲演的用，所以

“好”。这便是墨子的“应用主义”。

应用主义又可叫作“实利主义”。儒家说：“义也者，宜也。”宜即是“应该”。凡是应该如此做的，便是“义”。墨家说：“义。利也。”（《经上篇》。参看《非攻下》首段）便进一层说，说凡事如此做去便可有利的即是“义的”。因为如此做才有利，所以“应该”如此做。义所以为“宜”，正因其为“利”。

墨子的应用主义所以容易被人误会，都因为人把这“利”字“用”字解错了。这“利”字并不是“财利”的利，这“用”也不是“财用”的用。墨子的“用”和“利”都只指人生行为而言。如今且让他自己下应用主义的界说：

子墨子曰：“言足以迁行者常之，不足以迁行者勿常。不足以行而常之，是荡口也。”（《贵义篇》）

子墨子曰：“言足以复行者常之，不足以举行者勿常。不足以举迁行而常之，是荡口也。”（《耕柱篇》）

这两条同一意思，迁字和举字同意。《说文》说：“迁，登也。”《诗经》有“迁于乔木”，《易》有“君子以见善则迁”，皆是“升高”“进步”之意，和“举”字“抬高”的意思正相同（后人不解“举”字之义，故把“举行”两字连续，作一个动词解。于是又误改上一“举”字为“复”字）。六个“行”字，都该读去声，是名词，不是动词。六个“常”字，都与“尚”字通用（俞樾解《老子》“道可道非常道”一章说如此），“常”是“尊尚”的意思。这两章的意思，是说无论什么理论，什么学说，须要能改良人生的行为，始可推尚。若不能增进人生的行为，便不值得推尚了。

墨子又说：

今瞽者曰：“巨者，白也（俞云，巨当作岂。岂者，皑之假字）。黔者，黑也。”虽明目者无以易之。兼白黑，使瞽取焉，不能知也。故我曰：“瞽不知白黑者，非以其名也，以其取也。”

今天下之君子之名仁也，虽禹汤无以易之。兼仁与不仁，而使天下之君子取焉，不能知也。故我曰：“天下之君子不知仁者，非以其名也，亦以其取也。”（《贵义篇》）

这话说得何等痛快？大凡天下人没有不会说几句仁义道德的话的，正如瞎子虽不曾见过白黑，也会说白黑的界说。须是到了实际上应用的时候，才知道口头的界说是没有用的。高谈仁义道德的人，也是如此。甚至有许多道学先生一味高谈王霸义利之辨，却实在不能认得韭菜和麦的分别。有时分别义利，辨入毫芒，及事到临头，不是随波逐流，便是手足无措。所以墨子说单知道几个好听的名词，或几句虚空的界说，算不得真“知识”。真“知识”在于能把这些观念来应用。

这就是墨子哲学的根本方法。后来王阳明的“知行合一”说，与此说多相似之点。阳明说：“未有知而不行者。知而不行，只是未知。”很像上文所说“故我曰：天下之君子不知仁者，非以其名也，亦以其取也”之意。但阳明与墨子有绝不同之处。阳明偏向“良知”一方面，故说：“尔那一点良知，是尔自家的准则。尔意念着处，他是便知是，非便知非。”墨子却不然，他的是非的“准则”，不是心内的良知，乃是心外的实用。简单说来，墨子是主张“义外”说的，阳明是主张“义内”说的（义外义内说见《孟子·告子篇》）。阳明的“知行合一”说，只是要人实行良知所命令。墨子的“知行合一”说，只是要把所知的能否实行，来定所知的真假，把所知的能否应用，来定所知的价值。这是两人的根本区别。

墨子的根本方法，应用之处甚多，说得最畅快的，莫如《非攻上篇》。我且把这一篇妙文，抄来做我的“墨子哲学方法论”的结论罢。

今有一人，入人园圃，窃其桃李，众闻则非之，上为政者得则罚之。此何也？以亏人自利也。至攘人犬豕鸡豚者，其不义又甚入人园圃窃桃李。是何故也？以亏人愈多，其不仁兹甚，罪益厚。至入人栏厩，取人牛马者，其不仁义又甚攘人犬豕鸡豚。此何故也？以其亏人愈多。苟亏人愈多，其不仁兹甚，罪益厚。至杀不辜人也。扡其衣裘，取戈剑者，其不义又甚入人栏厩取人马牛。此何故也？以其亏人愈多，苟亏人愈多，其不仁兹甚矣，罪益厚。当此天下之君子皆知而非之，谓之“不义”。今至大为“不义”攻国，则弗知非，从而誉之，谓之“义”。此可谓知义与不义之别乎？杀一人，谓之不义，必有一死罪矣；若以此说往，杀十人，十重不义，必有十死罪矣；杀百人，百重不义，必有百死罪矣。当此，天下之君子皆知而非之，谓之“不义”。今至大为不义攻国，则弗知非，从而誉之，谓之“义”。情不知其不义也，故书其言以遗后世。若知其不义也，夫奚说书其不义以遗后世哉？今有人于此，少见黑曰黑，多见黑曰白，则以此人不知白黑之辩矣。少尝苦曰苦，多尝苦曰甘，则必以此人为不知甘苦之辩矣。今小为非则知而非之，大为非攻国，则不知非，从而誉之，谓之义。此可谓知义与不义之辩乎？是以知天下之君子，辨义与不义之乱也。

第三章

中国哲学小论

中国哲学结胎的时代

大凡一种学说，决不是凭空从天上掉下来的。我们如果能仔细研究，定可寻出那种学说有许多前因，有许多后果。譬如一篇文章，那种学说不过是中间的一段。这一段定不要来无踪影，去无痕迹的。定然有个承上起下、承前接后的关系。要不懂他的前因，便不能懂得他的真意义。要不懂他的后果，便不能明白他在历史上的位置。这个前因，所含不止一事。第一是那时代政治社会的状态；第二是那时代的思想潮流。

这两种前因、时势和思潮，很难分别。因为这两事又是互相为因果的。有时是先有那时势，才生出那思潮来；有了那种思潮，时势受了思潮的影响，一定有大变动。所以时势生思潮，思潮又生时势，时势又生新思潮。所以这学术史上寻因求果的研究，是很不容易的。我们现在要讲哲学史，不可不先研究哲学发生时代的时势和那时势所发生的种种思潮。

中国古代哲学大家，独有孔子一人的生年死年，是我们所晓得的。孔子生于周灵王二十一年，当西历纪元前 551 年，死于周敬王四十一年，当西历前479年。孔子曾见过老子，老子比孔子至多不过大20岁，大约生于周灵王的初年，当西历前570年左右。中国哲学到了老子、孔子的时候，才可当得“哲学”两个字。我们可把老子、孔子以前的二三百年，当作中国哲学的怀胎时代。为便利起见，我们可用西历来计算如下：

前八世纪（周宣王二十八年到东周桓王二十年，西历纪元前800年到700年）

前七世纪（周桓王二十年到周定王七年，西历前700年到前600年）

前六世纪（周定王七年到周敬王二十年，西历前600年前到500年）

这三百年可算得一个三百年的长期战争。一方面是北方戎狄的扰乱……一方面是南方楚吴诸国的勃兴（楚称王在前704年，吴称王在前585年）。中原的一方面，这三百年之中，那一年没有战争侵伐的事。周初许多诸侯，早已渐渐的被十几个强国吞并去了。东迁的时候，晋、郑、鲁最强。后来鲁、郑衰了，便到了“五霸”时代。到了春秋的下半段，便成了晋楚争霸的时代了。

这三个世纪中间，也不知灭了多少国，破了多少家，杀了多少人，流了多少血。只可惜那时代的政治和社会的情形，已无从详细查考了。我们如今参考《诗经》《国语》《左传》几部书，仔细研究起来，觉得那时代的时势，大概有这几种情形：

第一，这长期的战争，闹得国中的百姓死亡丧乱，流离失所，痛苦不堪。如《诗经》所说：

肃肃鸨羽，集于苞栩。王事靡盬，不能蓺稷黍。父母何怙？悠悠苍天，曷其有所！（《唐风·鸨羽》）

陟彼屺兮，瞻望母兮。母曰：“嗟予季行役，夙夜无寐！上慎《方冉》哉！犹来无弃！”（《陟岵》）

昔我往矣，杨柳依依。今我来思，雨雪霏霏。行道迟迟，载渴载饥。我心伤悲，莫知我哀！（《小雅·采薇》，参看《出车》《大杜》）。

何草不黄！何日不行！何人不将，经营四方！何草不玄！何人不

矜！哀我征夫，独为匪民？（《小雅·何草不黄》）

中谷有蓷，其湿矣！有女仳离，啜其泣矣！啜其泣矣！何嗟及矣！（《王风·中谷有蓷》）

有兔爰爰，雉离于罗。我生之初，尚无为，我生之后，逢此百罹。尚寐无吪！（《兔爰》）

苕之华，其叶青青。知我如此，不如无生！牂羊坟首，三星在罶。人可以食，鲜可以饱。（《苕之华》）

读了这几篇诗，可以想见那时的百姓受的痛苦了。

第二，那时诸侯互相侵略，灭国破家不计其数。古代封建制度的种种社会阶级都渐渐的销灭了。就是那些不曾消灭的阶级，也渐渐的可以互相交通了。

古代封建制度的社会最重阶级。《左传》昭十年，芋尹无宇曰："天之经略，诸侯正封，古之制也。封略之内，何非君土？食土之毛，谁非君臣？……天有十日，人有十等，下所以事上，上所以共神也。故王臣公，公臣大夫，大夫臣士，士臣皂，皂臣舆，舆臣隶，隶臣僚，僚臣仆，仆臣台。马有圉，牛有牧，以待百事。"古代社会的阶级，约有五等：

一、王（天子）

二、诸侯（公、侯、伯、子、男）

三、大夫

四、士

五、庶人（皂、舆、隶、僚、仆、台）

到了这时代，诸侯也可称王了。大夫有时比诸侯还有权势了（如鲁之三家，晋之六卿。到了后来，三家分晋，田氏代齐，更不用说了），亡国的诸侯卿大夫，有时连奴隶都比不上了《国风》上说的：

式微式微，胡不归！微君之躬，胡为乎泥中！（《邶风·式微》）

琐兮尾兮，流离之子！叔兮伯兮，褎如充耳！（《邶风·旄丘》）

可以想见当时亡国君臣的苦处了。《国风》又说：

东人之子，职劳不来。西人之子，粲粲衣服。舟人之子，熊罴是裘。私人之子，百僚是试。(《小雅·大东》)

可以想见当时下等社会的人，也往往有些“暴发户”，往往会爬到社会的上层去。再看《论语》上说的公叔文子和他的家臣大夫僎同升诸公。又看《春秋》时，饭牛的宁戚、卖作奴隶的百里奚、郑国商人弦高，都能跳上政治舞台，建功立业。可见当时的社会阶级，早已不如从前的严紧了。

第三，封建时代的阶级虽然渐渐消灭了，却新添了一种生计上的阶级。那时社会渐渐成了一个贫富很不平均的社会。富贵的太富贵了，贫苦的太贫苦了。

《国风》上所写贫苦人家的情形，不止一处（参观上文第一条）。内中写那贫富太不平均的，也不止一处。如：

小东大东，杼柚其空。纠纠葛屦，可以履霜。佻佻公子，行彼周行。既往既来，使我心疚。(《小雅·大东》)

纠纠葛屦，可以履霜。掺掺女手，可以缝裳。要之襋之，“好人”服之！“好人”提提，宛然左辟，佩其象揥。维是褊心，是以为刺。(《魏风·葛屦》)

这两篇竟像英国虎德（Thmoas Hood）的《缝衣歌》的节本。写的是那时代的资本家雇用女工，把那“掺掺女子”的血汗工夫，来做他们发财的门径。葛屦本是夏天穿的，如今这些穷工人到了下霜下雪的时候，也还穿着葛屦。怪不得那些慈悲的诗人忍不过要痛骂了。又如：

彼有旨酒，又有嘉肴。洽比其邻，昏姻孔云。念我独兮，忧心殷殷！佌佌彼有屋，蔌蔌方有穀。民今之无禄，天夭是椓矣富人，哀此惸独！(《小雅·正月》)

这也是说贫富不均的。更动人的，是下面的一篇：

坎坎伐檀兮，置之河之干兮。河水清且涟猗。——不稼不穑，胡取禾三百廛兮！不狩不猎，胡瞻尔庭有悬貆兮！彼君子兮，不素餐兮！(《魏风·伐檀》)

这竟是近时代社会党攻击资本家不该安享别人辛苦得来的利益的话了！

第四，那时的政治，除了几国之外，大概都是很黑暗、很腐败的王朝的政治。我们读《小雅》的《节南山》《正月》《十月之交》《雨无正》几篇诗，也可以想见了。其他各国的政治内幕，我们也可想见一二。例如：

(邶风)《北门》(齐风)《南山》《敝苟》《载驱》

(桧风)《匪风》(鄘风)《鹑之奔奔》

(秦风)《黄鸟》(曹风)《候人》

(王风)《兔爰》(陈风)《株林》

写得最明白的，莫如：

人有土田，女反有之。人有民人，女覆夺之。此宜无罪，女反收之。彼宜有罪，女覆说之。(《大雅·瞻卬》)

最痛快的，莫如：

硕鼠硕鼠，无食我黍。三岁贯女，莫我肯顾。逝将去汝，适彼乐土！乐土乐土！爰得我所！(《硕鼠》) 又如：

匪鹑匪鸢，翰飞戾天。匪鳣匪鲔，潜逃于渊。(《小雅·四月》)

这首诗写虐政之不可逃，更可怜了。还不如：

鱼在于沼，亦匪克乐。潜虽伏矣，亦孔之炤。忧心惨惨，念国之为虐。(《正月》)

这诗说即使人都变做鱼，也没有乐趣的。这时的政治，也就可想而知了。

这四种现象：（一）战祸连年，百姓痛苦；（二）社会阶级渐渐销灭；（三）生计现象贫富不均；（四）政治黑暗，百姓愁怨。这四种现状，大约可以算得那时代的大概情形了。

易

孔子生在这个“邪说暴行”的时代，要想变无道为有道，却从何处下手呢？他说：

臣弑其君，子弑其父，非一朝一夕之故。其所由来者渐矣，由辨之不早辨也。《易》曰：“履霜坚冰至”，盖言顺也。（《易·文言》）

社会国家的变化，都不是“一朝一夕之故”，都是渐渐变成的。如今要改良社会国家，不是“头痛医头脚痛医脚”的工夫所能办到的，必须从根本上下手。孔子学说的一切根本，依我看来，都在一部《易经》。我且先讲《易经》的哲学。

《易经》这一部书，古今来多少学者做了几屋子的书，也还讲不明白。我讲《易经》和前人不同。我以为从前一切河图、洛书、谶纬术数、先天太极……种种议论，都是谬说。如今若要懂得《易》的真意，须先把这些谬说扫除干净。

我讲《易》，以为一部《易经》只有三个基本观念：（一）易，（二）象，（三）辞。

第一，易。易便是变易的易。天地万物都不是一成不变的，都是时时刻刻在那里变化的。孔子有一天在一条小河上，看那滚滚不绝的河水，不觉叹了一口气说道：

逝者如斯夫！不舍昼夜！

“逝者”便是“过去种种。”（程子说：“此道体也。天运而不已，日往则月来，寒往则暑来，水流而不息，物生而无穷，皆与道为体，运乎昼夜，未尝已也。”朱子说：“天地之化，往者过来者续，无一息之停。”此两说大旨都不错。）天地万物，都像这滔滔河水，才到了现在，便早又成了过去，这便是“易”字的意义。

一部《易》讲“易”的状态，以为天地万物的变化，都起于一个动字。何以会有“动”呢？这都因为天地之间，本有两种原力：一种是刚性的，叫作“阳”；一种是柔性的，叫作“阴”。这刚柔两种原力，互相冲突，互相推挤，于是生出种种运动，种种变化。所以说：“刚柔相推而生变化。”又说：“一阴一阳之谓道”。孔子大概受了老子的影响，故他说万物变化完全是自然的、唯物的，不是唯神的（孔子受老子的影响，最明显的证据，如《论语》极推崇“无为而治”又如“或曰，以德报怨”亦是老子的学说）。

在《易经》里，阳与阴两种原力，用“—”“— —”两种符号作代表。《易·系辞传》说：

是故易有太极，是生两仪，两仪生四象，四象生八卦。

这是代表万物由极简易的变为极繁杂的公式。此处所说“太极”并不是宋儒说的“太极图”。《说文》说：“极，栋也。”极便是屋顶上的横梁，在《易经》上便是一画的“—”，“仪，匹也。”两仪便是那一对“—”、“— —”。……

《易经》常把乾坤（“—”、“— —”）代表“易”、“简”。有了极易极简的，才有极繁赜的。所以说：“乾坤其易之门耶。”又说：“易简而天下之理得矣。”万物变化，既然都从极简易的原起渐渐变出来，若能知道那简易的远因，便可以推知后来那些复杂的后果，所以《易·系辞传》说：

德行恒易以知险……德行恒简以知阻。

因为如此，所以能“彰往而察来”，所以能“温故而知新”。《论语》上子张问十世以后的事可能前知吗？孔子说，不但十世，百世亦可推知。这都因孔子深信万物变化都是由简而繁，成一条前后不断的直线，所以能由前段推知后段，由前因推到后果。

这便是《易经》的第一个基本观念。

第二，象。《系辞传》说：“易也者，象也。”这五个字是一部《易》的关键。这是说一切变迁进化都只是一个“象”的作用。要知此话怎讲，须先问这象字作何解。《系辞传》说：“象也者，像也”（像字是后人所改。古无像字。孟京虞、董姚皆作象，可证）。《韩非子》说：“人希见生象也，而案其图以想其生。故诸人之所以意想者，皆谓之象。”（《解老篇》）我以为《韩非子》这种说法似乎太牵强了。象字古代大概用“相”字。《说文》：“相，省视也。从目从木。”目视物，得物的形象，故相训省视。从此引申，遂把所省视的“对象”也叫作“相”（如《诗·棫朴》“金玉其相”之相）。后来相人术的相字还是此义。相字既成专门名词，故普通的形相，遂借用同音的“象”字（如僖十五年《左传》，“物生而后有象”）。引申为象效之意。凡象效之事，与所仿效的原本，都叫作“象”。这一个弯可转得深了。本来是“物生而后有象”，象是仿本，物是原本。到了后来把所仿效的原本叫作象，如画工画虎，所用作模型的虎也是“象”（亦称法象），便是把原本叫作“象”了。例如《老子》说：

> 道之为物，惟恍惟惚。惚兮恍兮，其中有象。恍兮惚兮，其中有物。

有人根据王弼注，以为原本当是“恍兮惚兮，其中有物”二句在先，“惚兮恍兮，其中有象”二句应在后。这是“物生而后有象”的说法。却不知道老子偏要说“象生而后有物”。他前文曾说“无物之象”可以作证。老子的意思大概以为先有一种“无物之象”，后来从这些法象上渐渐生出万物来。故先说“其中有象”，后说“其中有物”。但这个学说，老子的书里不曾有详细的发挥。孔子接着这个意思，也主张“象生而后有物”。象是原本的模型，物是仿效这个模型而成的。《系辞传》说：

在天成象，在地成形，变化见矣。

这和老子先说“有象”，后说“有物”，同一意思。“易也者，象也；象也者，像也。”正是说易（变化）的道理只是一个象效的作用。先有一种法象，然后有仿效这法象而成的物类。

以上说《易经》的象字是法象之意（法象即是模范）。孔子以为人类历史上种种文物制度的起原都由于象，都起于仿效种种法象。这些法象，大约可分两种：一种是天然界的种种“现象”（如云“天垂象，见吉凶，圣人则之”）；一种是物象所引起的“意象”，又名“观念”。

……

因为“象”有如此重要，所以说：

易有圣人之道四焉……以制器者尚其象。

形而上者谓之道，形而下者谓之器。化而裁之谓之变。推而行之谓之通。举而措之天下之民谓之事业。

又说：

是故阖户谓之坤，辟户谓之乾。一阖一辟谓之变，往来不穷谓之通。见乃谓之象，形乃谓之器。制而用之谓之法，利用出入，民咸用之谓之神。

那种种开阖往来变化的“现象”，到了人的心目中，便成“意象”。这种种“意象”，有了有形体的仿本，便成种种“器”。制而用之，便成种种“法”（法是模范标准）。举而措之天下之民，便成种种“事业”。到了“利用出入，民咸用之”的地位，便成神功妙用了。

“象”的重要，既如上文所说，可见“易也者，象也”一句，真是一部《易经》的关键。一部《易经》只是一个“象”字。古今说易的人，不懂此理，却去讲那些“分野”“爻辰”“消息”“太一”“太极”……种种极不相干的谬说，所以越讲越不通了。（清代汉学家过崇汉学，欲重兴汉诸家易学。惠栋、张惠言，尤多钩沉继绝之功。然汉人易学实无价值，焦赣、京房、翼奉之徒，皆“方士”也。郑玄、虞翻皆不能脱去汉代“方士”的臭味。王弼注《易》，扫空汉人陋说，实为易学一大革命。其注虽不无可议，然高出汉学百倍矣。惠、张诸君之不满意于宋之“道士易”是也，其欲复兴汉之“方士易”则非也。）这是《易》的第二个基本观念。

第三，辞。《易经》六十四卦，三百八十四爻，每卦每爻都有一个“象”，但是单靠“象”也还不够。

易有四象（适按：此处象与辞对称，不当有“四”字。此涉上文而误也。因此一字，遂使诸儒聚讼“四象”是何物，终不能定。若衍此字，则毫不废解矣。）所以示也。系辞焉，所以告也。圣人立象以尽意，设卦以尽情伪，系辞焉以尽其言。

“象”但可表示各种“意象”。若要表示“象”的吉凶动静，须要用“辞”。……

又如谦卦的第一爻，是一个阴爻，在谦卦的最下层，真可谓谦之又谦，损之又损了。但单靠这一画，也不能知道他的吉凶，所以须有爻辞道：

初六，谦谦君子，用涉大川，吉。

这便指出这一爻的吉凶了。

“辞”的作用在于指出卦象或爻象的吉凶。所以说：

系辞焉以断其吉凶。

又说：

辨吉凶者存乎辞。

辞字从辛《说文》云："辞讼也。(段依《广韵》作"说也")。从辛，犹理辜也。"朱骏声说："分争辩讼谓之辞。后汉《周纡传》'善为辞案条教'注，辞案，犹今案牍也。"辞的本义是争讼的"断语""判辞"。《易经》的"辞"都含"断"字"辨"字之意。在名学上，象只是"词"(Term)，是"概念"(Concept)，辞即是"辞"，亦称"判断"(Judgment)。例如"谦亨"一句，谦是"所谓"，亨是"所以谓"，合起来成为一辞。用"所以谓"来断定"所谓"，故叫作辞（西文 Judgment 本义也是讼狱的判辞)。

《系辞传》有辞的界说道：

是故卦有大小，辞有险易。辞也者，各指其所之。

"之"是趋向。卦辞爻辞都是表示一卦或一爻的趋向如何，或吉或凶，或亨或否，叫人见了便知趋吉避凶。所以说："辞也者，各指其所之。"又说：

圣人有以见天下之赜，而拟诸形容，象其物宜，是故谓之象。圣人有以见天下之动，而观其会通，以行其典礼，系辞焉以断其吉凶，是故谓之爻（爻字似当作辞。下文作辞，可证)。极天下之赜者存乎卦，鼓天下之动者存乎辞。

象所表示的是"天下之赜"的形容物宜。辞所表示的，是"天下之动"的会通吉凶。象是静的，辞是动的；象表所"像"，辞表何之。

"天下之动"的动，便是"活动"，便是"动作"。万物变化，都由于"动"，故说：

吉凶悔吝者，生乎动者也。

又说：

吉凶者，失得之象也。悔吝者，忧虑之象也。

吉凶者，言乎其失得也。悔吝者，言乎其小疵也。

动而“得”，便是吉；动而“失”，便是凶；动而有“小疵”，便是悔吝。“动”有这样重要，所以须有那些“辞”来表示各种“意象”动作时的种种趋向，使人可以趋吉避凶，趋善去恶。能这样指导，便可鼓舞人生的行为。所以说：“鼓天下之动者存乎辞。”又说：

天地之大德曰生。圣人之大宝曰位。何以守位曰人，何以聚人曰财。理财正辞禁民为非曰义。

辞的作用，积极一方面，可以“鼓天下之动”；消极一方面，可以“禁民为非”。

这是《易经》的第三个基本观念。

这三个观念（一）易，（二）象，（三）辞，便是《易经》的精华。孔子研究那时的卜筮之《易》，竟能找出这三个重要的观念：第一，万物的变动不穷，都是由简易的变作繁赜的。第二，人类社会的种种器物制度礼俗，都有一个极简易的原起，这个原起，便是“象”。人类的文明史，只是这些“法象”实现为制度文物的历史。第三，这种种“意象”变动作用时，有种种吉凶悔吝的趋向，都可用“辞”表示出来，使人动作都有仪法标准，使人明知利害，不敢为非。——这就是我的《易论》。我且引一段《系辞传》作这篇的结束：

圣人有以见天下之赜，而拟诸形容，象其物宜，是故谓之“象”。圣人有以见天下之动，而观其会通，以行其典礼，系辞焉以断其吉凶，是故谓之爻（爻似当作辞。说见上）。言天下之至赜而不可亚也（亚字从荀本）。言天下之至动而不可乱也。拟之而后言，仪之而后动。（仪旧作议。《释文》云：“陆姚桓元荀柔之作仪。”适按：作仪是也。仪，法也。与上文拟字对文。）拟仪以成其变化。

“象”与“辞”都是给我们摹拟仪法的模范。

正名主义

孔子哲学的根本观念，依我看来，只是上篇所说的三个观念：

第一，一切变迁都是由微变显，由简易变繁赜。所以说：

臣弑其君，子弑其父，非一朝一夕之故，其所由来者渐矣，由辨之不早辨也。《易》曰，“履霜坚冰至”，盖言顺也。

知道一切变迁都起于极微极细极简易的，故我们研究变迁，应该从这里下手。所以说：

夫易，圣人之所以极深而研几也（韩注，“极未形之理曰深，适动微之会曰几”）。唯深也，故能通天下之志；唯几也，故能成天下之务。

“深”是隐藏未现的。“几”字《易·系辞》说得最好：

几者，动之微，吉凶之先见者也（旧无凶字，义不可通。今按孔颖达《正义》云：“诸本或有凶字者，其定本则无也。”是唐时尚有凶字之本。今据增）。

孔子哲学的根本观念，只是要“知几”，要“见几”，要“防微杜渐”。大凡人生哲学（即伦理学），论人生行为的善恶，约分两大派：一派注重“居心”，注重“动机”；一派注重行为的效果影响。孔子的人生哲学，属于“动机”一派。

第二，人类的一切器物制度礼法，都起于种种“象”。换言之，“象”便是一切制度文物的“几”。这个观念，极为重要。因为“象”的应用，在心理和人生哲学一方面就是“意”，就是“居心”（孟子所谓“以仁存心，以礼存心”之存心）。就是俗话说的“念头”。在实际一方面，就是“名”，就是一切“名字”（郑玄说，古曰名，今曰字）。“象”的学说，于孔子的哲学上，有三层效果：

(1) 因为象事物的“动机”，故孔子的人生哲学，极注重行为的“居心”和“动机”。

(2) 因为“象”在实际上即是名号名字，故孔子的政治哲学主张一种“正名”主义。

(3) 因为象有仿效模范的意思，故孔子的教育哲学和政治哲学，又注重标准的榜样行为，注重正己以正人，注重以德化人。

第三，积名成“辞”，可以表示意象动作的趋向，可以指出动作行为的吉凶利害，因此可以作为人生动作的向导。故说：

理财正辞，禁民为非，曰义。

“正辞”与“正名”只是一事。孔子主张“正名”、“正辞”，只是一方面要鼓天下之动，一方面要禁民为非。

以上所说，是孔子哲学的重要大旨。如今且先说“正名主义”。正名主义，乃是孔子学说的中心问题。这个问题的重要，见于《论语·子路篇》：

子路曰：“卫君待子而为政，子将奚先？”

子曰：“必也正名乎！”（马融注，正百事之名）

子路曰：“有是哉，子之迂也！奚其正？”

子曰：“野哉由也！君子于其所不知，盖阙如也。名不正，则言不顺。言不顺，则事不成。事不成，则礼乐不兴。礼乐不兴，则刑罚不中。刑罚不中，则民无所措手足。故君子名之必可言也，言之必可行也。君子于其言，无所苟而已矣。”

请看名不正的害处，竟可致礼乐不兴，刑罚不中，百姓无所措手足。这是何等重大的问题！如今且把这一段仔细研究一番：

怎么说“名不正，则言不顺”呢？“言”是“名”组合成的。名字的意义若没有正当的标准，便连话都说不通了。孔子说：

觚不觚，觚哉？觚哉？

“觚”是有角之形。(《汉书·律历志》，“成六觚”。苏林曰：“六觚，六角也。”又《郊祀志》：“八觚宣通，象八方”。师古曰：“觚，角也。”班固《西都赋》：“上觚棱而栖金爵。”注云：“觚，八觚，有隅者也。”可证。)故有角的酒器叫作“觚”。后来把觚字用泛了，凡酒器可盛三升的，都叫作“觚”，不问他有角无角。所以孔子说：“现在觚没有角了。这也是觚吗？这也是觚吗？”不是觚的都叫作“觚”，这就是言不顺。且再举一例。孔子说：

政者，正也。子率以正，孰敢不正？

政字从正，本有正意。现今那些昏君贪官的政府，也居然叫作“政”，这也是“言不顺”了。

这种现象，是一种学识思想界昏乱“无政府”的怪现象。语言文字(名)是代表思想的符号，语言文字没有正确的意义，还有什么来做是非真假的标准呢？没有角的东西可叫作“觚”，一班暴君污吏可叫作“政”，怪不得少正卯、邓析一般人，要“以非为是，以是为非，是非无度，而可与不可日变”(用《吕氏春秋》语)了。

孔子当日眼见那些“邪说暴行”(说见本篇第二章)，以为天下的病根在于思想界没有公认的是非真伪的标准。所以他说：

天下有道，则庶人不议。

他的中心问题，只是要建设一种公认的是非真伪的标准，建设下手的方法便是“正名”。这是儒家公有的中心问题。试引荀卿的话为证：

今圣王没，名守慢，奇辞起，名实乱，是非之形不明，则虽守法之吏，诵数之儒，亦皆乱也。……异形离心交喻，异物名实互纽；贵贱不明，同类不别。如是，则志必有不喻之患，而事必有困废之祸”(《荀子·正名篇》，详解见第十一篇第三章)。

不正名则“志必有不喻之患，而事必有困废之祸”，这两句可作孔子“名不正则言不顺，言不顺则事不成”两句的正确注脚。

怎么说“事不成则礼乐不兴，礼乐不兴则刑罚不中”呢？这是说是非真伪善恶若没有公认的标准，则一切别的种种标准如礼乐刑罚之类，都不能成立。正如荀卿说的：“名守慢，奇辞起，名实乱，是非之形不明，则虽守法之吏，诵数之儒，亦皆乱也。”

“正名”的宗旨，只要建设是非善恶的标准，已如上文所说，这是孔门政治哲学的根本理想。《论语》说：

齐景公问政于孔子，孔子对曰：“君君臣臣，父父子子。”公曰：“善哉！信如君不君，臣不臣，父不父，子不子，虽有粟，吾得而食诸?”

“君君臣臣父父子子”，也只是正名主义。正名的宗旨，不但要使觚的是“觚”，方的是“方”，还须要使君真是君，臣真是臣，父真是父，子真是子。不君的君，不臣的臣，不子的子，和不觚的觚，有角的圜是同样的错谬。

如今且看孔子的正名主义如何实行。孟子说：

世衰道微，邪说暴行有作。臣弑其君者有之，子弑其父者有之。孔子惧，作《春秋》。《春秋》，天子之事也。是故孔子曰：“知我者，其惟《春秋》乎！罪我者，其惟《春秋》乎！”

又说：

昔者禹抑洪水而天下平。周公兼夷狄，驱猛兽，而百姓宁。孔子成《春秋》而乱臣贼子惧。

一部《春秋》便是孔子实行正名的方法。《春秋》这部书，一定是有深意“大义”的，所以孟子如此说法。孟子又说：

王者之迹熄而诗亡，诗亡，然后《春秋》作。晋之《乘》，楚之《梼杌》，鲁之《春秋》，一也。其事则齐桓晋文，其文则史。孔子曰：“其义则丘窃取之矣。”

庄子《天下》篇也说："春秋以道名分。"这都是论《春秋》最早的话，该可相信。若《春秋》没有什么"微言大义"，单是一部史书，那真不如"断烂朝报"了。孔子不是一个全无意识的人，似乎不至于做出这样极不可读的史书。

论《春秋》的真意，应该研究《公羊传》和《穀梁传》，晚出的《左传》最没有用。我不主张"今文"，也不主张"古文"，单就《春秋》而论，似乎应该如此主张。

《春秋》正名的方法，可分三层说：

第一，正名字。《春秋》的第一方法，是要订正一切名字的意义。这是言语学、文法学的事业。……所以我说《春秋》的第一义，是文法学、言语学的事业。

第二，定名分。上一条是"别同异"，这一条是"辨上下"。那时的周天子久已不算什么东西。楚吴都已称王，此外各国，也多拓地灭国，各自称雄。孔子眼见那纷争无主的现象，回想那封建制度最盛时代，井井有条的阶级社会，真有去古日远的感慨。所以《论语》说：

孔子谓季氏八佾舞于庭，是可忍也，孰不可忍也！

读这两句，可见他老人家气得胡子发抖的神气！《论语》又说：

三家者，以《雍》彻。子曰："相维辟公，天子穆穆"，奚取于三家之堂？

孔子虽明知一时做不到那"天下有道，礼乐征伐自天子出"的制度，他却处处要保存那纸上的封建阶级。所以《春秋》于吴楚之君，只称"子"，齐晋只称"侯"，宋虽弱小，却称"公"。践土之会，明是晋文公把周天子叫来，《春秋》却说是"天王狩于河阳"。周天子的号令，久不行了，《春秋》每年仍旧大收"春王正月"。这都是"正名分"的微旨。《论语》说：

子贡欲去告朔之饩羊，子曰："赐也，尔爱其羊，我爱其礼。"

这便是《春秋》大书“春王正月”一类的用意。

第三，寓褒贬。《春秋》的方法，最重要的，在于把褒贬的判断寄托在记事之中。司马迁《史记·自序》引董仲舒的话道：

夫《春秋》上明三王之道，下辨人事之纪，别嫌疑，明是非，定犹豫，善善恶恶，贤贤贱不肖……王道之大者也。

善善恶恶，贤贤贱不肖，便是褒贬之意。上章说“辞”字本有判断之意。故“正辞”可以“禁民为非”。《春秋》的“书法”，只是要人看见了生畏惧之心，因此趋善去恶。即如《春秋》书弑君三十六次，中间很有个分别，都寓有“记者”褒贬的判断。如下举的例：

(例一)(隐四年三月戊申)卫州吁弑其君完。

(例二)(隐四年九月)卫人杀州吁于濮。

(例三)(桓二年春王正月戊申)宋督弑其君与夷及其大夫孔父。

(例四) (文元年冬十月丁未)楚世子商臣弑其君頵(公、谷皆作髡)。

(例五)(文十六年)宋人弑其君杵臼。

(例六)(文十八年冬)莒弑其君庶其。

(例七)(宣二年秋九月乙丑)晋赵盾弑其君夷皋。

(例八)(成十八年春王正月庚申)晋弑其君州蒲。

即举此八例，可以代表《春秋》书弑君的义例。(例一)与(例三、四、七)同是书明弑者之名，却有个分别。(例一)是指州吁有罪。(例三)带着褒奖与君同死的大夫。(例四)写“世子商臣”以见不但是弑君，又是弑父，又是世子弑父。(例七)虽与(例一)同式，但弑君的人，并不是赵盾，乃是赵穿。因为赵盾不讨贼，故把弑君之罪责他。这四条是称臣弑君之例。(例二、五、六、八)都是称君不称弑者之例，却也有个分别。(例二)称“卫人”，又不称州吁为君，是讨贼的意思，故不称弑，只称杀。又明说“于濮”。濮是陈地，不是卫地，这是说卫人力不能讨贼，却要借助于外国人。（例五）也称“宋人”，是责备被弑的君有该死之罪，但他究竟是正式的君主，故称“其君”。（例六）与（例八）都称是“国”弑君之例，称“人”还只说“有些人”，称“国”便含有“全国”的意思。故称国弑君，那被弑之君，一定是罪大恶极的了。（例六）是太子仆弑君，又是弑父（据《左传》）。因为死者罪该死，故不著太子仆弑君弑父之罪。（例八）是栾书中行偃使程滑去弑君的。因为君罪恶太甚，故不罪弑君的人，却说这是国民的公意。

这种褒贬的评判，如果真能始终一致，本也很有价值。为什么呢？因为这种书法，不单是要使“乱臣贼子”知所畏惧，并且教人知道君罪该死，弑君不为罪；父罪该死，弑父不为罪（如上所举的例六是）。这是何等精神！只可惜《春秋》一书，有许多自相矛盾的书法。如鲁国几次弑君，却不敢直书。于是后人便生出许多“为尊者讳，为亲者讳，为贤者讳”等等文过的话，便把《春秋》的书法弄得没有价值了。这种矛盾之处，或者不是孔子的原文，后来被“权门”干涉，方才改了的。我想当日孔子那样称赞晋国的董狐（宣二年《左传》），岂有破坏自己的书法？但我这话，也没有旁的证据，只可算一种假设的猜想罢了。

总论《春秋》的三种方法——正名字、定名分、寓褒贬——都是孔子实行“正名”“正辞”的方法。这种学说，初看去觉得是很幼稚的。但是我们要知道这种学说，在中国学术思想上有绝大的影响。我且把这些效果略说一二，作为孔子正名主义的评判。

（1）语言文字上的影响。孔子的“君子于其言，无所苟而已矣”一句话，实是一切训诂书的根本观念。故《公羊》《穀梁》，都含有字典气味。……大概孔子的正名说无形之中，含有提倡训诂书的影响。

（2）名学上的影响。自从孔子提出“正名”的问题之后，古代哲学家都受了这种学说的影响。以后如荀子的“正名论”，法家的“正名论”，不用说了。即如墨子的名学，便是正名论的反响。杨朱的“名无实，实无名”，也是这种学说的反动。我们检直可以说孔子的正名主义，实是中国名学的始祖。正如希腊苏格拉底的“概念说”，是希腊名学的始祖。

(3) 历史上的影响。中国的历史学，几千年来很受了《春秋》的影响。试读司马迁《史记·自序》及司马光《资治通鉴》论“初命三晋为诸侯”一段，及朱熹《通鉴纲目》的正统书法各段，便可知《春秋》的势力了。《春秋》那部书，只可当作孔门正名主义的参考书看，却不可当作一部模范的史书看。后来的史家把《春秋》当作作史的模范，便大错了。为什么呢？因为历史的宗旨在于“说真话，记实事”。《春秋》的宗旨，不在记实事，只在写个人心中对于实事的评判。明是赵穿弑君，却说是赵盾弑君。明是晋文公召周天子，却说是“天王狩于河阳”。这都是个人的私见，不是历史的实事。后来的史家崇拜《春秋》太过了，所以他们作史，不去讨论史料的真伪，只顾讲那“书法”和“正统”，种种谬说。《春秋》的余毒就使中国只有主观的历史，没有物观的历史。

一以贯之

《论语》说孔子对子贡道：

“赐也，汝以予为多学，而识之者与？”

对曰：“然，非与？”

曰：“非也，予一以贯之。”（十五）

何晏注这一章最好。他说：

善有元，事有会。天下殊涂而同归，百虑而一致。知其元，则众善举矣。故不待学而一知之。

何晏所引，乃《易·系辞传》之文。原文是：

子曰：“天下何思何虑？天下同归而殊涂，一致而百虑。天下何思何虑？”

韩康伯注这一条，也说：

苟识其要，不在博求。一以贯之，不虑而尽矣。

《论语》又说：

子曰："参乎吾道，一以贯之。"

曾子曰："唯。"

子出，门人问曰："何谓也？"

曾子曰："夫子之道，忠恕而已矣。"（四）

"一以贯之"四个字，当以何晏所说为是。孔子认定宇宙间天地万物，虽然头绪纷繁，却有系统条理可寻。所以"天下之至赜"和"天下之至动"，都有一个"会通"的条理，可用"象"与"辞"表示出来。"同归而殊涂，一致而百虑"，也只是说这个条理系统。寻得出这个条理系统，便可用来综贯那纷烦复杂的事物。正名主义的目的，在于"正名以正百物"，也只是这个道理。

一个"人"字，可包一切人；一个"父"字，可包一切做父的。这便是繁中的至简，难中的至易。所以孔门论知识，不要人多学而识之。孔子明说"多闻，择其善者而从之，多见而识之"，不过是"知之次也"（七）。可见真知识，在于能寻出事物的条理系统，即在于能"一以贯之"。贯字本义为穿，为通，为统。"一以贯之"即是后来荀子所说的"以一知万"，"以一持万"。这是孔子的哲学方法。一切"知几"说，"正名"主义，都是这个道理。

自从曾子把"一以贯之"解作"忠恕"，后人误解曾子的意义，以为忠恕乃是关于人生哲学的问题，所以把"一以贯之"也解作"尽己之心，推己及人"，这就错了。"忠恕"两字，本有更广的意义。《大戴礼·三朝记》说：

知忠必知中，知中必知恕，知恕必知外。……内思毕心（一作必）曰知中。中以应实曰知恕，内恕外度曰知外。

章太炎作《订孔》下，论忠恕为孔子的根本方法，说：

心能推度曰恕，周以察物曰忠。故夫闻一以知十，举一隅而以三隅反者，恕之事也。……周以察物，举其征符，而辨其骨理者，忠之事也。……“身观焉”，忠也。“方不障”，恕也（《章氏丛书·检论三》。“身观焉，方不障”见《墨子·经说下》。

太炎这话发前人所未发。他所据的《三朝记》虽不是周末的书，但总可算得一部古书。恕字本训“如”（《苍颉篇》)。《声类》说：“以心度物曰恕。”恕即是推论（Inference)，推论总以类似为根据。如《中庸》说：

伐柯伐柯，其则不远。执柯以伐柯，睨而视之，犹以为远。

这是因手里的斧柄与要砍的斧柄同类，故可由这个推到那个。闻一知十，举一反三，都是用类似之点，作推论的根据。恕字训“如”，即含此意。忠字太炎解作亲自观察的知识（《墨子·经说下》：“身观焉，亲也。”)，《周语》说：“考中度衷为忠。”又说：“中能应外，忠也。”中能应外为忠，与《三朝记》的“中以应实，曰知恕”同意。可见忠恕两字意义本相近，不易分别。《中庸》有一章上文说“忠恕违道不远”，是忠恕两字并举。下文紧接“施诸己而不愿，亦勿施于人”；下文又说“所求乎子以事父”一大段，说的都只是一个“恕”字。此可见“忠恕”两字，与“恕”字同意，分知识为“亲知”（即经验）与“说知”（即推论）乃是后来墨家的学说。太炎用来解释忠恕两字，恐怕有点不妥。我的意思，以为孔子说的“一以贯之”和曾子说的“忠恕”，只是要寻出事物的条理统系，用来推论，要使人闻一知十，举一反三。这是孔门的方法论，不单是推己及人的人生哲学。

孔子的知识论，因为注重推论，故注意思虑。《论语》说：

学而不思则罔，思而不学则殆。(二)

学与思两者缺一不可。有学无思，只可记得许多没有头绪条理的物事，算不得知识。有思无学，便没有思的材料，只可胡思乱想，也算不得知识。但两者之中，学是思的预备，故更为重要。有学无思，虽然不好，但比有思无学害还少些。所以孔子说，多闻多见，还可算得是“知之次也”。又说：

吾尝终日不食，终夜不寝，以思。无益，不知学也。（十五）

孔子把学与思两事看得一样重，初看去似乎无弊。所以竟有人把“学而不思则罔，思而不学则殆”两句来比康德的“感觉无思想是瞎的，思想无感觉是空的”。但是孔子的“学”与康德所说的“感觉”略有不同。孔子的“学”并不是耳目的经验。看他说“多闻，多见而识之”（识通志），“好古敏以求之”，“信而好古”，“博学于文”，哪一句说的是实地的观察经验？墨家分知识为三种：一是亲身的经验，二是推论的知识，三是传受的知识。孔子的“学”只是读书，只是文字上传受来的学问。所以他的弟子中，那几个有豪气的，都不满意于这种学说。那最爽快的子路驳孔子道：

有民人焉，有社稷焉，何必读书，然后为学？（十一）

这句话孔子不能驳回，只得骂他一声“佞者”罢了。还有那“堂堂乎”的子张也说：

士见危授命，见得思义，祭思敬，丧思哀，其可已矣。（十九）

这就是后来陆九渊一派重“尊德性”而轻“道问学”的议论了。

所以我说孔子论知识注重“一以贯之”，注重推论，本来很好。只可惜他把“学”字看作读书的学问，后来中国几千年的教育，都受这种学说的影响，造成一国的“书生”废物，这便是他的流弊了。

以上说孔子的知识方法。

“忠恕”虽不完全属于人生哲学，却也可算得是孔门人生哲学的根本方法。

《论语》上子贡问可有一句话可以终身行得的吗？孔子答道：

其恕乎。己所不欲，勿施于人。（十五）

这就是《大学》的絜矩之道：

所恶于上，毋以使下；所恶于下，毋以事上；所恶于前，毋以先后；所恶于后，毋以从前；所恶于右，毋以交于左；所恶于左，毋以交于右；此之谓絜矩之道。

这就是《中庸》的忠恕：

忠恕违道不远。施诸己而不愿，亦勿施于人。君子之道四，丘未能一焉；所求乎子以事父，未能也；所求乎臣以事君，未能也；所求乎弟以事兄，未能也；所求乎朋友，先施之，未能也。

这就是孟子说的“善推其所为”：

老吾老，以及人之老；幼吾幼，以及人之幼。……古之人所以大过人者，无他焉，善推其所为而已矣。（一）

这几条都只说了一个“恕”字。恕字在名学上是推论，在人生哲学一方面，也只是一个“推”字。我与人同是人，故“己所不欲，勿施于人”，故“所恶于上，毋以使下”，故“所求乎子以事父”，故“老吾老，以及人之老”。只要认定我与人同属的类——只要认得我与人的共相，便自然推己及人。这是人生哲学上的“一以贯之”。

上文所说“恕”字只是要认得我与人的“共相”。这个“共相”即是“名”所表示。孔子的人生哲学，是和他的正名主义有密切关系的。古书上说，楚王失了一把宝弓，左右的人请去寻他。楚王说：“楚人失了，楚人得了，何必去寻呢？”孔子听人说这话，叹息道：“何不说‘人失了，人得了？’何必说‘楚人’呢？”这个故事很有道理。凡注重“名”的名学，每每先求那最大的名。“楚人”不如“人”的大，故孔子要楚王爱

“人”。故“恕”字《说文》训仁（训仁之字，古文作恕。后乃与训如之恕字混耳）。《论语》记仲弓问仁，孔子答语有“己所不欲，勿施于人”一句，可见仁与恕的关系。

孔门说仁虽是爱人（《论语》十三。《说文》，仁，亲也），却和后来墨家说的“兼爱”不相同。墨家的爱，是“无差等”的爱，孔门的爱，是“有差等”的爱。故说：“亲亲之杀”。看儒家丧服的制度，从三年之丧，一级一级的降到亲尽无服，这便是“亲亲之杀”。这都由于两家的根本观念不同。墨家重在“兼而爱之”的兼字，儒家重在“推恩足以保四海”的推字，故同说爱人，而性质截然不同。

仁字不但是爱人，还有一个更广的义。今试举《论语》论仁的几条为例。

颜渊问仁，子曰：“克己复礼为仁。”……颜渊曰：“请问其目。”子曰：“非礼勿视，非礼勿听，非礼勿言，非礼勿动。”

仲弓问仁，子曰：“出门如见大宾，使民如承大祭。己所不欲，勿施于人。在邦无怨，在家无怨。”

司马牛问仁，子曰：“仁者其言也讱。”（以上十二）

樊迟问仁，子曰：“居处恭，执事敬，与人忠。”（十三）

以上四条，都不止于爱人。细看这几条，可知仁即是做人的道理。克己复礼；出门如见大宾，使民如承大祭；居处恭，执事敬，与人忠：都只是如何做人的道理。故都可说是仁。《中庸》说：“仁者，人也。”《孟子》说：“仁也者，人也。”（七下）孔子的名学注重名的本义，要把理想中标准的本义来改正现在失了原意的事物。例如“政者正也”之类。“仁者人也”，只是说仁是理想的人道，做一个人须要能尽人道。能尽人道，即是仁。后人如朱熹之流，说“仁者，无私心而合天理之谓”，乃是宋儒的臆说，不是孔子的本意。蔡孑民《中国伦理学史》说孔子所说的“仁”，乃是“统摄诸德，完成人格之名”。这话甚是。《论语》记子路问成人，孔子答道：

若臧武仲之知，公绰之不欲，卞庄子之勇，冉求之艺，文之以礼乐，亦可以为成人矣。（十四）

成人即是尽人道，即是“完成人格”，即是仁。

孔子又提出“君子”一个名词，作为人生的模范。“君子”，本义为“君之子”，乃是阶级社会中贵族一部分的通称。古代“君子”与“小人”对称，君子指士以上的上等社会，小人指士以下的小百姓。试看《国风》《小雅》所用“君子”，与后世小说书中所称“公子”“相公”有何分别？后来封建制度渐渐破坏，“君子”“小人”的区别，也渐渐由社会阶级的区别，变为个人品格的区别。孔子所说君子，乃是人格高尚的人，乃是有道德，至少能尽一部分人道的人。故说：

君子而不仁者有矣夫，未有小人而仁者也。（十四）

这是说君子虽未必能完全尽人道，但是小人决不是尽人道的人。又说：

“君子道者三，我无能焉；仁者不忧，知者不惑，勇者不惧。”（十四）

司马牛问君子。子曰：“君子不忧不惧。……内省不疚，夫何忧何惧？”（十二）

子路问君子，子曰：“修己以敬，……修己以安人，……修己以安百姓。”（十四）

凡此皆可见君子是一种模范的人格。孔子的根本方法，上章已说过，在于指出一种理想的模范，作为个人及社会的标准。使人“拟之而后言，仪之而后动”。他平日所说“君子”便是人生品行的标准。

上文所说人须尽人道。由此理推去，可说做父须要尽父道，做儿子须要尽子道，做君须要尽君道，做臣须要尽臣道。故《论语》说：

齐景公问政于孔子。孔子对曰：“君君臣臣，父父子子。”公曰：“善

哉！信如君不君，臣不臣，父不父，子不子，虽有粟，吾得而食诸？”（十二）

又《易经·家人卦》说：

家人有严君焉，父母之谓也。父父子子，兄兄弟弟，夫夫妇妇，而家道正。正家而天下定矣。

这是孔子正名主义的应用。君君臣臣，父父子子，便是使家庭社会国家的种种阶级，种种关系，都能“顾名思义”，做到理想的标准地步。这个标准地步，就是《大学》上说的“止于至善”。《大学》说：

为人君，止于仁；为人臣，止于敬；为人子，止于孝；为人父，止于慈；与国人交，止于信。

这是伦常的人生哲学。“伦”字《说文》云：“辈也，一曰道也。”《曲礼》注：“伦犹类也。”《论语》“言中伦”，包注：“道也，理也。”孟子注，“伦，序也。”人与人之间，有种种天然的或人为的交互关系。如父子，如兄弟，是天然的关系。如夫妻，如朋友，是人造的关系。每种关系便是一“伦”。第一伦有一种标准的情谊行为。如父子之恩，如朋友之信，这便是那一伦的“伦理”。儒家的人生哲学，认定个人不能单独存在，一切行为都是人与人交互关系的行为，都是伦理的行为。故《中庸》说：

天下之达道五，曰：“君臣也，父子也，夫妇也，昆弟也，朋友之交也。”五者，天下之达道也。

“达道”是人所共由的路（参看《论语》十八，子路从而后一章）。因为儒家认定人生总离不了这五条达道，总逃不出这个大伦，故儒家的人生哲学，只要讲明如何处置这些伦常的道理。只要提出种种伦常的标准伦理。如《左传》所举的六顺：君义，臣行，父慈，子孝，兄爱，弟敬；如《礼运》所举的十义：父慈，子孝，兄良，弟悌，夫义，妇听，长惠，幼顺，君仁，臣忠；如《孟子》所举的五伦：父子有亲，君臣有义，夫妇有别，长幼有序，朋友有信。

故儒家的人生哲学，是伦理的人生哲学。后来孟子说墨子兼爱，是无父；杨子为我，是无君。无父无君，即是禽兽。孟子的意思，其实只是说墨家和杨氏（老庄各家近于杨氏）的人生哲学，或是极端大同主义，或是极端个人主义，都是非伦理的人生哲学。我讲哲学，不用“伦理学”三个字，却称“人生哲学”，也只是因为“伦理学”只可用于儒家的人生哲学，而不可用于别家。

孔子的人生哲学，不但注重模范的伦理，又还注重行为的动机。《论语》说：

视其所以，观其所由，察其所安，人焉廋哉？人焉廋哉？（二）

这一章乃是孔子人生哲学很重要的学说，可惜旧注家多不曾懂得这一章的真义。“以”字，何晏解作“用”，说“言视其所行用”，极无道理。朱熹解作“为”，说“为善者为君子，为恶者为小人”，也无道理，“以”字当作“因”字解。《邶风》：“何其久也，必有以也。”《左传》昭十三年：“我之不共，鲁故之以。”又老子“众人皆有以。”此诸“以”字，皆作因为解。凡“所以”二字连用，“以”字总作因为解。

孔子说观察人的行为，须从三个方面下手：

第一，看他因为什么要如此做；

第二，看他怎么样做，用的什么方法；

第三，看这种行为，在做的人身心上发生何种习惯，何种品行（朱熹说第二步为“意之所从来”是把第二步看作第一步了。

说第三步道：“安，所乐也。所由虽善，而心之所乐者，不在于是，则亦伪耳，岂能久而不变哉”，却很不错）。第一步是行为的动机，第二步是行为的方法，第三步是行为所发生的品行。这种三面都到的行为论，是极妥善无弊的。只可惜孔子有时把第一步的动机看得很重，所以后来的儒家，便偏向动机一方面，把第二步、第三步都抛弃不顾了。孔子论动机的话，如下举诸例：

今之孝者，是谓能养。至于犬马，皆能有养。不敬，何以别乎？（二）

人而不仁，如礼何？人而不仁，如乐何？（二）

苟志于仁矣，无恶也。（四）

动机不善，一切孝悌礼乐都只是虚文，没有道德的价值。这话本来不错（即墨子也不能不认“意”的重要。

看《耕柱》篇第四节），但孔子生平，痛恨那班聚敛之臣、斗筲之人的谋利政策，故把义利两桩分得太分明了。他说：

放于利而行多怨。（四）

君子喻于义，小人喻于利。（四）

但他却并不是主张“正其谊不谋其利”的人。《论语》说：

子适卫，冉有仆。子曰：“庶矣哉！”冉有曰：“既庶矣，又何加焉？”子曰：“富之。”曰：“既富矣，又何加焉？”曰：“教之。”（十四）

这岂不是“仓廪实而后知礼节，衣食足而后知荣辱”的政策吗？可见他所反对的利，乃是个人自营的私利。不过他不曾把利字说得明白，《论语》又有“子罕言利”的话，又把义利分作两个绝对相反的物事，故容易被后人误解了。

但我以为与其说孔子的人生哲学注重动机，不如说他注重养成道德的品行。后来的儒家只为不能明白这个区别，所以有极端动机的道德论。

孔子论行为，分动机、方法、品行三层，已如上文所说。动机与品行都是行为的“内容”。

我们论道德，大概分内容和外表两部。譬如我做了一件好事，若单是为了这事结果的利益，或是为了名誉，或是怕惧刑罚笑骂，方才做去，那都是“外表”的道德。若是因为我觉得理该去做，不得不去做，那便是属于“内容”的道德。

内容的道德论，又可分两种：一种偏重动机，认定“天理”（如宋儒中之主张天理人欲论者），或认定“道德的律令”（如康德），有绝对无限的尊严，善的理该去做，恶的理该不去做。一种注重道德的习惯品行，习惯已成，即是品行（习惯 Habit，品行 Character）。

有了道德习惯的人，见了善自然去做，见了恶自然不去做。例如良善人家的子弟，受了良善的家庭教育，养成了道德的习惯，自然会得善去恶，不用勉强。

孔子的人生哲学，依我看来，可算得是注重道德习惯一方面的。他论人性道：

性相近也，习相远也，惟上智与下愚不移。（十七）

“习”即是上文所说的习惯。孔子说：

吾未见好德如好色者也。（九）

已矣乎！吾未见好德如好色者也！（十五）

这两章意同而辞小异，可见这是孔子常说的话。他说不曾见好德如好色的人，可见他不信好德之心是天然有的。好德之心虽不是天然生就的，却可以培养得成。培养得纯熟了，自然流露。便如好色之心一般，毫无勉强。《大学》上说的“如恶恶臭，如好好色”，便是道德习惯已成时的状态。孔子说：

知之者，不如好之者。好之者，不如乐之者。（六）

人能好德恶不善，如好好色，如恶恶臭，便是到了“好之”的地位。道德习惯变成了个人的品行，动容周旋，无不合理，如孔子自己说的“从心所欲，不逾矩”，那便是已到“乐之”的地位了。

这种道德的习惯，不是用强迫手段可以造成的。须是用种种教育涵养的工夫方能造得成。孔子的正名主义，只是要寓褒贬，别善恶，使人见了善名自然生爱；见了恶名自然生恶。人生无论何时何地，都离不了名。故正名是极大的德育利器（参看《荀子·正名篇》及《尹文子·大道篇》）。此外孔子又极注重礼乐。他说：

兴于诗，立于礼，成于乐。（八）

不学诗，无以言，……不学礼，无以立。（十六）

诗，可以兴，可以观，可以群，可以怨……人而不为《周南》《召南》，其犹正墙面而立也欤。（十七）

恭而无礼则劳（有子曰，恭近于礼，远耻辱也）。慎而无礼则葸。勇而无礼则乱。直而无礼则绞。（八）

诗与礼乐都是陶融身心，养成道德习惯的利器。故孔子论政治，也主张用“礼让为国”。又主张使弦歌之声，遍于国中。此外孔子又极注重模范人格的感化。《论语》说：

季康子问政于孔子曰：“如杀无道，以就有道，何如?”孔子对曰：“子为政，焉用杀；子欲善，而民善矣。君子之德风，小人之德草，草上之风必偃。”（十三）

为政以德，譬如北辰，居其所而众星共之。（二）

因此他最反对用刑治国。他说：

道之以政，齐之以刑，民免而无耻。道之以德，齐之以礼，有耻且格。（二）

胡适讲人生

第一章

我们必须选择我们的方向

人生有何意义

一、答某君书

……我细读来书，终觉得你不免作茧自缚。你自己去寻出一个本不成问题的问题，“人生有何意义?”其实这个问题是容易解答的。人生的意义全是各人自己寻出来、造出来的：高尚、卑劣、清贵、污浊、有用、无用……全靠自己的作为。生命本身不过是一件生物学的事实，有什么意义可说?生一个人与一只猪、一只狗，有什么分别?

人生的意义不在于何以有生，而在于自己怎样生活。你若情愿把这六尺之躯葬送在白昼做梦之上，那就是你这一生的意义。你若发愤振作起来，决心去寻求生命的意义，去创造自己的生命的意义，那么，你活一日便有一日的意义，作一事便添一事的意义，生命无穷，生命的意义也无穷了。

总之，生命本没有意义，你要能给他什么意义，他就有什么意义。与其终日冥想人生有何意义，不如试用此生作点有意义的事。……

二、为人写扇子的话

知世如梦无所求，无所求心普空寂。

还似梦中随梦境，成就河沙梦功德。

王荆公小诗一首，真是有得于佛法的话。认得人生如梦，故无所求。但无所求不是无为。人生固然不过一梦，但一生只有这一场做梦的机会，岂可不努力做一个轰轰烈烈像个样子的梦？岂可糊糊涂涂懵懵懂懂混过这几十年吗？

新生活

哪样的生活可以叫作新生活呢？

我想来想去，只有一句话。新生活就是有意思的生活。

你听了，必定要问我，有意思的生活又是什么样子的生活呢？

我且先说一两件实在的事情做个样子，你就明白我的意思了。

前天你没有事做，闲的不耐烦了，你跑到街上一个小酒店里，打了四两白干，喝完了，又要四两，再添上四两。喝的大醉了，同张大哥吵了一回嘴，几乎打起架来。后来李四哥来把你拉开，你气忿忿的又要了四两白干，喝的人事不知，幸亏李四哥把你扶回去睡了。昨儿早上，你酒醒了，大嫂子把前天的事告诉你，你懊悔的很，自己埋怨自己："昨儿为什么要喝那么多酒呢？可不是糊涂吗？"

你赶上张大哥家去，作了许多揖，赔了许多不是，自己怪自己糊涂，请张大哥大量包涵。正说时，李四哥也来了，王三哥也来了。他们三缺一，要你陪他们打牌。你坐下来，打了十二圈牌，输了一百多吊钱。你回得家来，大嫂子怪你不该赌博，你又懊悔的很，自己怪自己道："是呵，我为什么要陪他们打牌呢？可不是糊涂吗？"

诸位，像这样子的生活，叫作糊涂生活，糊涂生活便是没有意思的生活。你做完了这种生活，回头一想，“我为什么要这样干呢?”你自己也回答不出究竟为什么。

诸位，凡是自己说不出“为什么这样做”的事，都是没有意思的生活。

反过来说，凡是自己说得出“为什么这样做”的事，都可以说是有意思的生活。

生活的“为什么”，就是生活的意思。

人同畜生的分别，就在这个“为什么”上。你到万牲园里去看那白熊一天到晚摆来摆去不肯歇，那就是没有意思的生活。我们做了人，应该不要学那些畜生的生活。畜生的生活只是糊涂，只是胡混，只是不晓得自己为什么如此做。一个人做的事应该件件回得出一个“为什么”。

我为什么要干这个？为什么不干那个？回答得出，方才可算是一个人的生活。

我们希望中国人都能做这种有意思的新生活。其实这种新生活并不十分难，只消时时刻刻问自己为什么这样做，为什么不那样做，就可以渐渐的做到我们所说的新生活了。

诸位，千万不要说“为什么”这三个字是很容易的小事。你打今天起，每做一件事，便问一个为什么——为什么不把辫子剪了？为什么不把大姑娘的小脚放了？为什么大嫂子脸上搽那么多的脂粉？为什么出棺材要用那么多叫化子？为什么娶媳妇也要用那么多叫化子？为什么骂人要骂他的爹娘？为什么这个？为什么那个？——你试办一两天，你就会觉得这三个字的趣味真是无穷无尽，这三个字的功用也无穷无尽。

诸位，我们恭恭敬敬的请你们来试试这种新生活。

人生问题

1903年，我只有十二岁，那年12月17日，有美国的莱特弟兄作第一次飞机试验，用很简单的机器试验成功，因此美国定12月17日为飞行节。12月17日正是我的生日，我觉得我同飞行有前世因缘。我在前十多年，曾在广西飞行过十二天，那时我作了一首《飞行小赞》，这算是关于飞行的很早的一首辞。诸位飞过大西洋、太平洋，我在民国三十年，在美国也飞过四万英里，这表示我同诸位不算很隔阂。

今天大家要我讲人生问题，这是诸位出的题目，我来交卷。这是很大的问题，让我先下定义，但是定义不是我的，而是思想界老前辈吴稚晖的。他说：人为万物之灵，怎么讲呢？第一，人能够用两只手做东西。第二，人的脑部比一切动物的都大，不但比哺乳动物大，并且比人的老祖宗猿猴的还要大。有这能做东西的两手和比一切动物都大的脑部，所以说人为万物之灵。

人生是什么？即是人在戏台上演戏，在唱戏。看戏有各种看法，即对人生的看法叫作人生观。但人生有什么意义呢？怎样算好戏？怎样算坏戏？我常想：人生意义就在我们怎样看人生。意义的大小浅深，全在我们怎样去用两手和脑部。人生很短，上寿不过百年，完全可用手脑做事的时候，不过几十年。有人说，人生是梦，是很短的梦。有人说，人生不过是肥皂泡。其实，就是最悲观的说法，也证实我上面所说人生的有没有意义全看我们对人生的看法。就算他是做梦吧，也要做一个热闹的，轰轰烈烈的好梦，不要做悲观的梦。既然辛辛苦苦的上台，就要好好的唱个好戏，唱个像样子的戏，不要跑龙套。

人生不是单独的，人是社会的动物，他能看见和想象他所看不到的东西，他有能看到上至数百万年下至子孙百代的能力。无论是过去、现在，或将来，人都逃不了人与人的关系。比如这一杯茶（讲演桌上放着一杯玻璃杯盛的茶）就包括多少人的贡献，这些人虽然看不见，但从种茶，挑选，用自来水，自来水又包括电力等等，这有多少人的贡献，这就可以看出社会的意义。我们的一举一动，也都有社会的意义，譬如我随便往地上吐口痰，经太阳晒干，风一吹起，如果我有痨病，风可以把病菌带给几个人至无数人。我今天讲的话，诸位也许有人不注意，也许有人认为没道理，也许说胡适之胡说，是瞎说八道，也许有人因我的话而去看看书，也许竟一生受此影响。一句话，一句格言，都能影响人。

我举一个极端的例子：两千五百年前，离尼泊尔不远地方，路上有一个乞丐死了，尸首正在腐烂。这时走来一位年轻的少爷叫 Gotama，后来就是释迦牟尼佛，这位少爷是生长于深宫中不知穷苦的，他一看到尸首，问这是什么？人说这是死。他说：噢！原来死是这样子，我们都不能不死吗？这位贵族少爷就回去想这问题，后来跑到森林中去想，想了几年，出来宣传他的学说，就是所谓佛学。

这尸身腐烂一件事，就有这么大的影响。飞机在莱特兄弟做试验时，是极简单的东西，经四十年的工夫，多少人聪明才智，才发展到今天。我们一举一动，一言一行，一点行为都可以有永远不能磨灭的影响。几年来的战争，都是由希特勒的一本《我的奋斗》闯的祸，这一本书害了多少人？反过来说，一句好话，也可以影响无数人，我讲一个故事：民国元年，有一个英国人到我们学堂讲话，讲的内容很荒谬，但他的 O 字的发音，同普通人不一样，是尖声的，这也影响到我的 O 字发音，许多我的学生又受到我的影响。

在四十年前，有一天我到一外国人家去，出来时鞋带掉了，那外国人提醒了我，并告诉我系鞋带时，把结头底下转一弯就不会掉了，我记住了这句话，并又告诉许多人，如今这外国人是死了，但他这句话已发生不可磨灭的影响。

总而言之，从顶小的事情到顶大的像政治、经济、宗教等等，我们的一举一动都有不可磨灭的影响，尽管看不见，影响还是有。在孔夫子小时，有一位鲁国人说：人生有三不朽，即立德，立功，立言。立德就是最伟大的人格，像耶稣、孔子等。立功就是对社会有贡献。立言包括思想和文学，最伟大的思想和文学都是不朽的。但我们不要把这句话看得贵族化，要看得平民化，比如皮鞋打结不散、吐痰、O的发音，都是不朽的。就是说：不但好的东西不朽，坏的东西也不朽，善不朽，恶亦不朽。一句好话可以影响无数人，一句坏话可以害死无数人。这就给我们一个人生标准，消极的我们不要害人，要懂得自己行为。积极的要使这社会增加一点好处，总要叫人家得我一点好处。再回来说，人生就算是做梦，也要做一个像样子的梦。宋朝的政治家王安石有一首诗，题目是《梦》，说："知世如梦无所求，无所求心普定寂，还似梦中随梦境，成就河沙梦功德。"不要丢掉这梦，要好好去做！即算是唱戏，也要好好去唱。

少年中国之精神

上回太炎先生谈话里面说现在青年的四种弱点，都是很可使我们反省的。他的意思是要我们少年人：（一）不要把事情看得太容易了；（二）不要妄想凭藉已成的势力；（三）不要虚慕文明；（四）不要好高骛远。这四条都是消极的忠告。我现在且从积极一方面提出几个观念，和各位同志商酌商酌。

一、少年中国的逻辑

逻辑即是思想、辩论、办事的方法。一般中国人现在最缺乏的就是一种正当的方法。因为方法缺乏，所以有下列的几种现象：

（一）灵异鬼怪的迷信，如上海的盛德坛及各地的各种迷信；（二）谩骂无理的议论；（三）用"诗云子曰"作根据的议论。（四）把西洋古人当作无上真理的议论；还有一种平常人不很注意的怪状，我且称他为“目的热”，就是迷信一些空虚的大话，认为高尚的目的，全不问这种观念的意义究竟如何。今天有人说“我主张统一和平”，大家齐声喝彩，就请他做内阁总理；明天又有人说“我主张和平统一”，大家又齐声叫好，就举他做大总统；此外还有什么“爱国”哪，“护法”哪，“孔教”哪，“卫道”哪……许多空虚的名词；意义不曾确定，也都有许多人随声附和，认为天经地义，这便是我所说的“目的热”。

以上所说各种现象都是缺乏方法的表示。我们既然自认为“少年中国”，不可不有一种新方法，这种新方法，应该是科学的方法。科学方法，不是我在这短促时间里所能详细讨论的，我且略说科学方法的要点：

第一，注重事实。科学方法是用事实作起点的，不要问孔子怎么说，柏拉图怎么说，康德怎么说；我们须要先从研究事实下手，凡游历、调查、统计等事都属于此项。

第二，注重假设。单研究事实，算不得科学方法。王阳明对着庭前的竹子做了七天的“格物”工夫，格不出什么道理来，反病倒了，这是笨伯的“格物”方法。科学家最重“假设（hypothesis）。观察事物之后，自然有几个假定的意思，我们应该把每一个假设所涵的意义彻底想出，看那意义是否可以解释所观察的事实？是否可以解决所遇的疑难？所以要博学。正是因为博学方才可以有许多假设，学问只是供给我们种种假设的来源。

第三，注重证实。许多假设之中，我们挑出一个，认为最合用的假设，但是这个假设是否真正合用？必须实地证明。有时候，证实是很容易的；有时候，必须用“试验”方才可以证实。证实了的假设，方可说是“真”的，方才可用。一切古人今人的主张、东哲西哲的学说，若不曾经过这一层证实的工夫，只可作为待证的假设，不配认作真理。

少年的中国，中国的少年，不可不时时刻刻保存这种科学的方法，实验的态度。

二、少年中国的人生观

现在中国有几种人生观是“少年中国”的仇敌：第一种是醉生梦死的无意识生活，固然不消说了；第二种是退缩的人生观，如静坐会的人，如坐禅学佛的人，都只是消极的缩头主义，这些人没有生活的胆子，不敢冒险，只求平安，所以变成一班退缩懦夫；第三种是野心的投机主义，这种人虽不退缩，但为完全自己的私利起见，所以他们不惜利用他人，作他们自己的器具，不惜牺牲别人的人格和自己的人格，来满足自己的野心，到了紧要关头，不惜作伪，不惜作恶，不顾社会的公共幸福，以求达他们自己的目的。这三种人生观都是我们该反对的。少年中国的人生观，依我个人看来，该有下列的几种要素：

第一，须有批评的精神。一切习惯、风俗、制度的改良，都起于一点批评的眼光。个人的行为和社会的习俗，都最容易陷入机械的习惯，到了“机械的习惯”的时代，样样事都不知不觉的做去，全不理会何以要这样做，只晓得人家都这样做故我也这样做，这样的个人便成了无意识的两脚机器，这样的社会便成了无生气的守旧社会。我们如果发愿要造成少年的中国，第一步便须有一种批评的精神；批评的精神不是别的，就是随时随地都要问我为什么要这样做？为什么不那样做？

第二，须有冒险进取的精神。我们须要认定这个世界是很多危险的，是不太平的，是需要冒险的。世界的缺点很多，是要我们来补救的；世界的痛苦很多，是要我们来减少的；世界的危险很多，是要我们来冒险进取的。俗话说得好：“成人不自在，自在不成人。”我们要做一个人，岂可贪图自在；我们要想造一个“少年的中国”，岂可不冒险。这个世界是给我们活动的大舞台，我们既上了台，便应该老着面皮，拼着头皮，大着胆子，干将起来；那些缩进后台去静坐的人都是懦夫，那些袖着双手只会看戏的人，也都是懦夫。这个世界岂是给我们静坐旁观的吗？那些厌恶这个世界，梦想超生别的世界的人，更是懦夫，不用说了。

第三，须要有社会协进的观念。上条所说的冒险进取，并不是野心的，自私自利的。我们既认定这个世界是给我们活动的，又须认定人类的生活全是社会的生活，社会是有机的组织，全体影响个人，个人影响全体。社会的活动全是互助的，你靠他帮忙，他靠你帮忙，我又靠你同他帮忙，你同他又靠我帮忙；你少说了一句话，我或者不是我现在的样子，我多尽了一分力，你或者也不是你现在的这个样子，我和你多尽了一分力，或少做了一点事，社会的全体也许不是现在这个样子，这便是社会协进的观念。有这个观念，我们自然把人人都看作同力合作的伴侣，自然会尊重人人的人格了；有这个观念，我们自然觉得我们的一举一动都和社会有关，自然不肯为社会造恶因，自然要努力为社会种善果，自然不致变成自私自利的野心投机家了。

少年的中国，中国的少年，不可不时时刻刻保存这种批评的、冒险进取的、社会的人生观。

三、少年中国的精神

少年中国的精神并不是别的，就是上文所说的逻辑和人生观。我且说一件故事做我这番谈话的结论：诸君读过英国史的，一定知道英国前世纪有一种宗教革新的运动，历史上称为“牛津运动”（The Oxford Movement），这种运动的几个领袖如客白尔（Keble）、纽曼（Newman）、福鲁德（Froude）诸人，痛恨英国国教的腐败，想大大的改革一番。这个运动未起事之先，这几位领袖做了一些宗教性的诗歌，写在一个册子上，纽曼摘了一句荷马的诗题在册子上，那句诗是：“You shall see the difference now that we are back again！”翻译出来即是：“如今我们回来了，你们看便不同了！”

少年的中国，中国的少年，我们也该时时刻刻记着这句话：“如今我们回来了，你们看便不同了！”

这便是少年中国的精神。

第二章

有所反省的人生必得容忍

容忍与自由

十七八年前，我最后一次会见我的母校康耐儿大学的史学大师布尔先生（George Lincoln Burr）。我们谈到英国文学大师阿克顿（Lord Acton）一生准备要著作一部《自由之史》，没有完成他就死了。布尔先生那天谈话很多，有一句话我至今没有忘记。他说，“我年纪越大，越感觉到容忍（tolerance）比自由更重要”。

布尔先生死了十多年了，他这句话我越想越觉得是一句不可磨灭的格言。我自己也有“年纪越大，越觉得容忍比自由还更重要”的感想。有时我竟觉得容忍是一切自由的根本；没有容忍，就没有自由。

我十七岁的时候（公元1908年）曾在《竞业旬报》上发表几条“无鬼丛话”，其中有一条是痛骂小说《西游记》和《封神榜》的，我说：

《王制》有之：“假于鬼神时日卜筮以疑众，杀。”吾独怪夫数千年来之排治权者，之以济世明道自期者，乃懵然不之注意，惑世诬民之学说得以大行，遂举我神州民族投诸极黑暗之世界！……

这是一个小孩子很不容忍的“卫道”态度。我在那时候已是一个无鬼论者、无神论者，所以发出那种摧除迷信的狂论，要实行《王制》（《礼让》的一篇）的“假于鬼神时日卜筮以疑众，杀”的一条经典！

我在那时候当然没有梦想到说这话的小孩子在十五年后（公元1923年）会很热心的给《西游记》作两万字的考证！我在那时候当然更没有想到那个小孩子在二三十年后还时时留心搜求可以考证《封神榜》的作者的材料！我在那时候也完全没有想想《王制》那句话的历史意义。那一段《王制》的全文是这样的：

析言破律，乱名改作，执左道以乱政，杀。作淫声异服奇技奇器以疑众，杀。行伪而坚，言伪而辩，学非而博，顺非而泽以疑众，杀。假于鬼神时日卜筮以疑众，杀。此四诛者，不以听。

我在五十年前，完全没有懂得这一段话说的“四诛”正是中国专制政体之下禁止新思想、新学术、新信仰、新艺术的经典的根据。我在那时候抱着“破除迷信”的热心，所以拥护那“四诛”之中的第四诛：“假于鬼神时日卜筮以疑众，杀。”我当时完全没有梦到第四诛的“假于鬼神……以疑众”和第一诛的“执左道以乱政”的两条罪名都可以用来摧残宗教信仰的自由。我当时也完全没有注意到郑玄注里用了公输般作“奇技异器”的例子；更没有注意到孔颖达《正义》里举了“孔子为鲁司寇七日而诛少正卯”的例子来解释“行伪而坚，言伪而辩，学非而博，顺非而泽以疑众，杀”。故第二诛可以用来禁绝艺术创作的自由，也可以用来“杀”许多发明“奇技异器”的科学家。故第三诛可以用来摧残思想的自由，言论的自由，著作出版的自由。

我在五十年前引用《王制》第四诛，要“杀”《西游记》《封神榜》的作者。那时候我当然没有想到十年之后我在北京大学教书时就有一些同样“卫道”的正人君子也想引用《王制》的第三诛，要“杀”我和我的朋友们。当年我要“杀”人，后来人要“杀”我，动机是一样的：都只因为动了一点正义的火气，就都失掉容忍的度量了。

我自己叙述五十年前主张“假于鬼神时日卜筮以疑众，杀”的故事，为的是要说明我年纪越大，越觉得“容忍”比“自由”还更重要。

我到今天还是一个无神论者，我不信有一个有意志的神，我也不信灵魂不朽的说法。

我自己总觉得，这个国家、这个社会、这个世界，绝大多数人是信神的，居然能有这雅量，能容忍我的无神论，能容忍我这个不信神也不信灵魂不灭的人，能容忍我在国内和国外自由发表我的无神论的思想，从没有人因此用石头掷我，把我关在监狱里，或把我捆在柴堆上用火烧死。我在这个世界里居然享受了四十多年的容忍与自由。我觉得这个国家、这个社会、这个世界对我的容忍度量是可爱的，是可以感激的。

所以我自己总觉得我应该用容忍的态度来报答社会对我的容忍。所以我自己不信神，但我能诚心的谅解一切信神的人，也能诚心的容忍并且敬重一切信仰有神的宗教。

我要用容忍的态度来报答社会对我的容忍，因为我年纪越大，我越觉得容忍的重要意义。若社会没有这点容忍的气度，我决不能享受四十多年大胆怀疑的自由，公开主张无神论的自由。

在宗教自由史上，在思想自由史上，在政治自由史上，我们都可以看见容忍的态度是最难得、最稀有的态度。人类的习惯总是喜同而恶异的，总不喜欢和自己不同的信仰、思想、行为。这就是不容忍的根源。不容忍只是不能容忍和我自己不同的新思想和新信仰。一个宗教团体总相信自己的宗教信仰是对的，是不会错的，所以它总相信那些和自己不同的宗教信仰必定是错的，必定是异端、邪教。一个政治团体总相信自己的政治主张是对的，是不会错的，所以它总相信那些和自己不同的政治见解必定是错的，必定是敌人。

一切对异端的迫害，一切对“异己”的摧残，一切宗教自由的禁止，一切思想言论的被压迫，都由于这一点深信自己是不会错的心理。因为深信自己是不会错的，所以不能容忍任何和自己不同的思想信仰了。

试看欧洲的宗教革新运动的历史。马丁·路德（Martin Luther）和约翰·高尔文（John Calvin）等人起来革新宗教，本来是因为他们不满意于罗马旧教的种种不容忍，种种不自由。但是新教在中欧、北欧胜利之后，新教的领袖们又都渐渐走上了不容忍的路上去，也不容许别人起来批评他们的新教条了。高尔文在日内瓦掌握了宗教大权，居然会把一个敢独立思想，敢批评高尔文的教条的学者塞维图斯（Servetus）定了“异端邪说”的罪名，把他用铁链锁在木桩上，堆起柴来，慢慢的活烧死。这是一五五三年十月二十三日的事。

这个殉道者塞维图斯的惨史，最值得人们的追念和反省。宗教革新运动原来的目标是要争取“基督教的人的自由”和“良心的自由”。何以高尔文和他的信徒们居然会把一位独立思想的新教徒用慢慢的火烧死呢？何以高尔文的门徒（后来继任高尔文为日内瓦的宗教独裁者）柏时（de Bèze）竟会宣言“良心的自由是魔鬼的教条”呢？

基本的原因还是那一点深信我自己是“不会错的”的心理。像高尔文那样虔诚的宗教改革家，他自己深信他的良心确是代表上帝的命令，他的口和他的笔确是代表上帝的意志，那末他的意见还会错吗？他还有错误的可能吗？在塞维图斯被烧死之后，高尔文曾受到不少人的批评。一五五四年，高尔文发表一篇文字为他自己辩护，他毫不迟疑的说：“严厉惩治邪说者的权威是无可疑的，因为这就是上帝自己说话。……这工作是为上帝的光荣战斗”。

上帝自己说话，还会错吗？为上帝的光荣作战，还会错吗？这一点“我不会错”的心理，就是一切不容忍的根苗。深信我自己的信念没有错误的可能（infallible），我的意见就是“正义”，反对我的人当然都是“邪说”了。我的意见代表上帝的意旨，反对我的人的意见当然都是“魔鬼的教条”了。

这是宗教自由史给我们的教训：容忍是一切自由的根本；没有容忍“异己”的雅量，就不会承认“异己”的宗教信仰可以享受自由。但因为不容忍的态度是基于“我的信念不会错”的心理习惯，所以容忍“异己”是最难得、最不容易养成的雅量。

在政治思想上，在社会问题的讨论上，我们同样的感觉到不容忍是常见的，而容忍总是很稀有的。我试举一个死了的老朋友的故事作例子。四十多年前，我们在《新青年》杂志上开始提倡白话文学的运动，我曾从美国寄信给陈独秀，我说：

此事之是非，非一朝一夕所能定，亦非一二人所能定。甚愿国中人士能平心静气与吾辈同力研究此问题。讨论既熟，是非自明。吾辈已张革命之旗，虽不容退缩，然亦决不敢以吾辈所主张为必是而不容他人之匡正也。

独秀在《新青年》上答我道：

鄙意容纳异议，自由讨论，固为学术发达之原则，独于改良中国文学当以白话为正宗之说，其是非甚明，必不容反对者有讨论之余地；必以吾辈所主张者为绝对之是，而不容他人之匡正也。

我当时看了就觉得这是很武断的态度。现在在四十多年之后，我还忘不了独秀这一句话，我还觉得这种“必以吾辈所主张者为绝对之是”的态度是很不容忍的态度，是最容易引起别人的恶感，是最容易引起反对的。

我曾说过，我应该用容忍的态度来报答社会对我的容忍。我现在常常想，我们还得戒律自己：我们着想别人容忍谅解我们的见解，我们必须先养成能够容忍谅解别人的见解的度量。至少我们应该戒约自己决不可“以吾辈所主张者为绝对之是”。我们受过实验主义的训练的人，本来就不承认有“绝对之是”，更不可以“以吾辈所主张者为绝对之是”。

信心与反省

这一期（《独立》一〇三期）里有寿生先生的一篇文章，题为《我们要有信心》。在这文里，他提出一个大问题：中华民族真不行吗？他自己的答案是：我们是还有生存权的。

我很高兴我们的青年在这种恶劣空气里还能保持他们对于国家民族前途的绝大信心。这种信心是一个民族生存的基础，我们当然是完全同情的。

可是我们要补充一点：这种信心本身要建筑在稳固的基础之上，不可站在散沙之上，如果信仰的根据不稳固，一朝根基动摇了，信仰也就完了。

寿生先生不赞成那些旧人“拿什么五千年的古国哟，精神文明哟，地大物博哟，来遮丑”。这是不错的。然而他自己提出的民族信心的根据，依我看来，文字上虽然和他们不同，实质上还是和他们同样的站在散沙之上，同样的挡不住风吹雨打。

例如他说：

> 我们今日之改进不如日本之速者，就是因为我们的固有文化太丰富了。
>
> 富于创造性的人，个性必强，接受性就较缓。

这种思想在实质上和那五千年古国精神文明的迷梦是同样的无稽的夸大。第一，他的原则“富于创造性的人，个性必强，接受性就较缓”，这个大前提就是完全无稽之谈，就是懒惰的中国士大夫捏造出来替自己遮丑的胡说。事实上恰是相反的：凡富于创造性的人必敏于模仿，凡不善模仿的人决不能创造。创造是一个最误人的名词，其实创造只是模仿到十足时的一点点新花样。古人说的最好："太阳之下，没有新的东西。"一切所谓创造都从模仿出来。我们不要被新名词骗了。新名词的模仿就是旧名词的"学"字："学之为言效也"是一句不磨的老话。例如学琴，必须先模仿琴师弹琴；学画必须先模仿画师作画；就是画自然界的景物，也是模仿。模仿熟了，就是学会了，工具用的熟了，方法练的细密了，有天才的人自然会"熟能生巧"，这一点功夫到时的奇巧新花样就叫作创造。凡不肯模仿，就是不肯学人的长处。不肯学如何能创造？伽利略（Galileo）听说荷兰有个磨镜匠人做成了一座望远镜，他就依他听说的造法，自己制造了一座望远镜。这就是模仿，也就是创造。从十七世纪初年到如今，望远镜和显微镜都年年有进步，可是这三百年的进步，步步是模仿，也步步是创造。一切进步都是如此：没有一件创造不是先从模仿下手的。孔子说的好：

> 三人行，必有我师焉：择其善者而从之，其不善者而改之。

这就是一个圣人的模仿。懒人不肯模仿，所以决不会创造。一个民族也和个人一样，最肯学人的时代就是那个民族最伟大的时代；等到他不肯学人的时候，他的盛世已过去了，他已走上衰老僵化的时期了，我们中国民族最伟大的时代，正是我们最肯模仿四邻的时代：从汉到唐宋，一切建筑、绘画、雕刻、音乐、宗教、思想、算学、天文、工艺，那一件里没有模仿外国的重要成分？佛教和他带来的美术建筑，不用说了。从汉朝到今日，我们的历法改革，无一次不是采用外国的新法；最近三百年的历法是完全学西洋的，更不用说了。到了我们不肯学人家的好处的时候，我们的文化也就不进步了。我们到了民族中衰的时代，只有懒劲学印度人的吸食鸦片，却没有精力学满洲人的不缠脚，那就是我们自杀的法门了。

第二，我们不可轻视日本人的模仿。寿生先生也犯了一般人轻视日本的恶习惯，抹杀日本人善于模仿的绝大长处。日本的成功，正可以证明我在上文说的“一切创造都从模仿出来”的原则。寿生说：

从唐以至日本明治维新，千数百年间，日本有一件事足为中国取镜者吗？中国的学术思想在她手里去发展改进过吗？我们实无法说有。

这又是无稽的诬告了。三百年前，朱舜水到日本，他居留久了，能了解那个岛国民族的优点，所以他写信给中国的朋友说，日本的政治虽不能上比唐虞，可以说比得上三代盛世。这是一个中国大学者在长期寄居之后下的考语。是值得我们的注意的。日本民族的长处全在他们肯一心一意的学别人的好处。他们学了中国的无数好处，但始终不曾学我们的小脚、八股文、鸦片烟。这不够“为中国取镜”吗？他们学别国的文化，无论在哪一方面，凡是学到家的，都能有创造的贡献。这是必然的道理。浅见的人都说日本的山水人物画是模仿中国的；其实日本画自有他的特点，在人物方面的成绩远胜过中国画，在山水方面也没有走上四王的笨路。在文学方面，他们也有很大的创造。近年已有人赏识日本的小诗了。

我且举一个大家不甚留意的例子。文学史家往往说日本的《源氏物语》等作品是模仿中国唐人的小说《游仙窟》等画的。现今《游仙窟》已从日本翻印回中国来了，《源氏物语》也有了英国人卫来先生（Athur Waley）的五巨册的译本。我们若比较这两部画，就不能不惊叹日本人创造力的伟大。如果“源氏”真是从模仿《游仙窟》出来的，那真是徒弟胜过师傅千万倍了！寿生先生原文里批评日本的工商业，也是中了成见的毒。日本今日工商业的长脚发展，虽然也受了生活程度比人低和货币低落的恩惠，但他的根基实在是全靠科学与工商业的进步。今日大阪与兰肯歇的竞争，骨子里还是新式工业与旧式工业的竞争。日本今日自造的纺织器是世界各国公认为最新最良的。今日英国纺织业也不能不购买日本的新机器了。这是从模仿到创造的最好的例子。不然，我们工人的工资比日本更低，货币平常也比日本钱更贱，为什么我们不能“与他国资本家抢商场”呢？我们到了今日，若还要抹煞事实，笑人模仿，而自居于“富于创造性者”的不屑模仿，那真是盲目的夸大狂了。

第三，再看看“我们的固有文化”是不是真的“太丰富了”。寿生和其他夸大本国固有文化的人们，如果真肯平心想想，必然也会明白这句话也是无根的乱谈。这个问题太大，不是这篇短文里所能详细讨论的，我只能指出几个比较重要之点。使人明白我们的固有文化实在是很贫乏的，谈不到“太丰富”的梦话。近代的科学文化、工业文化，我们可以撇开不谈，因为在那些方面，我们的贫乏未免太丢人了。我们且谈谈老远的过去时代罢。我们的周秦时代当然可以和希腊罗马相提并论，然而我们如果平心研究希腊罗马的文学、雕刻、科学、政治，单是这四项就不能不使我们感觉我们的文化的贫乏了。尤其是造形美术与算学的两方面，我们真不能不低头愧汗。

我们试想想，《几何原本》的作者欧几里得正和孟子先后同时；在那么早的时代，在二千多年前，我们在科学上早已大落后了！（少年爱国的人何不试拿《墨子》“经上篇”里的三五条几何学界说来比较《几何原本》？）从此以后，我们所有的，欧洲也都有；我们所没有的，人家所独有的，人家都比我们强。试举一个例子：欧洲有三个一千年的大学，有许多个五百年以上的大学，至今继续存在，继续发展，我们有没有？至于我们所独有的宝贝：骈文、律诗、八股、小脚、太监、姨太太、五世同居的大家庭、贞节牌坊、地狱活现的监狱、廷杖、板子夹棍的法庭……虽然“丰富”，虽然“在这世界无不足以单独成一系统”，究竟都是使我们抬不起头来的文物制度。即如寿生先生指出的“那更光辉万丈”的宋明理学，说起来也真正可怜！讲了七八百年的理学，没有一个理学圣贤指出裹小脚是不人道的野蛮行为，只见大家崇信“饿死事极小，失节事极大”的吃人礼教：请问那万丈光辉究竟照耀到那里去了？

以上说的，都只是略略指出寿生先生代表的民族信心是建筑在散沙上面，经不起风吹草动，就会倒塌下来的。信心是我们需要的，但无根据的信心是没有力量的。

可靠的民族信心，必须建筑在一个坚固的基础之上，祖宗的光荣自是祖宗之光荣，不能救我们的痛苦羞辱。何况祖宗所建的基业不全是光荣呢？我们要指出：我们的民族信心必须站在“反省”的惟一基础之上。反省就是要闭门思过，要诚心诚意的想，我们祖宗的罪孽深重，我们自己的罪孽深重；要认清了罪孽所在，然后我们可以用全副精力去消灾灭罪。

寿生先生引了一句“中国不亡是无天理”的悲叹词句，他也许不知道这句伤心的话是我十三四年前在中央公园后面柏树下对孙伏园先生说的，第二天被他记在《晨报》上，就流传至今。我说出那句话的目的，不是要人消极，是要人反省；不是要人灰心，是要人起信心，发下大弘誓来忏悔；来替祖宗忏悔，替我们自己忏悔；要发愿造新因来替代旧日种下的恶因。

今日的大患在于全国人不知耻。所以不知耻者，只是因为不曾反省。一个国家兵力不如人，被人打败了，被人抢夺了一大块土地去，这不算是最大的耻辱。一个国家在今日还容许整个的省分遍种鸦片烟，一个政府在今日还要依靠鸦片烟的税收——公卖税、吸户税、烟苗税、过境税——来做政府的收入的一部分，这是最大的耻辱。一个国家有五千年的历史，而没有一个四十年的大学，甚至于没有一个真正完备的大学，这是最大的耻辱。一个国家能养三百万不能捍卫国家的兵，而至今不肯计划任何区域的国民义务教育，这是最大的耻辱。

真诚的反省自然发生真诚的愧耻。孟子说的好：“不耻不若人，何若人有？”真诚的愧耻自然引起向上的努力，要发弘愿努力学人家的好处，铲除自家的罪恶。经过这种反省与忏悔之后，然后可以起新的信心：要信仰我们自己正是拨乱反正的人，这个担子必须我们自己来挑起。三四十年的天足运动已经差不多完全铲除了小脚的风气：从前大脚的女人要装小脚，现在小脚的女人要装大脚了。风气转移的这样快，这不够坚定我们的自信心吗？

历史的反省自然使我们明了今日的失败都因为过去的不努力，同时也可以使我们格外明了"种瓜得瓜，种豆得豆"的因果铁律。铲除过去的罪孽只是割断已往种下的果。我们要收新果，必须努力造新因。祖宗生在过去的时代，他们没有我们今日的新工具，也居然能给我们留下了不少的遗产。我们今日有了祖宗不曾梦见的种种新工具，当然应该有比祖宗高明千百倍的成绩，才对得起这个新鲜的世界。日本一个小岛国，那么贫瘠的土地，那么少的人民，只因为伊藤博文、大久保利通、西乡隆盛等几十个人的努力，只因为他们肯拼命的学人家，肯拼命的用这个世界的新工具，居然在半个世纪之内一跃而为世界三五大强国之一。这不够鼓舞我们的信心吗？

反省的结果应该使我们明白那五千年的精神文明。那"光辉万丈"的宋明理学，那并不太丰富的固有文化，都是无济于事的银样镴枪头。我们的前途在我们自己的手里。我们的信心应该望在我们的将来。我们的将来全靠我们下什么种，出多少力。"播了种一定会有收获，用了力决不至于白费"：这是翁文灏先生要我们有的信心。

再论信心与反省

在《独立》第一〇三期，我写了一篇《信心与反省》，指出我们对国家民族的信心不能建筑在歌颂过去上，只可以建筑在"反省"的惟一基础之上。在那篇讨论里，我曾指出我们的固有文化是很贫乏的，决不能说是"太丰富了"的；我们的文化，比起欧洲一系的文化来，"我们所有的，人家也都有；我们所没有的，人家所独有的，人家都比我们强。至于我们所独有的宝贝：骈文、律诗、八股、小脚……又都是使我们抬不起头来的文物制度。”所以我们应该反省：认清了我们的祖宗和我们自己的罪孽深重，然后肯用全力去消灾灭罪；认清了自己百事不如人，然后肯死心塌地的去学人家的长处。

我知道这种论调在今日是很不合时宜的，是触犯忌讳的，是至少要引起严厉的抗议的。可是我心里要说的话，不能因为人不爱听就不说了。正因为人不爱听，所以我更觉得有不能不说的责任。

果然，那篇文章引起了一位读者子固先生的悲愤，害他终夜不能睡眠，害他半夜起来写他的抗议，直写到天明。他的文章，《怎样才能建立起民族的信心》是一篇很诚恳的，很沉痛的反省。我很尊敬他的悲愤，所以我很愿意讨论他提出的论点，很诚恳的指出他那“一半不同”正是全部不同。

子固先生的主要论点是：

我们民族这七八十年以来，与欧美文化接触，许多新奇的现象炫盲了我们的眼睛，在这炫盲当中，我们一方面没出息地丢了我们固有的维系并且引导我们向上的文化，另一方面我们又没有能够抓住外来文化之中那种能够帮助我们民族更为强盛的一部分。结果我们走入迷途，堕落下去！

忠孝仁爱信义和平是维系并且引导我们民族向上的固有文化，科学是外来文化中能够帮助我们民族更为强盛的一部分。

子固先生的论调，其实还是三四十年前的老辈的论调。他们认得了富强的需要，所以不反对西方的科学工业；但他们心里很坚决的相信一切伦纪道德是我们所固有而不须外求的。老辈之中，一位最伟大的孙中山先生，在他的通俗讲演里，也不免要敷衍一般夸大狂的中国人，说“中国先前的忠孝仁爱信义种种的旧道德”都是驾乎外国人之上。中山先生这种议论在今日往往被一般人利用来做复古运动的典故，所以有些人就说“中国本来是一个由美德筑成的黄金世界”了（这是民国十八年叶楚伦先生的名言)!

子固先生也特别提出孙中山先生的伟大，特别颂扬他能“在当时一班知识阶级盲目崇拜欧美文化的狂流中，巍然不动地指示我们救国必须恢复我们固有文化，同时学习欧美科学”。但他如果留心细读中山先生的讲演，就可以看出他当时说那话时是很费力的，很不容易自圆其说的。例如讲“修身”，中山先生很明白的说：

但是从修身一方面来看，我们中国人对于这些功夫是很缺乏的。中国人一举一动都欠检点，只要和中国人来往过一次，便看得很清楚。(《三民主义》六)

他还对我们说：

所以今天讲到修身，诸位新青年，便应该学外国人的新文化。(《三民主义》六)

可是他一会儿又回过去颂扬固有的旧道德了。本来有保守性的读者只记得中山先生颂扬旧道德的话，却不曾细想他所颂扬的旧道德都只是几个人类共有的理想，并不是我们这个民族实行最力的道德。例如他说的“忠孝仁爱信义和平”，哪一件不是东西哲人共同提倡的理想？除了割股治病、卧冰求鲤一类不近人情的行动之外，哪一件不是世界文明人类公有的理想？孙中山先生也曾说过：

照这样实行一方面讲起来，仁爱的好道德，中国人现在似乎远不如外国。……但是仁爱还是中国的旧道德。我们要学外国，只要学他们那样实行，把仁爱恢复起来，再去发扬光大，便是中国固有的精神。(同上书)

在这短短一段话里，我们可以看出中山先生未尝不明白在仁爱的“实行”上，我们实在远不如人。所谓“仁爱还是中国的旧道德”者，只是那个道德的名称罢了。中山先生很明白的教人：修身应该学外国人的新文化，仁爱也“要学外国”。但这些话中的话都是一般人不注意的。

在这些方面，吴稚晖先生比孙中山先生彻底多了。吴先生在他的《一个新信仰的宇宙观及人生观》里，很大胆的说中国民族的“总和道德是低浅的”；同时他又指出西洋民族：

什么仁义道德，孝悌忠信，吃饭睡觉，无一不较上三族的人较有作法，较有热心。……讲他们的总和道德叫作高明。

这是很公允的评判。忠孝信义仁爱和平，都是有文化的民族共有的理想；在文字理论上，犹太人、印度人、希腊人，以至近世各文明民族，都讲的头头是道。所不同者，全在吴先生说的“有作法，有热心”两点。若没有切实的办法，没有真挚的热心，虽然有整千万册的理学书，终无救于道德的低浅。宋明的理学圣贤，谈性谈心，谈居敬，谈致良知，终因为没有作法，只能走上“终日端坐，如泥塑人”的死路上去。

我所以要特别提出子固先生的论点，只因为他的悲愤是可敬的，而他的解决方案还是无补于他的悲愤。他的方案，一面学科学，一面恢复我们固有的文化，还只是张之洞一辈人说的“中学为体，西学为用”的方案。老实说，这条路是走不通的。如果过去的文化是值得恢复的，我们今天不至糟到这步田地了。况且没有那科学工业的现代文化基础，是无法发扬什么文化的“伟大精神”的。忠孝仁爱信义和平是永远存在书本子里的；但是因为我们的祖宗只会把这些好听的名词都写作八股文章，画作太极图，编作理学语录，所以那些好听的名词都不能变成有作法有热心的事实。西洋人跳出了经院时代之后，努力做征服自然的事业，征服了海洋，征服了大地，征服了空气电气，征服了不少的原质，征服了不少的微生物——这都不是什么“保存国粹”、“发扬固有文化”的口号所能包括的工作，然而科学与工业发达的自然结果是提高了人民的生活，提高了人类的幸福，提高了各个参加国家的文化。结果就是吴稚晖先生说的“总和道德叫作高明”。

世间讲“仁爱”的书，莫过于《华严经》的“净行品”，那一篇妙文教人时时刻刻不可忘了人类的痛苦与缺陷，甚至于大便小便时都要发愿不忘众生：

左右便利，当愿众生，白除污秽，无淫怒痴。

已而就水，当愿众生，向无上道，得出世法。

以水涤秽，当愿众生，具足净忍，毕竟无垢。

以水盥掌，当愿众生，得上妙手，受特佛法。

但是一个和尚的弘愿，究竟能做到多少实际的“仁爱”？回头看看那一心想征服自然的科学救世者，他们发现了一种病菌，制成了一种血清，可以救活无量数的人类，其为“仁爱”，岂不是千万倍的伟大？

以上的讨论，好像全不曾顾到“民族的信心”的一个原来问题。这是因为子固先生的来论，剥除了一些动了感情的话，实在只说了一个“中学为体，西学为用”的老方案，所以我要指出这个方案的“一半”是行不通的：忠孝仁爱信义和平等等并不是“维系并且引导我们民族向上的固有文化”，他们不过是人类共有的几个理想，如果没有作法，没有热力，只是一些空名词而已。

这些好名词的存在并不曾挽救或阻止“八股、小脚、太监、姨太太、贞节牌坊、地狱的监牢、夹棍板子的法庭”的存在。这些八股、小脚等等“固有文化”的崩溃，也全不是程颢、朱熹、顾亭林、戴东原等等圣贤的功绩，乃是“与欧美文化接触”之后，那科学工业造成的新文化叫我们相形之下太难堪了，这些东方文明的罪孽方才逐渐崩溃的。

我要指出：我们民族这七八十年来与欧美文化接触的结果，虽然还不曾学到那个整个的科学工业的文明（可怜丁文江、翁文灏、颜任光诸位先生都还是四十多岁的少年，他们的工作刚开始哩!），究竟已替我们的祖宗消除了无数的罪孽，打倒了“小脚、八股、太监、五世同居的大家庭、贞节牌坊、地狱活现的监狱、夹棍板子的法庭”的一大部分或一小部分。这都是我们的“数不清的圣贤天才”从来不曾指摘讥弹的；这都是“忠孝仁爱信义和平”的固有文化从来不曾“引导向上”的。

这些祖宗罪孽的崩溃，固然大部分是欧美文明的恩赐，同时也可以表示我们在这七八十年中至少也还做到了这些消极的进步。子固先生说我们在这七八十年中“走入迷途，堕落下去”，这真是无稽的诬告！中国民族在这七八十年中何尝“堕落”？在几十年之中，废除了三千年的太监、一千年的小脚、六百年的八股、五千年的酷刑，这是“向上”，不是堕落！

不过我们的“向上”还不够，努力还不够。八股废止至今不过三十年，八股的训练还存在大多数老而不死的人的心灵里，还间接直接的传授到我们的无数的青年人的脑筋里。今日还是一个大家做八股的中国，虽然题目换了。小脚逐渐绝迹了，夹棍板子，砍头碎剐废止了，但裹小脚的残酷心理，上夹棍打屁股的野蛮心理，都还存在无数老少人们的心灵里。今日还是一个残忍野蛮的中国，所以始终还不曾走上法治的路，更谈不到仁爱和平了。

所以我十分诚挚的对全国人说：我们今日还要反省，还要闭门思过，还要认清祖宗和我们自己的罪孽深重，决不是这样浅薄的“与欧美文化接触”就可以脱胎换骨的。我们要认清那个容忍拥戴“小脚、八股、太监、姨太太、骈文、律诗、五世同居的大家庭、贞节牌坊、地狱的监牢、夹棍板子的法庭”到几千几百年之久的固有文化，是不足迷恋的，是不能引我们向上的。那里面浮沉着的几个圣贤豪杰，其中当然有值得我们崇敬的人，但那几十颗星儿终究照不亮那满天的黑暗。我们的光荣的文化不在过去，是在将来，是在那扫清了祖宗的罪孽之后重新改造出来的文化。替祖国消除罪孽，替子孙建立文明，这是我们人人的责任。

古代哲人曾参说的最好：

士不可以不弘毅，任重而道远。

先明白了“任重而道远”的艰难，自然不轻易灰心失望了。凡是轻易灰心失望的人，都只是不曾认清他挑的是一个百斤的重担，走的是一条万里的长路。今天挑不动，努力磨炼了总有挑得起的一天。今天走不完，走得一里前途就缩短了一里。“播了种一定会有收获，用了力决不至于白费”，这是我们最可靠的信心。

三论信心与反省

自从《独立》第一〇三号发表了那篇《信心与反省》之后，我收到了不少的讨论，其中有几篇已在《独立》（第一〇五、一〇六及一〇七号）登出了。我们读了这些和还有一些未发表的讨论，忍不住还要提出几个值得反复申明的论点来补充几句话。

第一个论点是：我们对于我们的“固有文化”，究竟应该采取什么态度？吴其玉先生（《独立》一〇六）怪我“把中国文化压得太低了”；寿生先生也怪我把中国文化“抑”的太过火了。他们都怕我把中国看得太低了，会造成“民族自暴自弃的心理，造成他对于其他民族屈服卑鄙的心理”。吴其玉先生说：我们“应该优劣并提。不可只看人家的长，我们的短；更应当知道我们的长，人家的短。这样我们才能有努力的勇气”。

这些责备的话，含有一种共同的心理，就是不愿意揭穿固有文化的短处，更不愿意接受“祖宗罪孽深重”的控诉。一听见有人指出

“骈文、律诗、八股、小脚、太监、姨太太、贞节牌坊、地狱活现的监狱、五世同居的大家庭、板子夹棍的法庭”等等，一般自命为爱国的人们总觉得心里怪不舒服，总要想出法子来证明这些“未必特别羞辱我们”，因为这些都是“不可免的现象，无论古今中外是一样的”（吴其玉先生的话）。所以吴其玉先生指出日本的“下女、男女同浴、自杀、暗杀、娼妓的风行、贿赂、强盗式的国际行为”；所以寿生先生也指出欧洲中古武士的“初夜权”、“贞操锁”。所以子固先生也要问：“欧洲可有一个文化系统过去没有类似小脚、太监、姨太太、骈文、律诗、八股、地狱活现的监狱、廷杖、板子夹棍的法庭一类的丑处呢?”有周作人先生来信，指出这又是“西洋也有臭虫”的老调。这种心理实在不是健全的心理，只是“遮羞”的一个老法门而已。从前笑话书上说：甲乙两人同坐，甲摸着身上一个虱子，有点难为情，把它抛在地上，说：“我道是个虱子，原来不是的。”乙偏不识窍，弯身下去，把虱子拾起来，说：“我道不是个虱子，原来是个虱子!”甲的做法，其实不是除虱的好法子。乙的做法，虽然可恼，至少有“实事求是”的长处。虱子终是虱子，臭虫终是臭虫，何必讳呢?何必问别人家有没有呢?

况且我原来举出的“我们所独有的宝贝”：骈文、律诗、八股、小脚、太监、姨太太、五世同居的大家庭、贞节牌坊、地狱的监牢、廷杖、板子夹棍的法庭这十一项，除姨太太外，差不多全是“我们所独有的”，“在这世界无不足以单独成一系统的”。高跟鞋与木屐何足以媲美小脚?“贞操锁”我在巴黎的克吕尼博物院看见过，并且带有照片回来，这不过是几个色情狂的私人的特制，万不配上比那普及全国至一千多年之久，诗人颂为香钩，文人尊为金莲的小脚。我们走遍世界，研究过初民社会，没有看见过一个文明的或野蛮的民族把他们的女人的脚裹小到三四寸，裹到骨节断折残废，而一千年公认为“美”的!也没有看见过一个文明的民族的智识阶级有话不肯老实的说，必须凑成对子，做成骈文律诗律赋八股，历一千几百年之久，公认为“美”的！无论我们如何爱护祖宗，这十项的“国粹”是洋鬼子家里搜不出来的。

况且西洋的“臭虫”是装在玻璃盒里任人研究的，所以我们能在巴黎的克吕尼博物院纵观高跟鞋的古今沿革，纵观“贞操锁”的制法，并且可以在博物院中购买精制的“贞操锁”的照片寄回来让国中人士用作“西洋也有臭虫”的实例。我们呢？我们至今可有一个历史博物馆敢于搜集小脚鞋样、模型、图画，或鸦片烟灯、烟枪、烟膏，或廷仗、板子、闸床、夹棍等等极重要的文化史料，用历史演变的原理排列展览，供全国人的研究与警醒的吗？因为大家都要以为灭迹就可以遮羞，所以青年一辈人全不明白祖宗造的罪孽如何深重，所以他们不能明白国家民族何以堕落到今日的地步，也不能明白这三四十年的解放与改革的绝大成绩。不明白过去的黑暗，所以他们不认得今日的光明。不懂得祖宗罪孽的深重，所以他们不能知道这三四十年革新运动的努力并非全无效果。

我们今日所以还要郑重指出八股、小脚、板子、夹棍等等罪孽，岂是仅仅要宣扬家丑？我们的用意只是要大家明白我们的脊梁上驮着那二三千年的罪孽重担，所以几十年的不十分自觉的努力还不能够叫我们海底翻身。同时我们也可以从这种历史的知识上得着一种坚强的信心：三四十年的一点点努力已可以废除三千年的太监，一千年的小脚，六百年的八股，四五百年的男娼，五千年的酷刑，这不够使我们更决心向前努力吗！西洋人把高跟鞋、细腰模型、贞操锁都装置在博物院里，任人观看，叫人明白那个“美德造成的黄金世界”原来不在过去，而在那辽远的将来。这正是鼓励人们向前努力的好方法，是我们青年人不可不知道的。

固然，博物院里同时也应该陈列先民的优美成绩，谈固有文化的也应该如吴其玉先生说的“优劣并提”。这虽然不是我们现在讨论的本题（本题是“我们的固有文化真是太丰富了吗”），我们也可以在此谈谈。我们的固有文化究竟有什么“优”“长”之处呢？我是研究历史的人，也是个有血气的中国人，当然也时常想寻出我们这个民族的固有文化的优长之处。但我寻出来的长处实在不多，说出来一定叫许多青年人失望。

依我的愚见，我们的固有文化有三点是可以在世界上占数一数二的地位的：

第一是我们的语言的“文法”是全世界最容易最合理的。

第二是我们的社会组织，因为脱离封建时代最早，所以比较的是很平等的，很平民化的。

第三是我们的先民，在印度宗教输入以前，他们的宗教比较的是最简单的，最近人情的；就在印度宗教势力盛行之后，还能勉力从中古宗教之下爬出来，勉强建立一个人世的文化；这样的宗教迷信的比较薄弱，也可算是世界稀有的。然而这三项都夹杂着不少的有害成分，都不是纯粹的长处。

文法是最合理的简易的，可是文学的形体太繁难，太不合理了。社会组织是平民化了，同时也因为没有中坚的主力，所以缺乏领袖，又不容易组织，弄成一个一盘散沙的国家；又因为社会没有重心，所以一切风气都起于最下层而不出于最优秀的分子，所以小脚起于舞女，鸦片起于游民，一切赌博皆出于民间，小说戏曲也皆起于街头弹唱的小民。至于宗教，因为古代的宗教太简单了，所以中国全国投降了印度宗教，造成了一个长期的黑暗迷信的时代，至今还留下了不少的非人生活的遗痕。

然而这三项究竟还是我们在这个世界上最特异的三点：最简单合理的文法、平民化的社会构造、薄弱的宗教心。此外，我想了二十年，实在想不出什么别的优长之点了。如有别位学者能够指出其他的长处来，我当然很愿意考虑的。（这个问题当然不是一段短文所能讨论的，我在这里不过提出一个纲要而已。）

所以，我不能不被逼上“固有文化实在太不丰富”之结论了。我以为我们对于固有的文化，应该采取历史学者的态度，就是“实事求是”的态度。一部文化史平铺放着，我们可以平心细看：如果真是丰富，我们又何苦自讳其丰富？如果真是贫乏，我们也不必自讳其贫乏。如果真是罪孽深重，我们也不必自讳其罪孽深重。“实事求是”，才是最可靠的反省。自认贫乏，方才肯死心塌地的学；自认罪孽深重，方才肯下决心去消除罪孽。如果因为发现了自家不如人，就自暴自弃了，那只是不孝的纨绔子弟的行径，不是我们的有志青年应该有的态度。

话说长了，其他的论点不能详细讨论了，姑且讨论第二个论点，那就是模仿与创造的问题。吴其玉先生说文化进步发展的方式有四种：（一）模仿。（二）改进。（三）发明。（四）创作。这样分法，初看似乎有理，细看是不能成立的。

吴先生承认“发明”之中“很多都由模仿来的”，“但也有许多与旧有的东西毫无关系”。其实没有一件发明不是由模仿来的。吴先生举了两个例：一是瓦特的蒸汽机，一是印字术。他若翻开任何可靠的历史书，就可以知道这两件也是从模仿旧东西出来的。印字术是模仿抄写，这是最明显的事：从抄写到刻印章，从刻印章到刻印板画，从刻印板画到刻印符咒短文，逐渐进到刻印大部书，又由刻板进到活字排印，历史具在，哪一个阶段不是模仿前一个阶段而添上的一点新花样？瓦特的蒸汽机，也是从模仿来的。

瓦特生于一七三六年，他用的是牛可门（Newcomen）的蒸汽机，不过加上第二个凝冷器及其他修改而已。牛可门生于一六六三年，他用了同时人萨维里（Savery）的蒸汽机。牛、萨两人又都是根据法国人巴平（Denis Papin）的蒸汽唧筒。巴平又是模仿他的老师荷兰人胡根斯（Huygens）的空气唧筒的。吴先生举的两个“发明”的例子，其实都是我所说的“模仿到十足时的一点新花样”。吴先生又说：

创作也须靠模仿为入手，但只模仿是不够的。

这和我的说法有何区别？他把“创作”归到“精神文明”方面，如美术、音乐、哲学等。这几项都是“模仿以外，还须有极高的开辟天才和独立的精神”。我的说法并不曾否认天才的重要。我说的是：

模仿熟了，就是学会了，工具用的熟了，方法练的细密了，有天才的人自然会“熟能生巧”，这一点功夫到时的奇巧新花样就叫作创造。（《信心与反省》页四八）

吴先生说：“创造须由模仿入手。”我说：“一切所谓创造都从模仿出来。”我看不出有一丝一毫的分别。

如此看来，吴先生列举的四个方式，其实只有一个方式：一切发明创作都从模仿出来。没有天才的人只能死板的模仿；天才高的人，功夫到时，自然会改善一点；改变的稍多一点，新花样添的多了，就好像是一件发明或创作了，其实还只是模仿功夫深时添上的一点新花样。

这样的说法，比较现时一切时髦的创造论似乎要减少一点弊窦。今日青年人的大毛病是误信“天才”、“灵感”等等最荒谬的观念，而不知天才没有功力只能磋跎自误，一无所成。

世界大发明家爱迪生说的最好：“天才（Genius）是一分神来，九十九分汗下。”他所谓“神来”（Inspiration）即是玄学鬼所谓“灵感”。用血汗苦功到了九十九分时，也许有一分的灵巧新花样出来，那就是创作了。颓废懒惰的人，痴待“灵感”之来，是终无所成的。

寿生先生引孔子的话：“吾尝终日不食，终夜不寝，以思，无益，不如学也。”这一位最富于常识的圣人的话是值得我们大家想想的。

第三章

没有理想，我们的心将安放何处

梦想与理想

梦想作人事业，人或笑之，以为无益。其实不然。天下多少事，皆起于一二人之梦想。今日大患，在于无梦想之人耳。

尝谓欧人长处在敢于理想。其理想所凝集，往往托诸“乌托邦”(Utopia)。柏拉图之 Republic（《理想国》），培根之 New Atlantis（《新亚特兰蒂斯》），穆尔（Thomas More）之 Utopia（《乌托邦》），圣阿格斯丁（St. Augustine）之 City of God（《上帝城》），康德之 Kingdom of Ends（《论万物之终结》）及其 Eternal Peace（《太平论》），皆乌托邦也。乌托邦者，理想中之至治之国，虽不能至，心向往焉。今日科学之昌明，有远过培根梦想中之《郅治国》者，三百年间事耳。今日之民主政体虽不能如康德所期，然有非柏拉图二千四百年前所能梦及者矣。七十年前（公元 1842 年），诗人邓耐生有诗云：

Far I dipt into the future，far as human eye could see，

Saw the vision of the world，and all the wonder that would be；

Saw the heavens with commerce，argosies of magic sails，

Pilot of the purple twilight，dropping down with costly bales；

Heard the heavens fill with shouting，and there rained a ghastly dew

From the nations，airy navies grappling in the central blue；

Far along the world－wide whisper of the south wind rushing warm

With the standards of the peoples plunging through the thunderstorm；

Till the war－drum throbbed no longer，and the battle－flags were furled.

In the Parliament of man，the Federation of the world.

Locksley Hall

［译文］

吾曾探究未来，凭眼极力远眺，

望见世界之远景，望见将会出现之种种奇迹；

看到空中贸易不断，玄妙之航队穿梭往来，

驾紫色暮霭之飞行者纷纷降落，携带昂贵之货品；

听到天上充满呐喊声，交战各国之舰队在蓝天中央厮杀，

降下一阵可怖之露水；

同时，在遍及全世界之和煦南风奏响之飒飒声中，

在雷电之轰鸣声中，各民族之军旗勇往直前；

直到鸣金收兵，直到战旗息偃，

息偃在全人类之议会里，在全世界之联邦里。

《洛克斯利田庄》

在当时句句皆梦想也。而七十年来，前数句皆成真境，独末二语未验耳。然吾人又安知其果不能见诸实际乎？

天下无不可为之事，无不可见诸实际之理想。电信也，电车也，汽机也，无线电也，空中飞行也，海底战斗也，皆数十年梦想所不及

者也，今都成实事矣。理想家念此可以兴矣。

吾国先秦诸子皆有乌托邦：老子、庄子、列子皆悬想一郅治之国；孔子之小康大同，尤为卓绝古今。汉儒以还，思想滞塞，无敢作乌托邦之想者，而一国之思想遂以不进。吾之以乌托邦之多寡，卜思想之盛衰，有以也夫！

我梦想一个理想的牢狱

问：先生个人的生活中有什么梦想？（这梦想当然不一定是能实现的。）

答：我梦想一个理想的牢狱，我在那里面受十年或十五年的监禁。在那里面，我不许见客，不许见亲属，只有星期日可以会见他们。可是我可以读书，可以向外面各图书馆借书进来看，可以把我自己的藏书搬一部分进来用。我可以有纸墨笔砚，每天可以做八小时的读书著述工作。每天有人监督我做一点钟的体操，或一两点钟的室外手工，如锄地、扫园子、种花、挑水一类的工作。

我想，如果我有这样十年或十五年的梦想生活，我可以把我能做的工作全部都做出，岂不快哉！

为什么读书

青年会叫我在未离南方赴北方之前在这里谈谈，我很高兴，题目是《为什么要读书》。现在读书运动大会开始，青年会拣定了三个演讲题目。我看第二个题目《怎样读书》很有兴味，第三个题目《读什么书》更有兴味，第一个题目无法讲，“为什么要读书”，连小孩子都知道，讲起来很难为情，而且也讲不好。所以我今天讲这个题目，不免要侵犯其余两个题目的范围，不过我仍旧要为其余两位演讲的人留一些余地。

现在我就把这个题目来试一下看。我从前也有过一次关于读书的演讲，后来我把那篇演讲录略事修改，编入三集文存里面，那篇文章题目叫作《读书》，其内容性质较近于第二个题目，诸位可以拿来参考。今天我就来试试“为什么要读书”这个题目。

从前有一位大哲学家做了一篇《读书乐》，说到读书的好处，他说：“书中自有千钟粟，书中自有黄金屋，书中自有颜如玉。”这意思就是说，读了书可以做大官，获厚禄，可以不至于住茅草房子，可以娶得年轻的漂亮太太（台下哄笑）。诸位听了笑起来，足见诸位对于这位哲学家所说的话不十分满意，现在我就讲所以要读书的别的原因。

为什么要读书？有三点可以讲：

第一，因为书是过去已经知道的知识学问和经验的一种记录，我们读书便是要接受这人类的遗产；

第二，为要读书而读书，读了书便可以多读书；

第三，读书可以帮助我们解决困难，应付环境，并可获得思想材料的来源。我一踏进青年会的大门，就看见许多关于读书的标语。为什么读书大概诸位看了这些标语就都已知道了，现在我就把以上三点更详细地说一说。

第一，因为书是代表人类老祖宗传给我们的知识的遗产，我们接受了这遗产，以此为基础，可以继续发扬光大，更在这基础之上，建立更高深更伟大的知识。人类之所以与别的动物不同，就是因为人有语言文字，可以把知识传给别人，又传至后人，再加以印刷术的发明，许多书报便印了出来。人的脑很大，与猴不同，人能造出语言，后来更进一步而有文字，又能刻木刻字，所以人最大的贡献就是能累积过去的知识和经验，使后人可以节省很多脑力。

非洲野蛮人在山野中遇见鹿，他们就画了一个人和一只鹿以代信，给后面的人叫他们勿追。但是把知识和经验遗给儿孙有什么用处呢？

这是有用处的，因为这是前人很好的教训。现在学校里各种教科书，如物理、化学、历史等等，都是根据几千年来进步的知识编纂成书的，一年、两年，或者三年教完一科。自小学、中学，而至大学毕业，这十六年所受的教育，都是代表我们老祖宗几千年来得来的知识学问和经验，所谓进化，就是叫人节省劳力。

蜜蜂虽能筑巢，能发明，但传下来就只有这一点知识，没有继续去改革改良，以应付环境，没有做格外进一步的工作。人呢，达不到目的，就再去求进步，而以前人的知识学问和经验作参考。如果每样东西，要个个人从头学起，而不去利用过去的知识，那不是太麻烦了吗？所以人有了这知识的遗产，就可以自己去成家立业，就可以缩短工作，使有余力做别的事。

第二点稍复杂，就是为读书而读书，为求过去的知识而读书。不错，知识可以从书本中得来，但读书不是那么容易的一件事情，不读书不能读书，要能读书才能多读书。好比戴了眼镜，小的可以放大，模糊的可以看得清楚，远的可以变近，所以读书要戴眼镜。不读书，学问不能进去，读书没有门径，学问也不能进去。王安石对曾子固说过，“经而已不足以致经”，所以他对于《本草纲目》、内经、小说，无所不读，这样对于经才可以明白一些，所谓“致已知而后读”，读书无非扩充知识而已。

我十二岁时，各种小说都看得懂，到了三十年以后，再回头看，很多不懂。讲到诗经，从前以为讲的是男女爱情、文王后妃一类的事，从前是戴了一副黑眼镜去看，现在换了一副眼镜，觉得完全不同。现在才知道诗经和民间歌谣很有关系。对于民间歌谣的研究，近来很有进步，北平有歌谣周刊，歌谣丛书，关于各地歌谣收罗很广。我们如果能把歌谣的文章，社会学、人类学，研究一下，就可以知道幼稚时代的环境和生活很有趣味，例如诗经里有一段说：“白茅包之，有女怀春，吉士诱之。”在从前眼光看来，觉得完全讲不通，现在才知道当时野蛮人社会有一种风俗，就是男子向女子求婚，要打野兽送到女家，若不收，便是不答应。还有诗经里“窈窕淑女”一节，从比较民族学眼光看来，我们可以知道当时社会的人，吃饭时可以打鼓弹琴，丝毫没有受礼教的束缚。再从文法方面来观察，像诗经里“之子于归”、“黄鸟于飞”、“凤凰于飞”的“于”字，此外，诗经里又有几百个“维”字，这些都是有作用无意义的虚字，但以前的人却从未注意及此。所以书是越看越有意义，书越多读越能读书。

再说在《墨子》一书里，差不多各种学问都有，像光学、力学、逻辑、算学、几何学上的圆和平行线，以及经济学上的购买力和货币，几乎什么都讲到了，但你要懂得光学，才能懂得墨子所说的光，你要懂得各种知识，才能懂得墨子。总之，读书是为了要读书，多读书更可以读书。最大的毛病就在怕读书，怕书难读。越难读的书我们越要征服它们，把它们作为我们的奴隶或向导。我们要打倒难读，这才是我们的“读书乐”，若是我们有了基础的科学知识，那么，我们在读书时便能左右逢源。我再说一遍，读书的目的在于读书，要读书越多才可以读书越多。

第三点，读书可以帮助解决困难，应付环境，供给思想材料，知识是思想材料的来源。思想可分作五步，思想的起源是大的疑问。吃饭拉屎不用想，但逢着三岔路口，十字街头那样的环境，就发生困难了。走东或是走西，这样做或是那样做，困难很多。病有各样的病，发烧，头痛，多得很。第二步要把问题弄清，困难弄清。第三步才想到如何解决。读书就是出主意，暗示，但主意很多，于是又逢着困难。主意多少要看学问多少，都采用也不行。第四步就是要选择一个假定的解决方法。要想到这一个方法能不能解决，若不能，那么，就换了一个，若能就行了。这好比开锁，这一个钥匙开不出就换了一个，假定是可以开的，那么，问题就解决了。第五步就是试验。凡是有条理的思想都要经过这五步，或是逃不了这五个阶段。科学家要解决问题，侦探要侦探案件，多经过这五步。

第三步主意或暗示很多，若无主意，便无办法，没有主意，便不知道怎样办，这是因为知识不够，学力不足，经验不丰富，从来没有想到，所以到要解决问题时便没有材料。读书是过去知识学问经验的记录，而知识学问经验就是要用在这时候，所谓养军千日，用兵一朝。否则，学问一些都没有，遇到困难就要糊涂起来。例如达尔文把生物变迁现象研究了几十年，却想不出什么原则去解决，后来无意中看到马尔萨斯的《人口论》，说人口是按照几何学级数一倍一倍地增加，粮食是按照数学级数增加，达尔文研究了这原则，忽然触机，就把这原则应用到生物学上去，创了物竞天择的学说。

譬如一条鱼可以产生二百万鱼子，这样，太平洋应该占满了，然而大鱼要吃小鱼，更大的鱼要吃大鱼，所以生物要适应环境才能生存。但按照经济学原则，达尔文主义是很没有条理的，而我们读书就是要解决这个困难。又譬如从前的人以为地球是世界的中心，后来天文学家哥白尼却主张太阳是世界的中心，绕着地球而行。据罗素说，哥白尼所以这样的解说，是因为希腊人已经讲过这句话，哥白尼想到了这句话可以解决这问题，便采用了。假使希腊没有这句话，在六十几年之后恐怕没有人敢说这句话吧。

这就是读书的好处。像这样当初逢着困难后来得到解决的事很多，单说我个人就有许多。在我的书房里有一部小说叫作《醒世姻缘》，是西周生所著，自然用的是假名字，这是十七、十八世纪间的出品，印好在家藏了六年。这部小说讲到婚姻问题，其内容是这样：有个好老婆，不知何故，后来忽然变坏，作者没有提及解决方法，也没有想到可以离婚，只说是前世作孽，因为在前世男虐待女，女就投生换样子，压迫者变为被压迫者。这种前世作孽，起先相爱，后来忽变的故事，我仿佛什么地方看见过，后来在《聊斋》一书中见到一篇和这相类似的笔记，也是说到一个女子，起先怎样爱着她的丈夫，后来怎样变为凶太太，便想到这部小说大约是蒲留仙或是蒲留仙的朋友做的。

去年我看到一本杂志，也说是蒲留仙做的，不过没有证据。今年我在北平，才找到了证据。这一件事可以解释刚才我所说的第二点，就是读书是为了要读书而读书，同时也可以解释第三点，就是读书可以供给出主意的来源。当初若是没有主意，到了逢着困难时便要手足无措，所以读书可以解决问题，就是军事、政治、财政、思想等问题，也都可以解决，这就是读书的用处。我有一位朋友，有一次傍着洋灯看小说，洋灯装有油，但是不亮，因为灯芯短了。于是他想到《伊索寓言》里有一篇故事，说是一只老鸦要喝瓶中的水，因为瓶太小，得不到水，它就衔石投瓶中，水乃上来。这位朋友是懂得化学的，加水于灯中恐怕不亮，于是投以铜元，油乃碰到灯芯。这是看《伊索寓言》看小说给他的帮助。读书好像用兵，养兵求其能用，否则即使有十万、二十万的大兵也没有用处，有的时候还要兵变呢。

至于“读什么书”，下次陈中凡先生要讲演，今天我也附带地讲一讲。

我从五岁起到了四十岁，读了三十五年的书。究竟有几部书应该读，我也曾经想过。其中有条理有系统的书可以说是还没有两三部，至于精心结构之作，二千五百年以来恐怕只有半打。譬如老子这部书，今天说一句“道可道”，明天又说一句“非常道”，没有一些系统。集是杂货店，史和子还是杂货店。至于诗经礼记易经也只有一点形式，讲到内容，可以说没有一些东西可以给我们改进道德增进知识的帮助的。中国书不够读乐趣，我们要另开生路，辟殖民地。读书要读到有乐而无苦。能做到这地步，书中便有无穷。希望大家不要怕读书，起初的确要查阅字典，但假使能下一年苦功，能把所读的书的内容句句分析清楚，这样的继续不断做去，那么，在一二年中定可开辟一个乐园，还只怕求知的欲望太大，来不及读呢。我总算是老大哥，今天我就根据我过去三十五年读书的经验，给你们这一个临别的忠告。

“胡适先生到底怎样？”

这是上海《民国日报》邵力子先生一条“随感录”的标题。关于这个问题，北京颇有几位医生研究过；但是他们还不曾有简单的答案。最近我因发现糖尿，从十二月二十九日起，住在亚洲第一个设备最完全的医院里，受了三十次的便尿分验，三次的血的分验，七日的严格的食料限制；内科专家也看过，神经科专家白发的 Woods 博士也看过。然而他们到今天还不肯给我一个简单的答案。这并不是怪他们本事不行；这正是恭维他们的科学精神；因为科学精神的第一个条件是不肯轻下判断。但是我的病，我的告假，似乎颇引起了一些人的误会。上个月我在国语讲习所告假，那边就有人疑心我的告假是和国务会议“取缔新思想”的议案有关系了。现在邵力子先生这一段“随感录”，很带有同样的疑心。他引《向导》周报国焘的话：

> 目前怎么样办呢？还是三十六计，跑为上计呢？还是坚持原来的主张呢？还是从此更有新的觉悟呢？

他接着就提到我因病向大学请假一年的启事；他虽不明说，然而他的疑心是很明显的。我借这个机会敬告邵力子先生和有同样疑心的人：

> “三十六计，跑为上计”：这种心理从不曾到过我脑子里。中国的事所以糟到这步田地，这种卑劣的心理未尝不是一个大原因。我们看看租界上的许多说风凉话高谈主义的人，许多从这里那里“跑”来的伟人小政客，就可以晓得这种卑劣心理造的福和种的孽了！

我是不跑的。生平不知趋附时髦；生平也不知躲避危险。封报馆，坐监狱，在负责任的舆论家的眼里，算不得危险。然而“跑”尤其是“跑”到租界里去唱高调：那是耻辱！那是我绝不干的！

第四章

肩上扛起生活，双脚丈量人生

让我读书是父亲的心愿

一

我生在光绪十七年十一月十七日，那时候我家寄住在上海大东门外。我生后两个月，我父亲被台湾巡抚邵友濂奏调往台湾；江苏巡抚奏请免调，没有效果。我父亲于十八年二月底到台湾，我母亲和我搬到川沙住了一年。十九年二月二十六日我们一家（我母，四叔介如，二哥嗣秬，三哥嗣秠）也从上海到台湾。我们在台南住了十个月。十九年六月，我父亲做台东直隶州知州，兼统镇海后军各营。台东是新设的州，一切草创，故我父不带家眷去。到十九年十二月十四日，我们才到台东。我们在台东住了整一年。

甲午中日战事开始，台湾也在备战的区域，恰好介如四叔来台湾，我父亲便托他把家眷送回徽州故乡，只留二哥秬冬跟着他在台东。我们于乙未年正月离开台湾，二月初十日从上海起程回绩溪故乡。

那年四月，中日和议成，把台湾割让给日本。台湾绅民反对割台，要求巡抚唐景崧坚守。唐景崧请西洋各国出来干涉，各国不允。台人公请唐为台湾民主国大总统，帮办军务刘永福为主军大总统。我父亲在台东办后山的防务，电报已不通，饷源已断绝。那时他已得脚气病，左脚已不能行动。

他守到闰五月初三日，始离开后山。到安平时，刘永福苦苦留他帮忙，不肯放行。到六月廿五日，他双脚都不能动了，刘永福始放他行。六月廿八日到厦门，手足俱不能动了。七月初三日他死在厦门，成为东亚第一个民主国的第一个牺牲者！

这时候我只有三岁零八个月。我仿佛记得我父死信到家时，我母亲正在家中老屋的前堂，她坐在房门口的椅子上。她听见读信人读到我父亲的死信，身子往后一倒，连椅子倒在房门槛上。东边房门口坐的珍伯母也放声大哭起来，一时满屋都是哭声，我只觉得天地都翻覆了！我只仿佛记得这一点凄惨的情状，其余都不记得了。

二

我父亲死时，我母亲只有二十三岁。我父初娶冯氏，结婚不久便遭太平天国之乱，同治二年死在兵乱里。次娶曹氏，生了三个儿子，三个女儿，死于光绪四年。我父亲因家贫，又有志远游，故久不续娶。到光绪十五年，他在江苏候补，生活稍稍安定，他才续娶我的母亲。我母亲结婚后三天，我的大哥嗣稼也娶亲了。那时我的大姊已出嫁生了儿子。大姊比我母亲大七岁，大哥比她大两岁。二姊是从小抱给人家的。三姊比我母亲小三岁，二哥、三哥（孪生的）比她小四岁。这样一个家庭里忽然来了一个十七岁的后母，她的地位自然十分困难，她的生活自然免不了苦痛。

结婚后不久，我父亲把她接到了上海同住。她脱离了大家庭的痛苦，我父又很爱她，每日在百忙中教她认字读书，这几年的生活是很快乐的。我小时也很得我父亲钟爱，不满三岁时，他就把教我母亲的红纸方字教我认。父亲作教师，母亲便在旁作助教。我认的是生字，她便借此温她的熟字。他太忙时，她就是代理教师。我们离开台湾时，她认得了近千字，我也认了七百多字。这些方字都是我父亲亲手写的楷字，我母亲终身保存着，因为这些方块红笺上都是我们三个人的最神圣的团居生活的纪念。我母亲二十三岁就做了寡妇，从此以后，又过了二十三年。这二十三年的生活真是十分苦痛的生活，只因为还有我这一点骨血，她含辛茹苦，把全副希望寄托在我的渺茫不可知的将来，这一点希望居然使她挣扎着活了二十三年。

我父亲在临死之前两个多月，写了几张遗嘱，我母亲和四个儿子每人各有一张，每张只有几句话。给我母亲的遗嘱上说穈儿（我的名字叫嗣穈，穈字音门）天资颇聪明，应该令他读书。给我的遗嘱也教我努力读书上进。这寥寥几句话在我的一生很有重大的影响。我十一岁的时候，二哥和三哥都在家，有一天我母亲问他们道："穈今年十一岁了。你老子叫他念书。你们看看他念书念得出吗?"二哥不曾开口，三哥冷笑道，"哼，念书!"二哥始终没有说什么。我母亲忍气坐了一会，回到了房里才敢掉眼泪。她不敢得罪他们，因为一家的财政权全在二哥的手里，我若出门求学是要靠他供给学费的。所以她只能掉眼泪，终不敢哭。

但父亲的遗嘱究竟是父亲的遗嘱，我是应该念书的。况且我小时很聪明，四乡的人都知道三先生的小儿子是能够念书的。所以隔了两年，三哥往上海医肺病，我就跟他出门求学了。

那些年比别人多念了一点儿书

我在台湾时，大病了半年，故身体很弱。回家乡时，我号称五岁了，还不能跨一个七八寸高的门槛。但我母亲望我念书的心很切，故到家的时候，我才满三岁零几个月，就在我四叔父介如先生（名玠）的学堂里读书了。我的身体太小，他们抱我坐在一只高凳子上面。我坐上了就爬不下来，还要别人抱下来。但我在学堂并不算最低级的学生，因为我进学堂之前已认得近一千字了。

因为我的程度不算“破蒙”的学生，故我不须念《三字经》、《千字文》、《百家姓》、《神童诗》一类的书。我念的第一部书是我父亲自己编的一部四言韵文，叫作《学为人诗》，他亲笔钞写了给我的。这部书说的是做人的道理。我把开头几行钞在这里：

为人之道，在率其性。
子臣弟友，循理之正；
谨乎庸言，勉乎庸行；
以学为人，以期作圣。

以下分说五伦。最后三节，因为可以代表我父亲的思想，我也钞在这里：

五常之中，不幸有变，
名分攸关，不容稍紊。
义之所在，身可以殉。
求仁得仁，无所尤怨。

古之学者，察于人伦，
因亲及亲，九族克敦；
因爱推爱，万物同仁。

能尽其性，斯为圣人。

经籍所载，师儒所述，
为人之道，非有他术：
穷理致知，返躬践实，
黾勉于学，守道勿失。

我念的第二部书也是我父亲编的一部四言韵文，名叫《原学》，是一部略述哲理的书。这两部书虽是韵文，先生仍讲不了，我也懂不了。

我念的第三部书叫作《律诗六钞》，我不记是谁选的了。三十多年来，我不曾重见这部书，故没有机会考出此书的编者；依我的猜测，似是姚鼐的选本，但我不敢坚持此说。这一册诗全是律诗，我读了虽不懂得，却背的很熟。至今回忆，却完全不记得了。

我虽不曾读《三字经》等书，却因为听惯了别的小孩子高声诵读，我也能背这些书的一部分，尤其是那五七言的《神童诗》，我差不多能从头背到底。这本书后面的七言句子，如：

人心曲曲湾湾水，世事重重叠叠山。

我当时虽不懂得其中的意义，却常常嘴上爱念着玩，大概也是因为喜欢那些重字双声的缘故。

我念的第四部书以下，除了《诗经》，就都是散文的了。我依诵读的次序，把这些书名写在下面：

(4)《孝经》。

(5) 朱子的《小学》，江永集注本。

(6)《论语》。以下四书皆用朱子注本。

(7)《孟子》。

(8)《大学》与《中庸》。(《四书》皆连注文读。)

(9)《诗经》，朱子《集传》本。(注文读一部分。)

(10)《书经》，蔡沈注本。(以下三书不读注文。)

(11)《易经》，朱子《本义》本。

(12)《礼记》，陈澔注本。

读到了《论语》的下半部，我的四叔父介如先生选了颍州府阜阳县的训导，要上任去了，就把家塾移交给族兄禹臣先生（名观象）。四叔是个绅董，常常被本族或外村请出去议事或和案子；他又喜欢打纸牌（徽州纸牌，每副一百五十五张），常常被明达叔公、映基叔、祝封叔、茂张叔等人邀出去打牌。所以我们的功课很松，四叔往往在出门之前，给我们“上一进书”，叫我们自己念；他到天将黑时，回来一趟，把我们的习字纸加了圈，放了学，才又出门去。

四叔的学堂里只有两个学生，一个是我，一个是四叔的儿子嗣秫，比我大几岁。嗣秫承继给瑜婶。（星五伯公的二子，珍伯、瑜叔皆无子，我家三哥承继珍伯，秫哥承继瑜婶。）她很溺爱他，不肯管束他，故四叔一走开，秫哥就溜到灶下或后堂去玩了。（他们和四叔住一屋，学堂在这屋的东边小屋内。）我的母亲管的严厉，我又不大觉得念书是苦事，故我一个人坐在学堂里温书念书，到天黑才回家。

禹臣先生接收家塾后，学生就增多了。先是五个，后来添到十多个，四叔家的小屋不够用了，就移到一所大屋——名叫来新书屋——里去。最初添的三个学生，有两个是守瓒叔的儿子，嗣昭，嗣逵。嗣昭比我大两三岁，天资不算笨，却不爱读书，最爱“逃学”，我们土话叫作“赖学”。他逃出去，往往躲在麦田或稻田里，宁可睡在田里挨饿，却不愿念书。先生往往差嗣秫去捉；有时候，嗣昭被捉回来了，总得挨一顿毒打；有时候，连嗣秫也不回来了——乐得不回来了，因为这是“奉命差遣”，不算是逃学！

我常觉得奇怪，为什么嗣昭要逃学？为什么一个人情愿挨饿，挨打，挨大家笑骂，而不情愿念书？后来我稍懂得世事，才明白了。瓒叔自小在江西做生意，后来在九江开布店，才娶妻生子；一家人都说江西话，回家乡时，嗣昭弟兄都不容易改口音；说话改了，而嗣昭念书常带江西音，常常因此吃戒方或吃“作瘤栗”。（钩起五指，打在头上，常打起瘤子，故叫作“作瘤栗”。）这是先生不原谅，难怪他不愿念书。

还有一个原因。我们家乡的蒙馆学金太轻，每个学生每年只送两块银元。先生对于这一类学生，自然不肯耐心教书，每天只教他们念死书，背死书，从来不肯为他们“讲书”。小学生初念有韵的书，也还不十分叫苦。后来念《幼学琼林》、《四书》一类的散文，他们自然毫不觉得有趣味，因为全不懂得书中说的是什么。因为这个缘故，许多学生常常赖学；先有嗣昭，后来有个士祥，都是有名的“赖学胚”。他们都属于这每年两元钱的阶级。因为逃学，先生生了气，打的更利害。越打的利害，他们越要逃学。

我一个人不属于这“两元”的阶级。我母亲渴望我读书，故学金特别优厚，第一年就送六块钱，以后每年增加，最后一年加到十二元。这样的学金，在家乡要算“打破纪录”的了。我母亲大概是受了我父亲的叮嘱，她嘱托四叔和禹臣先生为我“讲书”：每读一字，须讲一字的意思；每读一句，须讲一句的意思。我先已认得了近千个“方字”，每个字都经过父母的讲解，故进学堂之后，不觉得很苦。念的几本书虽然有许多是乡里先生讲不明白的，但每天总遇着几句可懂的话。我最喜欢朱子《小学》里的记述古人行事的部分，因为那些部分最容易懂得，所以比较最有趣味。同学之中有念《幼学琼林》的，我常常帮他们的忙，教他们不认得的生字，因此常常借这些书看；他们念大字，我却最爱看《幼学琼林》的小注，因为注文中有许多神话和故事，比《四书》、《五经》有趣味多了。

有一天，一件小事使我忽然明白我母亲增加学金的大恩惠。一个同学的母亲来请禹臣先生代写家信给她的丈夫；信写成了，先生交她的儿子晚上带回家去。一会儿，先生出门去了，这位同学把家信抽出来偷看。他忽然过来问我道：“穈，这信上第一句‘父亲大人膝下’是什么意思?”他比我只小一岁，也念过《四书》，却不懂“父亲大人膝下”是什么！这时候，我才明白我是一个受特别待遇的人，因为别人每年出两块钱，我去年却送十块钱。我一生最得力的是讲书，父亲母亲为我讲方字，两位先生为我讲书。念古文而不讲解，等于念"揭谛揭谛，波罗揭谛"，全无用处。

小说的迷恋

当我九岁时，有一天我在四叔家东边小屋里玩耍。这小屋前面是我们的学堂，后边有一间卧房，有客来便住在这里。这一天没有课，我偶然走进那卧房里去。偶然看见桌子下一只美孚煤油板箱里的废纸堆中露出一本破书。我偶然捡起了这本书，两头都被老鼠咬坏了，书面也扯破了。但这一本破书忽然为我开辟了一个新天地，忽然在我的儿童生活史上打开了一个新鲜的世界！

这本破书是一本小字木板的《第五才子》，我记得很清楚，开始便是"李逵打死殷天锡"一回。我在戏台上早已认得李逵是谁了，便站在那只美孚破板箱边，把这本《水浒传》残本一口气看完了。不看尚可，看了之后，我的心里很不好过：这一本的前面是些什么？后面是些什么？这两个问题，我都不能回答，却最急要一个回答。

我拿了这本书去寻我的五叔，因为他最会"说笑话"（"说笑话"就是"讲故事"，小说书叫作"笑话书"），应该有这种笑话书。不料五叔竟没有这书，他叫我去寻守焕哥。守焕哥说，"我没有《第五才子》，我替你去借一部；我家中有部《第一才子》，你先拿去看，好吧?"《第一才子》便是《三国演义》，他很郑重的捧出来，我很高兴的捧回去。

后来我居然得着《水浒传》全部。《三国演义》也看完了。从此以后，我到处去借小说看。五叔、守焕哥，都帮了我不少的忙。三姊夫（周绍瑾）在上海乡间周浦开店，他吸鸦片烟，最爱看小说书，带了不少回家乡；他每到我家来，总带些《正德皇帝下江南》，《七剑十三侠》

一类的书来送给我。这是我自己收藏小说的起点。

我的大哥（嗣稼）最不长进，也是吃鸦片烟的，但鸦片烟灯是和小说书常作伴的——五叔，守焕哥，三姊夫都是吸鸦片烟的——所以他也有一些小说书。大嫂认得一些字，嫁妆里带来了好几种弹词小说，如《双珠凤》之类。这些书不久都成了我的藏书的一部分。

三哥在家乡时多；他同二哥都进过梅溪书院，都做过南洋公学的师范生，旧学都有根柢，故三哥看小说很有选择。我在他书架上只寻得三部小说：一部《红楼梦》，一部《儒林外史》，一部《聊斋志异》。二哥有一次回家，带了一部新译出的《经国美谈》，讲的是希腊的爱国志士的故事，是日本人做的。这是我读外国小说的第一步。

帮助我借小说最出力的是族叔近仁，就是民国十二年和顾颉刚先生讨论古史的胡堇人。他比我大几岁，已“开笔”做文章了。十几岁就考取了秀才。我同他不同学堂，但常常相见，成了最要好的朋友。他天才很高，也肯用功，读书比我多，家中也颇有藏书。他看过的小说，常借给我看。我借到的小说，也常借给他看。我们两人各有一个小手折，把看过的小说都记在上面，时时交换比较，看谁看的书多。这两个折子后来都不见了，但我记得离开家乡时，我的折子上好像已有了三十多部小说了。

这里所谓“小说”，包括弹词，传奇，以及笔记小说在内。《双珠凤》在内，《琵琶记》也在内；《聊斋》、《夜雨秋灯录》、《夜谭随录》、《兰苕馆外史》、《寄园寄所寄》、《虞初新志》等等也在内。从《薛仁贵征东》、《薛丁山征西》、《五虎平西》、《粉妆楼》一类最无意义的小说，到《红楼梦》和《儒林外史》一类的第一流作品，这里面的程度已是天悬地隔了。我到离开家乡时，还不能了解《红楼梦》和《儒林外史》的好处。但这一大类都是白话小说，我在不知不觉之中得了不少的白话散文的训练，在十几年后于我很有用处。

看小说还有一桩绝大的好处，就是帮助我把文字弄通顺了。那时候正是废八股时文的时代，科举制度本身也动摇了。二哥三哥在上海受了时代思潮的影响，所以不要我“开笔”做八股文，也不要我学做策论经义。他们只要先生给我讲书，教我读书。但学堂里念的书，越到后来，越不好懂了。《诗经》起初还好懂，读到《大雅》，就难懂了；读到《周颂》，更不可懂了。《书经》有几篇，如《五子之歌》，我读的很起劲；但《盘庚》三篇，我总读不熟。我在学堂九年，只有《盘庚》害我挨了一次打。后来隔了十多年，我才知道《尚书》有今文和古文两大类，向来学者都说古文诸篇是假的，今文是真的；《盘庚》属于今文一类，应该是真的。但我研究《盘庚》用的代名词最杂乱不成条理，故我总疑心这三篇书是后人假造的。有时候，我自己想，我的怀疑《盘庚》，也许暗中含有报那一个“作瘤栗”的仇恨的意味罢？

《周颂》、《尚书》、《周易》等书都是不能帮助我作通顺文字的。但小说书却给了我绝大的帮助。从《三国演义》读到《聊斋志异》和《虞初新志》，这一跳虽然跳的太远，但因为书中的故事实在有趣味，所以我能细细读下去。石印本的《聊斋志异》有圈点，所以更容易读。到我十二三岁时，已能对本家姊妹们讲说《聊斋》故事了。那时候，四叔的女儿巧菊，禹臣先生的妹子广菊，多菊，祝封叔的女儿杏仙，和本家侄女翠蘋定娇等，都在十五六岁之间；他们常常邀我去，请我讲故事。我们平常请五叔讲故事时，忙着替他点火，装旱烟，替他捶背。现在轮到我受人巴结了。我不用人装烟捶背，她们听我说完故事，总去泡炒米，或做蛋炒饭来请我吃。她们绣花做鞋，我讲《凤仙》、《莲香》、《张鸿渐》、《江城》。这样的讲书，逼我把古文的故事译成绩溪土话，使我更了解古文的文理。所以我到十四岁来上海开始作古文时，就能做很像样的文字了。

我小时身体弱，不能跟着野蛮的孩子们一块儿玩。我母亲也不准我和他们乱跑乱跳。小时不曾养成活泼游戏的习惯，无论在什么地方，我总是文绉绉的。所以家乡老辈都说我“像个先生样子”，遂叫我做“糜先生”。这个绰号叫出去之后，人都知道三先生的小儿子叫作糜先生了。既有“先生”之名，我不能不装出点“先生”样子，更不能跟着顽童们“野”了。有一天，我在我家八字门口和一班孩子“掷铜钱”，一位老辈走过，见了我，笑道：“糜先生也掷铜钱吗?”我听了羞愧的面红耳热，觉得大失了“先生”的身份！

大人们鼓励我装先生样子，我也没有嬉戏的能力和习惯，又因为我确是喜欢看书，所以我一生可算是不曾享过儿童游戏的生活。每年秋天，我的庶祖母同我到田里去“监割”（顶好的田，水旱无忧，收成最好，佃户每约田主来监割，打下谷子，两家平分），我总是坐在小树下看小说。十一二岁时，我稍活泼一点，居然和一群同学组织了一个戏剧班，做了一些木刀竹枪，借得了几副假胡须，就在村口田里做戏。我做的往往是诸葛亮、刘备一类的文角儿；只有一次我做史文恭，被花荣一箭从椅子上射倒下去，这算是我最活泼的玩艺儿了。

我在这九年（公元1895～1904年）之中，只学得了读书写字两件事。在文字和思想的方面，不能不算是打了一点底子。但别的方面都没有发展的机会。有一次我们村里“当朋”（八都凡五村，称为“五朋”，每年一村轮着做太子会，名为“当朋”）筹备太子会，有人提议要派我加入前村的昆腔队里学习吹笙或吹笛。族里长辈反对，说我年纪太小，不能跟着太子会走遍五朋。于是我失掉了这学习音乐的唯一机会。三十年来，我不曾拿过乐器，也全不懂音乐；究竟我有没有一点学音乐的天资，我至今还不知道。至于学图画，更是不可能的事。我常常用竹纸蒙在小说书的石印绘像上，摹书上的英雄美人。有一天，被先生看见了，挨了一顿大骂，抽屉里的图画都被搜出撕毁了。于是我又失掉了学做画家的机会。

母亲的和气是我一生百摹不厌的图画

但这九年的生活，除了读书看书之外，究竟给了我一点做人的训练。在这一点上，我的恩师就是我的慈母。

每天天刚亮时，我母亲就把我喊醒，叫我披衣坐起。我从不知道她醒来坐了多久了。她看我清醒了，才对我说昨天我做错了什么事，说错了什么话，要我认错，要我用功读书。有时候她对我说父亲的种种好处，她说："你总要踏上你老子的脚步。我一生只晓得这一个完全的人，你要学他，不要跌他的股。"（跌股便是丢脸，出丑。）她说到伤心处，往往掉下泪来。到天大明时，她才把我的衣服穿好，催我去上早学。学堂门上的锁匙放在先生家里；我先到学堂门口一望，便跑到先生家里去敲门。先生家里有人把锁匙从门缝里递出来，我拿了跑回去，开了门，坐下念生书。十天之中，总有八九天我是第一个去开学堂门的。等到先生来了，我背了生书，才回家吃早饭。

我母亲管束我最严，她是慈母兼任严父。但她从来不在别人面前骂我一句，打我一下。我做错了事，她只对我一望，我看见了她的严厉眼光，就吓住了。犯的事小，她等到第二天早晨我睡醒时才教训我。犯的事大，她等到晚上人静时，关了房门，先责备我，然后行罚，或罚跪，或拧我的肉。无论怎样重罚，总不许我哭出声音来。她教训儿子不是借此出气叫别人听的。

有一个初秋的傍晚，我吃了晚饭，在门口玩，身上只穿着一件单背心。这时候我母亲的妹子玉英姨母在我家住，她怕我冷了，拿了一件小衫出来叫我穿上。我不肯穿，她说："穿上吧，凉了。"我随口回答："娘（凉）什么！老子都不老子呀。"我刚说了这句话，一抬头，看见母亲从家里走出，我赶快把小衫穿上。但她已听见这句轻薄的话了。晚上人静后，罚我跪下，重重的责罚了一顿。她说："你没了老子，是多么得意的事！好用来说嘴！”她气的坐着发抖，也不许我上床去睡。我跪着哭，用手擦眼泪，不知擦进了什么微菌，后来足足害了一年多的眼翳病。医来医去，总医不好。我母亲心里又悔又急，听说眼翳可以用舌头舔去，有一夜她把我叫醒，她真用舌头舔我的病眼。这是我的严师，我的慈母。

我母亲二十三岁做了寡妇，又是当家的后母。这种生活的痛苦，我的笨笔写不出一万分之一二。家中财政本不宽裕，全靠二哥在上海经营调度。大哥从小就是败子，吸鸦片烟，赌博，钱到手就光，光了就回家打主意，见了香炉就拿出去卖，捞着锡茶壶就拿出去押。我母亲几次邀了本家长辈来，给他定下每月用费的数目。但他总不够用，到处都欠下烟债赌债。每年除夕我家中总有一大群讨债的，每人一盏灯笼，坐在大厅上不肯去。大哥早已避出去了。大厅的两排椅子上满满的都是灯笼和债主。我母亲走进走出，料理年夜饭，谢灶神，压岁钱等事，只当作不曾看见这一群人。到了近半夜，快要“封门”了，我母亲才走后门出去，央一位邻舍本家到我家来，每一家债户开发一点钱。做好做歹的，这一群讨债的才一个一个提着灯笼走出去。一会儿，大哥敲门回来了。我母亲从不骂他一句。并且因为是新年，她脸上从不露出一点怒色。这样的过年，我过了六七次。

大嫂是个最无能而又最不懂事的人，二嫂是个很能干而气量很窄小的人。她们常常闹意见，只因为我母亲的和气榜样，她们还不曾有公然相骂相打的事。她们闹气时，只是不说话，不答话，把脸放下来，叫人难看；二嫂生气时，脸色变青，更是怕人。她们对我母亲闹气时，也是如此。我起初全不懂得这一套，后来也渐渐懂得看人的脸色了。我渐渐明白，世间最可厌恶的事莫如一张生气的脸；世间最下流的事莫如把生气的脸摆给旁人看。这比打骂还难受。

我母亲的气量大，性子好，又因为做了后母后婆，她更事事留心，事事格外容忍。大哥的女儿比我只小一岁，她的饮食衣料总是和我的一样。我和她有小争执，总是我吃亏，母亲总是责备我，要我事事让她。后来大嫂、二嫂都生了儿子了，她们生气时便打骂孩子来出气，一面打，一面用尖刻有刺的话骂给别人听。我母亲只装做不听见。有时候，她实在忍不住了，便悄悄走出门去，或到左邻立大嫂家去坐一会，或走后门到后邻度嫂家去闲谈。她从不和两个嫂子吵一句嘴。

每个嫂子一生气，往往十天半个月不歇，天天走进走出，板着脸，咬着嘴，打骂小孩子出气。我母亲只忍耐着，忍到实在不可再忍的一天，她也有她的法子。这一天的天明时，她就不起床，轻轻的哭一场。她不骂一个人，只哭她的丈夫，哭她自己苦命，留不住她丈夫来照管她。她先哭时，声音很低，渐渐哭出声来。我醒了起来劝她，她不肯住。这时候，我总听得见前堂（二嫂住前堂东房）或后堂（大嫂住后堂西房）有一扇房门开了，一个嫂子走出房向厨房走去。

不多一会那位嫂子来敲我们的房门了。我开了房门，她走进来，捧着一碗热茶，送到我母亲床前，劝她止哭，请她喝口热茶。我母亲慢慢停住哭声，伸手接了茶碗。那位嫂子站着劝一会，才退出去。没有一句话提到什么人，也没有一个字提到这十天半个月来的气脸，然而各人心里明白，泡茶进来的嫂子总是那十天半个月来闹气的人。奇怪的很，这一哭之后，至少有一两个月的太平清静日子。

我母亲待人最仁慈，最温和，从来没有一句伤人感情的话。但她有时候也很有刚气，不受一点人格上的侮辱。我家五叔是个无正业的浪人，有一天在烟馆里发牢骚，说我母亲家中有事总请某人帮忙，大概总有什么好处给他。这句话传到了我母亲耳朵里，她气的大哭，请了几位本家来，把五叔喊来，她当面质问他她给了某人什么好处。直到五叔当众认错赔罪，她才罢休。

我在我母亲的教训之下住了九年，受了她的极大极深的影响。我十四岁（其实只有十二岁零两三个月）就离开她了。在这广漠的人海里独自混了二十多年，没有一个人管束过我。如果我学得了一丝一毫的好脾气，如果我学得了一点点待人接物的和气，如果我能宽恕人，体谅人——我都得感谢我的慈母。